除了野蛮国家，整个世界都被书统治着。

司母戊工作室
诚挚出品

神话八讲

EIGHT LECTURES ON MYTHOLOGY

杨靖 著

人民东方出版传媒

东方出版社

图书在版编目（CIP）数据

神话八讲 / 杨靖 著. —北京：东方出版社，2019.12
ISBN 978-7-5207-1220-0

Ⅰ.①神…　Ⅱ.①杨…　Ⅲ.①神话—研究—古希腊　Ⅳ.①B932.545

中国版本图书馆 CIP 数据核字（2019）第 215248 号

神话八讲

（SHENHUA BAJIANG）

作　　　者：杨　靖
责任编辑：杨　磊
出　　　版：东方出版社
发　　　行：人民东方出版传媒有限公司
地　　　址：北京市朝阳区西坝河北里 51 号
邮　　　编：100028
印　　　刷：三河市金泰源印务有限公司
版　　　次：2020 年 2 月第 1 版
印　　　次：2020 年 2 月第 1 次印刷
开　　　本：640 毫米×950 毫米　1/16
印　　　张：19.25
字　　　数：220 千字
书　　　号：ISBN 978-7-5207-1220-0
定　　　价：49.80 元
发行电话：(010) 85924663　85924644　85924641

目　录

第一讲

神话概论

一　神话的特质

历史地来看，古希腊文明存在的时间并不太长，但却宛似一道流星划破万古长空——光芒如此璀璨，影响如此深远。罗素在《西方哲学史》中说："在全部的历史里，最使人感到惊异或难于解说的莫过于希腊文明的突然兴起了。"① 黑格尔也曾论断人类文明历经希腊、罗马高峰之后一直处于下坠状态，再也不会重回巅峰。

希腊神话的世界是一个人性化的世界：这里没有喜怒无常、赫赫威仪的上帝，诸神（他们由人创造而又创造出人）与人和平共处，像你我常人一样具备七情六欲。希腊人照他们自身的形象塑造诸神——跟埃及人或中亚人不同，他们将诸神视为同类：希腊神话承认人既有神行，又有兽性——他们是提坦诸神或者酒神狄奥尼索斯的后裔，他们无论是在体力上（如赫拉克勒斯或阿喀琉斯）或者智力上（如奥德修斯）与诸神相较都未必逊色。至于神话中的那些妖魔鬼怪，显然是在神话传播过程中吸收异教的产物。

有学者认为神话与祭祀密切相关：由于原初民智未开，凡遇日蚀、地震、海啸等灾异，民众便要携带水果、葡萄酒以及动物等供品牺牲去往德尔斐神庙向阿波罗（预言帝）乞求神谕。此外，在欢庆丰收、获得神佑以及（道德）自我清洁等场合，也需

---

① 罗素：《西方哲学史》（上），何兆武、李约瑟译，商务印书馆，1996，第 24 页。

要出于虔诚、感恩或认罪而举行仪式，任何胆敢逾越之人必将遭到先知或祭司的责罚。当然，希腊人许多节假日也与崇祀诸神有关：每五年举办一次的奥林匹斯运动会（优胜者获橄榄枝）是崇奉宙斯，每五年一次的帕西安运动会（获胜者获月桂枝）以及每三年一次的伊斯梅运动会（获胜者获松枝花环）则崇奉阿波罗。

英国文学家罗斯金曾说："对操守恶劣之人，神话毫无意义；但对品行高洁之人，意义重大。"对野蛮人而言，神话就是列维-施特劳斯所谓野性思维。对信徒而言，神话无异宗教。对艺术家而言，他可从中看出美感；对哲学家来说，神话莫测高深——今日哲学家所谓操控人类社会演进的自然法则，古希腊人则大多归于神祇的力量（诸君不妨想一想济慈"初读查普曼译荷马"时的惊奇之感）。

圣保罗有言：一切不可见的必须通过可见之物方能理解。希腊人视诸神"如同花样年华的青春少年"（荷马语）。如阿波罗，外表俊美，智力超群，对漂亮女性充满欲望，这也代表了对美永恒的追求。希腊人的世界观是昂扬向上、积极进取的，他们相信人的尊严和自我价值以及个人创造的潜能是人与生俱来的特质——人是世界的中心。哲学家普罗泰戈拉斯说"人是万物的尺度"——它是一切存在物的尺度，也是一切不存在物的尺度。这一种张扬的人性与中国两千多年正统思想对人性压抑恰成对比（孔子"暮春三月，春服既成，冠者五六人，童子六七人，浴乎沂，风乎舞雩，咏而归"——这一种精神境界与后世儒生不同）。值得注意的是，在赫西俄德《神谱》中，并未提及诸神造人，或许他难以想象一个缺乏凡人的世界——神祇像凡人一样贪财好色，爱慕虚荣，竞争倾轧，他们更多表现出的是人性的幽眇而非神性的完美。

竞争之心，人神共有。为争夺雅典冠名权，雅典娜与波塞冬各显神通，奥德修斯与大阿贾克斯暗中角力。无论在战场还是竞技场，荷马笔下的英雄，据说上溯三代其先祖必是宙斯或某位天神。家族荣誉感使得他们更倾向与同样出身高贵的对手单打独斗而不是群殴。赫拉克勒斯独自一人完成十二项不可能完成的伟业，反映出希腊人雄奇奔放的想象力和狂热的英雄情结。同时，这也是西方个人主义的滥觞。比如阿喀琉斯，他拒绝出战仅仅因为个人荣誉和尊严受到伤害——统帅阿伽门农抢走了他的女俘。至于战争输赢，则不在他考虑范围之列。正是这种去冒险，去控制，去征服的雄心，打破了英雄内心的宁静，甚至导致崇高而悲壮的自我毁灭。这也是希腊人理想人格的自我投射。

希腊神话是原始氏族社会的精神产物。它在希腊原住民长期口头相传的神话故事基础上形成。在罗马对希腊神话的借鉴与改写的过程中，伴随着罗马帝国的扩张，希腊神话也在各地广泛传播。希腊罗马神话虽然经常被一同提及，但是二者之间亦有区别。罗马神话的特点在于，在人物形象上，诸神和英雄更具备罗马人所欣赏的和谐、美德、勇武等抽象概念（更强调谦卑服从，而非希腊人个性张扬）；在故事内容上，罗马神话中更加注重祭祀形式，以表达对神的尊重，祈祷神的庇佑——风调雨顺而后五谷丰登（罗马是个农业国）；此外，罗马神话具有浓厚的政治色彩，体现出罗马的文以载道的文化传统（这与罗马帝国的政治制度有关）。这三个特点区别于希腊神话，也表明罗马神话对希腊神话的继承与发展。

希腊罗马神话是世界古典文化的瑰宝，是世界文明史上的宝贵财富，也是欧美文化的重要渊源（黑格尔称欧洲人提及希腊文明，常有"回家的感觉"）。它不但对世界艺术、雕刻、绘画等产生巨大影响，而且在世界文学史上也有非常重要的地位——比如英语语言中很多常见的词 atlas，echo，music，panic，sphinx，odyssey，titanic 等都来自神话，很多西方著名作家都以其为创作素材，如《特洛伊罗斯与克瑞西达》（莎士比亚）、《淮德拉》（拉辛）、《尤利西斯》（乔伊斯）等，不胜枚举。

同其他民族的神话一样，希腊神话产生于人类社会发展的早期阶段。在当时的历史阶段，生产力的水平很低，人对自然的认识极其有限，往往借助想象去解释周围的自然现象和生活现象，这样就产生了神话。由于当时人类对自然的认识十分有限，不明白自然力量产生的真正原因，所以把创造出来的神作为自己力量的化身，如宙斯、波塞冬、哈迪斯、雅典娜等。希腊后期的神话中，历史的成分大大增加了，已经是现实的英雄人物占大多数。这些神话中的大部分是由诗人荷马的叙事诗以及其他悲剧、颂诗、地方志流传演化而来，它包括众神的由来、英雄故事、悲剧故事、冒险故事、人和神的恋爱等内容。它以其丰富的内涵揭示了希腊人对自然的认识，体现了古希腊人的丰富想象力，勇敢坚韧的性格品质和精神。

希腊神话体系相当完备，它包括神祇的谱系、人类的起源以及半神的英雄传奇等故事。在奥林匹斯神教体系中，除了主神宙斯和神后赫拉，还有智慧女神雅典娜，战神阿瑞斯，太阳神阿波罗，火神赫淮斯托斯，狩猎女神阿尔忒弥斯，海神波塞冬等，他们共同主宰人类命运。希腊人对神的意识其实源于人类蛮荒时期对大自然的朦胧认识。最早的神话反映了人们对自然力的恐惧和原始人的图腾观念。如，众神之主宙斯的圣物是一只鹰，天后被称为"牛眼的赫拉"；还有的神往往是恐怖性的野兽和怪物的形象，如狮身人面的斯芬克斯，鸟身人首的海上女妖塞壬，半人半羊的潘神和喷火兽喀迈拉等。

随着人们征服自然能力的增长，希腊神话的内容排除了神怪因素，神的形象逐渐摆脱了半人半兽的妖类，转为神人同形阶段。此外，希腊英雄传说起源于对祖先的崇拜，希腊人创造了许多英雄的传说，成为自然力的化身或幻想中的形象。他们最后都被列入了奥林匹斯诸神之中，如大力士赫拉克勒斯，杀死吞食童男童女妖怪的忒修斯，历尽艰险寻找金羊毛的英雄伊阿宋等。这些都是被神化了的人，是被奉为神的人，他们大多英勇、正直、高尚，富有正义感，是人的保护者（神）。

当然，与其他民族神话一样，希腊人也相信神相信命运，但是希腊神话更强调人的力量，人的奋斗精神，强调对人生和现实的追求，充满乐观主义精神。这也是希腊文明与希伯来文明最大的区别所在。

二 神话的缘起

神话与历史的关系错综复杂。荷马本人的身份界定长期以来一直存在争议，苏格拉底在同斐洛等人的谈话中曾表示过对神话发生年代的强烈质疑。直到 19 世纪末，德国考古学家谢里曼率队挖掘出特洛伊城墙及克里特岛的米诺陶宫殿遗址。由此看来，神话至少部分是历史，因此神话也能反映出当地历史和文化特质。比如阿波罗的预言功能在若干地区由女神充任；赫拉在希腊某些地区是和宙斯一样地位的被尊崇的主神。随着奥林匹斯神系一统天下，希腊各地土著神祇体系被融合收编——同时也意味着母系氏族社会被父系氏族社会所取代。顾准在《希腊城邦制度》

中曾提及，青铜是当时的贵金属——因此在杀死赫克托耳之后，阿喀琉斯迫不及待地卸下他的盔甲。其他婚礼葬礼出征祭祀等社会习俗在神话中也有生动的表现。

神话在某种意义上是社会现实的反映，但照弗洛伊德的看法，它也是人的欲望长期被压抑之后通过无意识释放出来的一种扭曲反映。换言之，神话即是我们日常的梦境，飞升、变形、好色、犯禁、乱伦等可以借助神话堂而皇之地得到宣泄和表达。可见，神话的缘起一方面如上所述是社会环境反映的产物，即所谓自然神话；但同时它也是人类意识（如潜在的欲望）的产物。马克思在《政治经济学批判导言》中曾说："希腊神话不仅是希腊艺术的武库，也是它的土壤。神话是人类童年的产物。"

在希腊人心目中，宙斯代表雷电，波塞冬代表地震，其他山林水泽，土地山神也有大小神祇各司其职——而且根据想象，职级品秩不同，权力当然也大不相同。波塞冬（一说冥王哈得斯），绑架美少女帕耳塞福涅。一位河神目睹了整个过程并高声呼救，对此海神却置若罔闻，绑架得手后扬长而去。这样的兽行公然发生在河神的管辖范围，但河神对此却无能为力，其内心苦闷可想而知。

长期以来，对希腊神话的起源进行解读大抵可分成以下几派：一是语源阐释，比如考证阿伽门农或奥德修斯实有其人；一是语义阐释，如达芙涅其含义即为月桂；一是寓意阐释，如天神克洛诺斯吞噬其子女，寓涵时光可摧毁一切；再有便是神学阐释，如罗利爵士将神话中的丢卡利翁视同再造人类的诺亚，将赫拉克拉斯与力士参孙相提并论，并将看守金苹果的毒龙视为伊甸园引诱亚当夏娃吞食禁果的撒旦。

对神话起源的解读自上个世纪以来则可谓各显特色，纷然杂陈。弗洛伊德心理分析提出俄狄浦斯/厄勒克特拉情结。根据这一理论，英雄手中的长矛，短刀甚至匕首都可以视为男性力量（性能力）的隐喻——由于父亲外出航海经商，希腊男孩自幼往往由母亲独自抚养长大，由此对女性怀有既爱又恨的复杂情感。神话中女性多化身为塞壬、戈耳工等奇丑无比的妖怪形象，既是男性对女性的妖魔化，也是男性对女性憎恨/焦虑心理的体现。

在此基础上，荣格提出原型批评的概念，神话人物是一个族群文化心理长期积淀的产物。每个人物都兼具阿尼姆斯（男性化）和阿尼玛（女性化）两种心理特质，最佳的结合是如同奥德修斯与珀涅罗珀阴阳调和两情相悦的结合——而奥德修斯在外的长期征战及漂泊回乡的历程在很大程度上也是个人成长（生理及心理）的过程。神话说到底最终也是一种愿望的实现。荣格之后，语言哲学家卡西尔从康德认识论出发，重新理解语言、神话与艺术思维的功能，其代表作《语言与神话》预示了哲学的语言学转向，并引发了 20 世纪存在主义、解构主义等哲学思潮。此外，20 世纪神话研究的名家还有列维–施特劳斯，作为人类学家，基于田野调查和考古发现，他将结构语言学与精神分析、神话研究相结合，形成独具特色的结构主义神话学。

当然，正如神话故事里的"普罗克鲁斯特之床"，并非神话都适用以上理论，上述理论未必能涵盖神话研究的所有内容。比如 20 世纪六七十年代以来兴起的女性主义，便提供了崭新的视角。以德国女作家克里斯塔·沃尔夫的《卡桑德拉》与《美狄亚》为例，这两部作品便是从战争中女性遭受屠戮以及生活中女性遭受命运不公对待的角度对神话和历史重新进行阐释和解读。

三　神话与文学

希腊罗马神话版本大同小异。奥维德《变形记》相比于赫西俄德《神谱》原创性弗如远甚，但显然更为成熟。维吉尔的《埃涅阿斯》明显是对荷马史诗《伊利亚特》和《奥德赛》的模仿，但长期以来也一直被视为罗马公民的理想典范。除将宙斯改为朱庇特，赫拉改名朱诺等以外（唯一不变的神祇是阿波罗），罗马神话对希腊神话最大的改动在于更注重英雄人物为城邦的奉献，以及责任与服从——而不是希腊人崇尚的家族荣誉和个人尊严。是所谓神话的政治化。而一旦开始讲政治，原先神话中跃然纸上的人物形象自然也大打折扣，自行削减了神话的魅力。

希腊罗马神话与文学经典相互交融。贺拉斯曾告诫文学青年："你们须勤习希腊经典，日夜不辍。"因为当时的文学样式，无论是史诗、抒情诗，还是悲剧、喜剧，甚至农事诗，几乎无一不取材于神话。尼采在《悲剧的诞生》中宣称："我们从希腊人那里借用这些名称（日神和海神），他们尽管并非用概念，而是用他们的神话世界的鲜明形象，使得有理解力的人能够听见他们的艺术的直观的意味深长的秘训。"[1] ——无论是赫西俄德《神谱》还是荷马的《伊利亚特》和《奥德赛》，抑或维吉尔《埃涅阿斯》以及奥维德的《变形记》，作为古典文学的典范，对后世欧洲各国乃至世界文学皆产生深远影响。古希腊三大悲剧家埃斯

---

[1]　尼采:《悲剧的诞生》，周国平译，生活·读书·新知三联书店，1987，第2页。

库罗斯的《阿伽门农》和《被缚的普罗米修斯》，索福克勒斯的《俄狄浦斯王》和《安提戈涅》，以及欧里庇得斯的《美狄亚》等，也都是以神话故事为题材。其他如女诗人萨福（被誉为第十位"缪斯"）的抒情诗，以及奥维德的《爱经》和《女杰书简》也莫不如此。甚至连哲学家柏拉图，也在《会饮篇》中改写/编造神话。根据柏拉图的说法，由于宙斯畏惧凡人的强大，乃将双头四臂之人一劈为二——日后男女必须找寻到自己的另一半才能安享完满幸福人生。这可算是哲学家对神话的重大发明。

此外，历代文学家对神话也多有发明。大诗人但丁在《神曲》中将希腊神话与基督教神学思想相结合，让维吉尔带领他穿越地狱与炼狱。莎士比亚的抒情长诗《维纳斯与阿多尼斯》以及戏剧《特洛伊罗斯与克瑞西达》（乔叟有同名诗作）对希腊神话既有反讽又有模仿。新古典主义大师蒲柏花费十余年翻译荷马史诗，并模仿英雄史诗作《夺发记》。浪漫派诗人济慈翻译《埃涅阿斯》（他的十四行"初读查普曼译荷马史诗"也是名作）。19世纪著名诗人丁尼生的长诗《尤利西斯》灵感源于史诗《奥德赛》。鲜为人知的是，女作家玛丽·雪莱的《弗兰肯斯坦》别名即为《现代普罗米修斯》。20世纪著名诗人叶芝有《丽达与天鹅》，奥登有《阿喀琉斯之盾》，乔伊斯有被称为"天书"的意识流小说《尤利西斯》。在法国，古典主义代表人物悲剧家拉辛有《淮德拉》和《安德洛玛刻》；小说家纪德有《忒修斯》；文学家加缪有《西绪福斯神话》——讲西绪福斯受罚推巨石上山，周而复始——以此影射现代人的生存困境。顺便说一句，奥林匹斯山为众神驻地，因为它是希腊境内最高山峰——既登此峰，则一览众山小，犹孔子所谓"登东山而小鲁，登泰山而小天下"。

神话与文学源远流长，一言难尽，仿佛古典音乐中的母题（motif），以后在其他讲中还会反复提及。

第二讲

奥林匹斯诸神

一 赫西俄德与《神谱》

奥林匹斯是希腊境内最高峰，希腊人将神祇安放于此以示崇敬。《神谱》的作者赫西俄德出生可能略早于荷马。他出身贫寒，因家产分配兄弟失和（详见《工作与时日》）。神谱即神之谱系——从混沌之神开俄斯到奥林匹斯众神，赫西俄德试图一次性展示宇宙万物从无到有创生的秩序。

照赫西俄德的说法，宇宙可分为天空、大地、冥府三部分。主宰宇宙万物的原初力量有四种，一是开俄斯即混沌之神，二是盖亚即地母神，三是塔尔塔洛斯即幽冥之主，四是厄洛斯即爱神（爱神本是最古老的神祇之一，后演变为阿芙洛狄特；在罗马神话中一变而为维纳斯，后来更与小爱神丘比特混淆——将神之大爱降格为男欢女爱，大误）。地母神盖亚与第一代天神乌拉诺斯结合生下克洛诺斯等第二代天神，以及若干巨灵神，如圆目巨人赛库洛浦斯，百臂巨人，提坦神，海洋诸神。克洛诺斯与瑞亚结合生出年轻一代奥林匹斯神祇，即"十二主神"，其中包括宙斯、波塞冬、哈得斯三兄弟。

值得注意的是克洛诺斯与宙斯皆为幼子，为争夺最高权力不惜弑父。神话父子之间的竞争关系可能也是当时父系氏族内部权力斗争的一个缩影。先后相继的三代天神各司其职：乌拉诺斯作为地母神的夫君孕育了大地上的生命和植被，克洛诺斯作为丰饶之神使得大地生机勃勃、果实累累，宙斯则作为雷电之神创设了宇宙万物的架构秩序和公理正义。

赫西俄德的"五个年代"说也很奇特——人类文明在进步，

但人类却无可救药地从最初的黄金时代，堕落到诗人所居处的黑铁时代，显然与技术和物质进步并不匹配。黑格尔坚信希腊的文学艺术是高峰，罗马次之，其后是中世纪，而他本人所处的浪漫主义时代最糟糕。其实不仅是黑格尔，跟赫西俄德一样，几乎世上每位诗人/文人都坚信他生活在最坏的年代（联想一下狄更斯《双城记》的开篇——"这是最好的时代，这是最坏的时代；这是智慧的年代，这是愚蠢的年代；这是信仰的时期，这是怀疑的时期；这是光明的季节，这是黑暗的季节……"）。黄金时代的人类无须劳作，无忧无虑，活得像天神一样。到了白银时代，人类被限制飞升，只能待在地上，但他们从出生到成熟只需要一年时间，而且长生不老，很让人羡慕。青铜时代的人类陷于无穷的争战之中，尽管仍能安享高寿，但死后却不免要葬身冥府，境遇很是悲催。到了英雄时代，人类境遇更是每况愈下，其生命往往极其短暂，死后除了少数幸运儿被送往极乐世界，大多要被打入幽冥之地（limbo）。至于晚近的黑铁时代，民风凋敝，豺狼当道，暗无天日，国将不国，连新生儿都会生出满头白发——唯有一场洪水将他们灭绝，世界乃得重生。希腊人相信，再造人类的是他们的始祖丢卡利翁。据阿波罗多罗斯说，丢卡利翁是第一个建立城市与神庙的人，同时也是希腊人的第一位国王。根据亚里士多德的说法，洪水发生在多多纳及阿科洛厄斯河地区，而据另外一些传说，丢卡利翁带领一些在洪水中幸存下来的人们来到多多纳。丢卡利翁生下儿子赫愣。赫愣的儿孙们成为多利安人、伊奥利亚人、阿开亚人和爱奥尼亚人的始祖——这四支部落构成希腊城邦的主体。

新一代奥林匹斯神祇多为宙斯后裔：他与墨提斯生下雅典娜，与勒托生下阿波罗与阿忒弥斯，与迈亚生下赫尔墨斯，与狄翁生下阿芙洛狄特。此外赫拉还独自生下火神赫淮斯托斯，而宙斯与赫拉唯一的婚生子只有战神阿瑞斯——古希腊哲学家相信战争是消除世间纷争的唯一手段。

传说中宙斯的七位妻子各具特色，墨提斯是智慧的象征，摩涅莫绪涅是记忆女神（后生下缪斯九女神），得墨忒尔是农神——其女帕耳塞福涅后来成为冥后，忒弥斯是正义女神——她生下盗取天火的普罗米修斯。

三位天神先后相继或许正是氏族权力更替的写照：老王一旦年迈体弱，便会被强有力的王子所取代（参见弗雷泽《金枝》中渔王的故事）。在父子争权过程中，作为女性的母亲影响力至关重要：她往往会站在雄心勃勃的儿子一方推翻暴君的专制，而她的丈夫则必须死去——可能这也是氏族时期部落习俗。为保证土地肥沃、生机旺盛，身体衰朽的老王必须被杀死。男女之间的爱恨情仇可能是宇宙最原始的力量，这一争斗从古至今，无一刻休止，地母神的胜利证明女性的力量更为持久。通过抓阄，三兄弟各有所获：宙斯取得天空和陆地，波塞冬获得海洋控制权，哈得斯则占据冥府。由此开启一个新的时代。

二　奥林匹斯神祇（老一辈）

先从宙斯说起。宙斯贵为主神，法力无边，可是在特洛伊战争中却只能眼看着他的儿子萨佩冬战死，自己却无能为力——因为他无力改变命运以及其他神祇做出的决定。作为宇宙秩序的象征，他不愿也无法改变这一秩序。只是后来到了赫西俄德的《神谱》里，宙斯摇身一变成为命运女神三姊妹的父亲，他才具备了主宰万物的力量。

众所周知，宙斯镇压反叛统治天上人间的武器是无坚不摧的雷电棒，但需要注意的是，跟他的父祖辈天神乌拉诺斯/克洛诺斯不同，宙斯的统治很大程度上得益于他的智慧，比如他吞下象征智慧的女神墨提斯生下雅典娜。荷马描写他惯于独处，冷眼观察人间世相百态并时常陷入深思——而且从来不喜欢被打扰。与惯于砍砍杀杀的部落首领大不相同，倒更接近哲学家（柏拉图所谓"哲人王"）的精神气质。此外，宙斯的政治智慧还体现在善于妥协，比如尽管他对盗火的普罗米修斯恨之入骨，但由于后者掌握世间的一大秘密，足以动摇甚至推翻他的统治地位，宙斯乃不得不与之做交易，并最终达成妥协。珀耳塞福涅是宙斯与农神得墨忒尔的女儿，遭冥王绑架，但为巩固统治联盟，他最后竟然默许了这一桩政治联姻。

荷马笔下的宙斯时常驾临凡间寻欢作乐，并且往往是在他顺利处理完军国大事之后。他猎艳的对象不分种族地域，而且男女通吃——人间最美少年伽尼墨德便被掳掠到奥林匹斯山，成为诸神饮宴时的御用斟酒师。而且这些风流韵事往往公然发生在天后赫拉的眼皮之下，尽管天后注意力高度集中，可谓时刻保持警惕，但面对宙斯出神入化的易容术和无边法力，只得徒唤奈何——最后往往不得不接受事实。更奇怪的是，宙斯的诸般诱拐绑架行为似乎不受指责——诸神坦然享受美少年满斟的美酒，说明他们对宙斯的行为及价值观高度认同。赫拉的监管根本无效也说明在男性权利主导的社会体系中，男性显然具有更大性自由。大多数时候，宙斯对天后赫拉表面上很敬重，但从史诗《伊利亚特》中也时常可见他在盛怒之下的暴行：他曾当众责罚赫拉并殃及跛足的火神赫淮斯托斯。当然，愤怒的赫拉也曾伙同波塞冬和雅典娜，策划颠覆行动，并为此遭到严惩。出于嫉妒，赫拉曾一而再再而三迫害赫拉克勒斯，宙斯大为震怒，甚至一度将她逐出奥林匹斯山。

宙斯的寻欢作乐一方面是男性隐秘的性欲的体现，一方面也是权力不受制约的产物。有道是"权力是最好的春药"——他化为金雨与达娜厄幽会，化身天鹅勾引勒达（后生海伦），现雷电真身劈杀塞墨涅以及驱赶欧罗巴至新大陆，本质上都是滥权行为。其余与之有染的神祇如勒托、迈亚等，与赫拉一样，本来也极有可能是希腊边境部落以及蛮夷地区的主神，只是在希腊神话传布过程中被同化，被收编，乃不得不降格为宙斯的妻妾及情人。

从传播学角度研究神话传布过程中的形态变迁，意义十分重要。天后赫拉是宙斯唯一合法的妻子，而且跟地母神盖亚以及瑞亚不同，她是婚姻的保护神，一向以温顺服从的形象出现，也从未阴谋杀害或阉割夫君。当然，由于受到宙斯一次又一次风流情事的羞辱，她的内心充满愤怒——既然斗不过宙斯，她只得将一腔怒火发泄到宙斯的情人及其非婚生子身上。赫拉克勒斯一生历经磨难，最终被逼发疯，无端刺杀妻儿，自己也中毒身亡，主要便是拜赫拉之赐。凡人所生的狄奥尼索斯也惨遭雷击，后来被宙斯缝进大腿才死而复生。总之，凡人与天神皆逃不脱赫拉无休止的复仇：女神勒托无家可归，不得不延迟阿波罗的分娩；维纳斯之子埃涅阿斯也一直受到迫害——这一种迫害如此惨烈，维吉尔在史诗中反问："睚眦必报难道是天神应有的本性？"顺便说一句，由于帕里斯裁判宣布阿芙洛狄特最美，赫拉的尊严受到冒犯，乃决意发动特洛伊战争——所以希腊时代的人们普遍崇尚的"耻感文化"与希伯来人的"罪感文化"大不相同，此点值得注意。

再比如海神波塞冬，他性格暴烈，喜怒无常，可以随意制造海啸地震等恐怖事件——以航海为生的希腊水手对他崇敬有加，否则随时可能遭遇灭顶之灾。他在与雅典娜竞争雅典冠名权的较量中惨遭失败，颜面尽失。在一次阴谋推翻宙斯的计划流产后，他和阿波罗受罚建造特洛伊城墙，遭遇特洛伊国王赖账，于是在战争中支持希腊联军。又因奥德修斯杀害他的私生子独目巨人，他便令其在海上漂泊十年不得归家。他是自然力量的化身，缺乏理性节制，令人恐惧震颤。人在自然面前的乏力感和敬畏感，一直持续到 17 世纪——此后随着启蒙运动和科学革命的兴起，人乃逐步成为自然的主人——这一过程即所谓自然的"附魅"（enchantment）与"祛魅"（disenchantment）。

冥王哈得斯被称为"冥界宙斯"——又称普鲁托（财富馈赠者）——因其地下物产丰饶之故。尽管他并非邪恶之徒，但貌似比易怒的波塞冬更为阴森恐怖。他代表了铁石心肠、冷酷无情的自然律法，人和神都必须遵守这一律法，是所谓必然。从古到今，能够从冥府全身而返的唯有盖世大英雄，如赫拉克勒斯、奥德修斯以及最伟大的音乐家俄耳甫斯——他的故事告诉人们：如果不能凭武力打败敌人，也可以凭技艺打动敌人。冥后珀耳塞福涅与哈得斯的结合可视为生与死的联姻（换言之，生与死只是人生的两种不同形态）——她本来可以安然返回阳世，但由于误食红石榴子（类似伊甸园的禁果）——或许意味着丧失其童贞，乃由少女变为妇人。此处可参考布莱克《天真与经验之歌》：这也是成长的代价——以天真换取经验。

农神得墨忒尔在农耕时代广受崇祀，因为她代表了大地丰饶的物产和勃勃生机。得知女儿被冥王绑架后，她哀恸欲绝——结果大地长不出庄稼，如同荒原废墟。后来经过宙斯的干预调停，她与冥王遂达成和解。冥后返回人世的春季，大地一片葱郁；而她被迫返回阴间的冬季则阴冷肃杀——如此循环往复，周而复始，也代表了希腊人朴素的宇宙观和世界观。灶神赫斯提亚是看护奥林匹斯圣火的处女神，其罗马名是维斯塔。火本来是流动跳跃、不确定的象征（想一想火神赫淮斯托斯的形象！）——但作为处子的赫斯提亚却是家庭结构稳定的守护神。神话里关于她的传说故事极少，当然也无丑闻（"毒舌"王尔德曾说过，女人害怕背后被人议论；而更为糟糕的是，背后无人议论）。罗马神话里说任何一位发誓效忠赫斯提亚的妇女如果失贞，将会被活埋——可见罗马人重血统、重门第甚于一切，与希腊人自由宽松的态度大为不同。

三　奥林匹斯神祇（新生代）

首先来谈谈雅典娜。之前曾说过，神话不仅是社会现实的反映，也是人脑加工的产物。智慧女神雅典娜由宙斯头脑中生出，是否可以说，希腊人相信思想植根于大脑？对比酒神狄奥尼索斯由宙斯大腿缝生出（代表性欲放荡），是否也暗示着理性天然高于激情？启蒙思想家蒙田、笛卡尔对此有精彩的阐述（休谟名言：理性是激情的奴隶）。雅典娜作为双性合体（阿尼姆斯/阿尼玛）且文武双全的形象，或许说明她（他）原本为某部落神话的主神，最终却不得不降格为宙斯的女儿——她终身保持童贞很大程度上可能也是宙斯施加的影响。由此也可推想出母系氏族社会向父系氏族社会转变过程中残留的痕迹。和维斯提亚以及阿尔忒弥斯一样,雅典娜也是处女神。戈耳工的脑袋被镶嵌在雅典娜的盔甲之上,其目的是阻止男性的侵犯——任何胆敢偷窥之人必将瞬间石化。此外,她将胆敢与之竞技的阿尔克涅变为一只蜘蛛,并令与奥德修斯争雄的大阿贾克斯丧心病狂,都是她对待敌人残忍无情的一面。但另一方面,她对智勇双全的英雄如赫拉克勒斯和奥德修斯则宠爱有加,几乎是有求必应。即所谓惺惺相惜。在但丁《神曲》中有一小节描绘大阿贾克斯与奥德修斯冲突的场景,诗人所用的词是"高贵的静默"(noble silence)——该词后来也成为古典及浪漫派文艺批评的一条重要标准。雅典娜的罗马别名是密涅瓦——黑格尔有言:"密涅瓦的猫头鹰只在黄昏时起飞。"比喻因果关系及历史进程只有在条件成熟时才会产生。

太阳神阿波罗是光明和谐与理性的化身,是希腊人理想的人格典范。同时他也是预言家——误杀皮同后,为清除罪恶,他以奴隶身份自我流放,完成了自我救赎。德尔菲(意为子宫)是他的避难所,后于该地建德尔菲神庙,即神话悲剧中希腊人祈求神谕之场所。阿波罗是文学艺术的保护神,他外貌俊朗,性格沉静,惯于沉思——这一凝思内敛的形象与酒神狄奥尼索斯的放荡不羁恰成鲜明对比。日后尼采在名著《悲剧的诞生》中对此有详细阐述(英国诗人锡德尼曾定义"悲剧就是揭示最深切的创伤,给人看纱布之下包裹的溃疡")。

跟酒神一样,太阳神阿波罗也是著名的双性恋者。与之产生浪漫感情纠葛的女性如卡利俄珀、达芙涅以及卡桑德拉等,不可胜数。美少年中他独爱恩底弥翁(日后浪漫诗人济慈有名诗吟诵)。

狩猎女神阿尔忒弥斯和阿波罗是孪生兄妹,在罗马神话中她的名字是戴安娜，她同时也是生育和隐私的保护神。青年猎手阿克泰翁偷窥女神沐浴，被变为一头雄鹿，最后被自家的猎狗吞噬。另一位猎手俄瑞翁不幸爱上女神，他的遭遇引发诸神悲怜，死后变为猎户座。

神使赫尔墨斯负责传达宙斯的号令，他健步如飞，是商旅的保护神，同时也是赌博偷盗等不法之徒的保护神。跟阿波罗一样，他也富于洞察力，但主要用于帮助宙斯侦伺人间美色和使用狡计逃避赫拉的追踪。赫尔墨斯是希腊商业社会特有的产物。

火神赫淮斯托斯同时也是锻造和技能之神。他的母亲赫拉是家园的守护神，他本人则是家园的建筑师。诸神的兵刃武器，乃至凡人，如阿喀琉斯的盔甲都由他独自打造而成的。他是天下第一能工巧匠。在普罗米修斯盗取天火之后，按照宙斯的指令，他型塑出潘多拉，并将她赠送给普罗米修斯的弟弟，由此引发世人的种种争端和灾难。他曾打造一张精致的无形之网，将赫拉围困并逼迫她收回成命。某一次奥林匹斯诸神会饮完毕，他又以同样一张网将偷情的阿芙洛狄特与战神阿瑞斯围困在网中央，使之成为众神的笑柄。这一结局似乎也是世上不谐婚姻的必然结果——跛足火神相貌丑陋，身材短小，与风姿绰约、气质高贵的阿芙洛狄特反差巨大。

火神崇拜在西方世界由来已久。希腊半岛习俗要求一年之中有长达九天的"禁火期"（大约在冬季，略似中国的寒食节），过后再将火重新点燃。罗马维斯塔神庙的圣火也会在元旦这一天熄灭后重新点燃，以象征周而复始的重生。火神在罗马神话中别名乌尔坎，据说他日常的锻造之所在地中海岸名为乌尔坎诺的小岛，该字日后也成为火山的代名词。

爱神阿芙洛狄特是完美女性与男性欲望的象征，她对两情相悦的男女之爱最为中意，而不在乎合不合法，因此随着一夫一妻制这一婚姻形式的确立，她的影响也日益衰微。唯有在她的出生地还保留一种古老的习俗：结婚之前，妇女须至爱神庙前向陌生之人卖淫，并将所得捐献给神庙以博取女神欢心——庆幸的是，这一陈规陋习在基督教兴起之初便已寿终正寝。阿芙洛狄特是美的化身，她对世间美男子也情有独钟，比如美男子阿多尼斯——很小的时候她将美男子交给冥后珀耳塞福涅代为抚养，及至长大成人，冥后却不愿归还，双方乃起争端。后经宙斯裁决，阿多尼斯为爱神与冥后共同分享。

爱神由海浪泡沫中生出（赫西俄德声称由乌拉诺斯阳物中生出，很符合拉康的"阳物崇拜"说），可能象征情欲的起伏不定，也说明第一代天神本身兼具性欲与暴力色彩。值得注意的是，爱神的出生早于宙斯，说明爱，无论从历史维度还是从时空角度看，都是人类最原始、最强大的力量。

罗马神话中爱神维纳斯还有个儿子丘比特。小爱神时常背负弓箭四处游荡，凡被金箭射中，无论神祇凡人立刻燃起熊熊爱火，这一形象体现出罗马神话罕见的原创精神。丘比特与美少女普绪克相恋，生下女儿名曰愉悦，或名狂喜。

战神阿瑞斯是宙斯与赫拉唯一婚生子，不过他的性格缺陷可能也是这桩相互折磨的婚姻的一个缩影。他性格暴烈，有勇无谋，嗜血如命，战场上阿波罗、雅典娜更多凭借巧智，他则一味打打杀杀，凶残暴虐。宙斯曾宣称他是"诸神中最可恶的"——希腊人对此一定也欣然同意。罗马人将他与当地掌管农业和军事的玛尔斯合为一体——玛尔斯意为杀戮、复仇和诅咒，并将其视为罗马城创立者罗慕路斯的父亲，总算为他挽回一点面子。

酒神狄奥尼索斯是奥林匹斯诸神中的另类——尼采说日神

阿波罗始终保持本性，意识清醒，酒神狄奥尼索斯则沉醉于潜意识，时常处于狂欢的境地——因为酒能使人欢乐开怀，也能使人迷失心智。酒神终日在外游荡，混迹于异乡人中间，本身也说明他并非希腊本土的神祇。与诸神不同的是，酒神本是凡人之躯，必须通过死亡才能获得永生——他的母亲塞墨涅受了蛊惑，要一睹宙斯的真身——这就犯了天庭大忌，天神的赤身裸体岂是凡人可得而观之？这一则神话也是对人类局限性的一个善意提醒。

四　奥林匹斯神祇（次神）

上述奥林匹斯十二位主神之外，另有许多具名或不具名的神祇。如婚姻之神许门、青春之神赫柏，以及复仇女神、命运女神、愤怒女神、不和女神。比上述神祇品秩稍低的是名山大川之神，各有其名；规模较小的或统称山岳神女、山泉神女、护林神女。当然，等而下之的还有妖魔鬼怪，如美杜莎、戈耳工、塞壬，以及生活在地狱的牛鬼蛇神，如把守地狱三头犬，负责忘川摆渡的客戎等。

地狱之中除了死神坦那托斯，还有睡神许普诺斯，其地则泛称塔尔塔洛斯，即黑暗深渊。地狱中有名的罪人则包括坦塔罗斯、西绪福斯、伊克西翁等。其所犯罪行各不相同，而所领刑罚则大抵相似，即单调重复的终身苦役——或许在神祇看来，这一种倦怠和麻木是比死亡还要严厉的刑罚。当然，自古也不乏勇闯地狱的英雄人物，除了前所提及的赫拉克勒斯、奥德修斯、俄耳甫斯，还有狄奥尼索斯、埃涅阿斯以及忒修斯——或许这也暗示希腊人的一种乐观主义精神：即便冥府走上一遭也算不上大事。

（这部分内容参见附录。）

五　人性与神性的异化

赫西俄德所说的黄金时代据说是人神共处其乐融融的，但需要注意的是，这里的人专指男人。普罗米修斯盗火之后，天神震怒，诸神回撤奥林匹斯山，人神之间交通隔绝。本来人和动物一样生食，与自然关系密切——从这个意义上说，火是文明的象征——人由此从动物界分离出来。人们用火烧烤，享受熟食，天神则享受香味，由此人的肉身变得日益沉重，再也无力飞回天堂。可见，火也是一柄双刃剑，一方面将人与自然隔绝，一方面又将人与神隔绝。此外，雪上加霜的是，天神还为凡人送来潘多拉，为男人生火做饭生孩子——人满足于现状，也丧失了飞向天庭的动力（对比伊甸园里的夏娃，她也被指责破坏了亚当与上帝之间原本亲密无间的和谐关系——据说是由于女性该死的好奇心）。

很明显，普罗米修斯与宙斯的恩怨情仇或许代表了氏族时期上层的权力斗争。普罗米修斯本是提坦神，由于预见到宙斯将掌管天庭，于是摇身一变加入到宙斯战队，对本阶级的其他提坦神发起反戈一击。宙斯胜利后论功行赏，普罗米修斯获得掌管人间事务的大权。献祭之时，他采用狡计蒙骗宙斯：油脂之下尽是骨，牛皮之下反为肉。宙斯佯装上当，选择了前者，从此将肉食留赠人类。当然，只能是生膰，因为火是天庭的特权。普罗米修斯借助于一根空心的茴香秆，从天庭成功盗取火种。由于违犯天条，他被缚于高加索山，雄鹰每天前来啄食他的肝脏，日复一日，去而复还，但他宁死也不肯吐露天上人间最大的秘密：宙斯将被谁人推翻，直到他重获自由。大英雄赫拉克勒斯（宙斯的儿子）最终将他解救。普罗米修斯与宙斯也达成和解，宙斯统治的隐患消除，宇宙重新恢复秩序。

作为对人类的惩罚，宙斯命令火神赫淮斯托斯造出潘多拉，并将她赠送给普罗米修斯的弟弟厄庇墨托斯，等到后者惊觉为时已晚——潘多拉之盒已经打开，战争、饥荒、瘟疫遍地，只有一枚小小的希望的种子幸存下来。神使赫尔墨斯赋予潘多拉一个独特的技能：说谎——据说之前男人从不撒谎——这似乎表明天真无邪的男人被女人所欺骗、操纵，失却了他们的天真（再一次对比夏娃）。由于害怕女性的智慧，宙斯曾吞噬墨提斯；但作为凡人，男人却不敢也不能吞食他们的妻子——尽管女性的智慧、操控力和性吸引时常令他们感到极度恐惧。

人被逐出天庭（或《圣经》之伊甸园），表明人性的堕落是不争的事实。但这一历史事件是要有人埋单。普罗米修斯盗火为人类带来福祉，但同时也为人类种下祸根（与诸神日益疏远）。人不再受众神眷顾，不得不自食其力，不得不忍受饥荒战火。潘多拉更是人类灾难的第一责任人：她打开的宝盒跟夏娃吞食的禁果一样，直接造成人的放逐和堕落。红颜祸水，看来并非中国特有的现象——神话里的女性如刺杀阿伽门农的克吕泰涅斯特拉和狠心杀害两个亲生儿子以惩罚负心丈夫的美狄亚，是两个反面典型，说明女性始终是男性安全的重大隐患。

鉴于人类在普罗米修斯的恶意挑唆和误导之下，再三挑战天庭权威，说明人心堕落世风日下，已无可救药，宙斯决定以一场洪水摧毁人类以示惩罚。但问题是，世人尽被消灭后，谁为天神献祭？于是神意要在这世上重造新人。这一重任落到虔心敬奉天神的丢卡利翁和他的妻子派拉身上。神谕让他们捡起大地之母的果实（即石块）往后扔，前者所扔化身为男，后者化身为女，他们的儿子赫楞成为希腊人始祖（《圣经》上挪亚的儿子也成为希伯来人的祖先）。于是大地上的人类开始了新生。

第三讲

英雄传奇

一 英雄的特质

与后世基督教世界盛行的"罪感文化"不同，希腊人崇尚的是"耻感"——即视个人及家族荣誉为最高价值观，一旦个人尊严受到冒犯和侵害，必将不惜一切代价予以打击。英雄多系出名门（上溯三代，其祖先必是天神）。他们不仅刚毅果敢，能力超凡，而且品性高洁，慨然侠义，正直诚信，颇具贵族风范。他们大多是神祇宠儿，往往能成就常人不可能完成的业绩，这也是希腊人最崇尚的文治武功。凭借过人的胆识和情怀（或出于友情，或出于爱情），他们往往不惮孤身一人深入虎穴龙潭，甚至直抵冥府，向最高权威死神发起挑战，这也代表了希腊文化极度乐观、自信、昂扬向上的一面。

神话英雄的特质首先体现在英雄都是力量与智慧的结合。阿尔戈英雄们可以把航船扛在肩上运走；远航英雄伊阿宋在经历千难万险到达科尔达斯国后，就是凭借武力和智谋成功盗取金羊毛；战斗英雄阿喀琉斯因为智勇双全、擅长作战，使得敌人闻风丧胆；奥德修斯也是英勇与智慧的结合体，希腊联军正是采纳他的木马计，才获得特洛伊战争的最后胜利。

其次，英雄们都具有超乎寻常的冒险和征服精神。无论是阿尔戈的英雄还是攻打忒拜及特洛伊的英雄，都与冒险和征服有关。赫拉克勒斯曾经遇见两位女神——"享乐女神"和"美德女神"。"享乐女神"希望以平坦安逸的前景、丰盛的精神和肉体的满足来吸引他；而"美德女神"则规劝他走一条努力和辛苦、工作和流汗的苦难之路。在与生俱来的冒险精神与征服精神的指引下，他选择了美德女神指引的道路。从此以后，他一路上披荆斩棘，建立十二件不朽奇功——杀死反叛的提坦巨人、剥下尼密阿巨狮的兽皮、斩杀九头蛇许德拉、活捉厄律曼托斯山上的野猪、解放了普罗米修斯等。其他如阿喀琉斯、奥德修斯、俄瑞斯忒斯、俄狄浦斯等，也是征服型的英雄——他们展示出一种无坚不摧的巨人风格和义无反顾的斗争精神。

再次，英雄们极端追求个人价值，有时甚至不择手段。纵观整部希腊神话，英雄们行为的动机大多并非为民族集体利益，而是满足个人对生命价值的追求——或为爱情，或为王位，或为财产，或为复仇。比如，前面提到的伊阿宋千方百计夺取金羊毛，其目的不过是换取本应属于自己的王位；奥德修斯历经十年磨难还乡，也只是因为心中念念不忘家中的财产和爱妻；阿喀琉斯和希腊英雄们之所以跨海攻打特洛伊，一方面是为了争夺海伦和劫掠珍宝，另一方面，也是更重要的一方面，则是为了追求个人荣誉，实现自身价值。

最后，在希腊神话中，牺牲被认为是生命中不可或缺的一部分。英雄们通过牺牲来获得个人价值的体现。总而言之，希腊神话中的英雄人物影响了整个西方世界，但凡西方世界里可以被称为英雄的，在潜意识里都被认为必须具有希腊神话英雄的气质，恺撒、哥伦布、拿破仑，概莫能外。但无论从动机还是生命观来看，这些人物的行为又更接近人性的本质。可以说希腊人是从现实世界人的感受、需求和欲望去幻想他们心目中的英雄的——不是神创造了英雄，而是人以自己为样式创造了英雄。英雄比神更能代表人之特质，是人之集大成者。换言之，英雄即凡人理想之投射（projection）。

正是由于英雄的高尚品质和他们身前建立的千秋功业，在他们死后，其精神遗产往往能感天动地，连诸神也不免为之动容——因此他们往往能获得与诸神平起平坐的奖赏，或飞升成为天庭星座，从而以另一种方式获得永生。与此同时，我们也应注意到，除了英雄建功立业，超凡入圣的光环的一面，还应看到由于他们的骄傲自大，或性格冲动，导致滥杀无辜，造成血腥暴虐的惨痛局面。说明当时的英雄尚未尽脱野蛮之气，尚未进入文明开化之队列——英雄与时代及人民密不可分（黑格尔说过，有什么样的政体，就有什么样的人民）。

二　英雄与美人

珀耳修斯是老一辈英雄的代表人物，他的母亲达娜厄被囚禁于一座高塔，宙斯化身金雨与之交合。珀耳修斯出生后，外祖父将他们母子二人装入柜中，沉入海底，幸为人救起。珀耳修斯练就一身武艺，由于受到赫拉的恶意报复，英雄一生被迫远走他乡，晚年才重返故土。他的业绩主要斩杀女妖美杜莎、戈耳工，盗取金苹果，解救安德洛美达等。

美杜莎是神话里最令人闻风丧胆的恐怖人物，任何人只要凝视她的双眼，瞬间便被石化——是否也代表男性对女性吸引力的一种无端恐惧？而珀耳修斯战胜她凭借两样法宝，一是神使赫尔墨斯赐予的飞行器，一是雅典娜馈赠的镜子。相对于前者，后者在搏杀过程中更为重要——或许这意味着女性（雅典娜）可能更容易找准攻击同性（美杜莎）的目标，然后一击必中。美杜莎的首级被献给雅典娜，由此成为后者克敌制胜的利器。

完成斩妖除魔的业绩后，珀耳修斯回到雅典，在一次铁饼比赛中，意外杀死他的外祖父。由于为人公正善良，他被推举为雅典统治者，他施行民主政治，对化外之民采取怀柔政策，深受人民爱戴。他的儿子珀耳塞斯成为波斯人的始祖——但在《神谱》中，赫西俄德却声称珀耳塞斯是"毁灭之神"，是冥界女神赫卡忒之父——神话中类似的前后矛盾之处不在少数，也体现出神话思维与后世逻辑思维大异其趣（仿佛托马斯·库恩说科学革命不同范式之间存在"不可通约性"——你无法用一种体系标准去衡量另外一种截然不同的体系。科学革命之前的时代，与其说是黑暗千年，或蒙昧时代，不如说"前科学时代"更为准确）。珀耳修斯死后被提升进入天庭（与安德洛美达一道），获得永生——在珀耳修斯解救安德洛美达的过程中，自始至终，彬彬有礼，颇有骑士风度，在尊重妇女这一点上他与日后其他英雄不大相同。

英雄忒修斯是雅典王子，或称其为海神波塞冬之子，盖因其父埃勾斯国王和海神曾于同一天与其母交欢。埃勾斯为兄弟所害，含恨而死，临终前将剑履埋于巨石之下（仿佛春秋时代干将莫邪故事），期盼儿子长成后能取此宝物复仇。远在异乡长大的忒修斯知晓身世后决意返回故乡雅典实施他的复仇计划。在返乡途中他也历经艰辛，如将林中大盗普罗克鲁斯特杀死在自家的床上，杀死替人濯足的强盗，斩杀堤丰的野猪，在好友庇里托俄斯婚礼上驱赶半人半马的肯陶洛斯人，等等。

忒修斯最有名的故事发生在克里特岛，由于冒犯诸神，克里特岛国王弥诺斯的妻子帕西法莫名其妙爱上了一头公牛，并生下怪兽米诺陶。国王害怕家丑外扬，邀请著名工匠戴达洛斯建造一座迷宫，将其围困。为解救敬献给米诺陶的童男童女，在国王之女阿里阿德涅的帮助下，忒修斯凭借线团指引成功闯入迷宫，杀死祸国殃民的怪兽米诺陶。归途之中，阿里阿德涅遭酒神狄奥尼索斯绑架。忒修斯伤心欲绝，忘记当初出发前与父亲的约定：倘若成功，必须将黑色的船帆更换成白帆。老王埃勾斯以为此行失利，哀痛而亡。后人为表示纪念，乃命名为爱琴海。

除了平生功业，忒修斯的感情生活也异常丰富。阿里阿德涅之外，他还一度与阿玛宗女王有染，并生子希波吕托斯，后来又与阿里阿德涅的姊妹淮德拉成婚。淮德拉爱上继子希波吕托斯，大胆表白，却遭拒绝，羞愧之下自杀，留下遗书反诬继子将她调戏。气急败坏的忒修斯求助于波塞冬杀死希波吕托斯，事后又为此悔恨不已。年青时代，忒修斯曾立誓绑架海伦，他的好友更胆大妄为，企图深入冥府劫持冥后珀耳塞福涅，结果当然以失败告终。晚年的忒修斯遭流放后被人谋害，坠崖而死，也算是迟到的惩罚——为了年轻时代的孟浪狂放。此外，他还曾与篡夺王位的美狄亚斗智斗勇——后者的巫术在莎士比亚悲剧《麦克白》中有生动形象的刻画。

三　赫拉克勒斯

赫拉克勒斯是宙斯与阿尔克墨涅所生。出生以后，宙斯诱骗赫拉为之喂奶，赫拉惊觉后将其推开，乳汁喷射散落成银河。赫拉克勒斯自幼天生神力，勇猛过人，据说出生不久便能赤手空拳绞杀赫拉派出的蟒蛇。他的脾气也是极度暴怒，冲动之后又会为此追悔不已，比如他曾在盛怒之下亲手杀害音乐老师，后来又在疯病发作，丧失心态的情况下杀死妻儿（当然，疯病也是拜赫拉所赐）。正当赫拉克勒斯羞愧难当，打算自杀谢罪之际，另一位大英雄忒修斯及时赶到，帮助他前往德尔菲神庙乞求神谕。答复是他必须为欧律斯透斯国王服苦役九年，方能洗清罪恶。狡猾而贪婪的国王提出极端苛刻的条件，如清扫奥吉亚斯牛圈，斩杀九头蛇许德拉、俘获克里特岛公牛等，从而也使大英雄得以实现他的"十二功绩"。

国王欧律斯透斯下达的第五项任务是清洗奥吉亚斯的牛圈，要他在一天之内把奥吉亚斯的牛棚打扫干净。赫拉克勒斯来到国王奥吉亚斯面前，愿意给他清扫牛棚，但他没有说这是欧律斯透斯交给他的任务。国王以为他马上就要动手清扫，但赫拉克勒斯却叫来奥吉亚斯的儿子做证人，然后才在牛棚的一边挖掘一条沟渠，把河水引进来，流经牛棚，将里面大堆牛粪冲刷干净。结果，他连手都没沾（证明他的智谋），就完成了任务。但是欧律斯透斯极力否认这是赫拉克勒斯做出的功绩，迫使赫拉克勒斯不得不去完成其他的功勋来满足神谕的要求。

欧律斯透斯命令赫拉克勒斯前往阿玛宗女王希波吕忒处，夺取她的腰带，然后把腰带交给他的女儿阿特梅塔。阿玛宗人居住在特耳莫冬河两岸，是一个强大的母系氏族，骁勇善战。她们的女王希波吕忒佩带一根战神亲自赠给她的腰带——这也是女王权力的标志。赫拉克勒斯历经周折，终于在特弥斯奇拉遇见女王。女王对赫拉克勒斯非常敬重，一口答应将腰带送给他。但是天后赫拉从中作梗，假扮成一个阿玛宗女子，混杂在人群中散布谣言，说一个外乡人想要劫持她们的女王，由此引发一场恶战。战争结束后，女王希波吕忒献出了腰带。

国王又下令盗取金苹果。当年，大地女神盖亚从西海岸带回一棵枝叶茂盛的大树，送给宙斯和赫拉作为结婚礼物，树上结满了金苹果。宙斯派夜神的四个女儿看守栽种金苹果的圣园，另外还有百头巨龙帮助她们看守。赫拉克勒斯的任务就是去摘取金苹果。赫拉克勒斯请求提坦神阿特拉斯替他去取金苹果，在这段时间里由自己替这位提坦神背负青天。阿特拉斯取回金苹果后，却不愿意再肩负重任。赫拉克勒斯假称要换垫肩，让阿特拉斯暂时替换。在阿特拉斯接过担子的同时，赫拉克勒斯已经拿起金苹果扬长而去。

　　赫拉克勒斯经过种种辛劳和努力，排除赫拉和国王设置的无数困难和障碍，终于完成欧律斯透斯交代的任务，从此不必再受他的奴役，大快人心。值得注意的是，神祇不但是自然的象征，也是人间的统治阶级的象征。赫拉克勒斯在与自然斗争时，还遭到象征统治阶级的神的干扰和破坏。天后赫拉屡屡施展诡计，企图谋害赫拉克勒斯，置他于死地；国王欧律斯透斯耍尽花招，阻挠他完成任务。作为统治阶级代表的赫拉、欧律斯透斯在与赫拉克勒斯斗争中，处于有利地位，他们可以利用手中的权力和神力，改变赫拉克勒斯的命运，可以奴役他、驱使他像奴隶一样去劳动、去战斗。他们利用赫拉克勒斯的过失，企图永无休止地折磨他、压迫他。但是赫拉克勒斯通过不屈不挠的顽强斗争，挫败了赫拉和欧律斯透斯的阴谋，体现出昂扬的反抗精神。赫拉克勒斯虽然是人，却敢与神较量——他坚信自己是为正义事业而战。他立志清除这些孽障——因为那时的希腊丛林密布，沼泽遍野，到处是凶猛的野兽茶毒生灵。赫拉克勒斯的丰功伟绩也代表了希腊人的美好愿望和生活理想。

　　赫拉克勒斯本来是要伙同伊阿宋一帮人去夺取金羊毛，可是由于延误船期，阿尔戈斯号准时出发，他只得怅然而返。可能由于平生杀伐过重，赫拉克勒斯的死亡结局也相当凄惨。马人涅索斯乘背负他妻子过河之际，借机将她强奸。赫拉克勒斯将马人射杀，后者临终前诡称沾血的衣袍可使赫拉克勒斯与之矢志不渝——马人以善于调制毒药见长——赫拉克勒斯穿衣袍，毒发，痛苦难当，于是自焚而亡。诸神怜悯其不幸遭遇，后入天庭，与赫拉和解，并与青春女神赫柏成婚。其实武力之外，赫拉克勒斯亦富于深略，如前述他曾施计让巨人阿特拉斯肩扛地球——此时的大英雄，智勇双全，浑如奥德修斯附体。可惜其韬略为孔武的盛名所掩。

四　阿尔戈英雄

英雄伊阿宋的故事主要围绕夺取金羊毛展开，全希腊的英雄齐聚阿尔戈斯大船向科尔喀斯进发。该国国王埃特斯假意答应，前提是伊阿宋要能驾驭喷火的公牛耕地，播下龙齿，并战胜从龙齿中生出的武士。国王之女美狄亚对伊阿宋一见倾心，赠予他毒药，顺利杀死守护的神兽并取得金羊毛。在逃亡过程中，她还不惜肢解自己的亲兄弟延缓国王的追捕。夫妇二人逃亡到科林斯，伊阿宋移情别恋，打算与国王克瑞翁的女儿成婚。美狄亚在亲手杀死自己的亲生儿女后乘坐龙车逃亡。伊阿宋本人也惨遭流放。一次外出航行时，桅杆脱落，伊阿宋被砸身亡。与此前诸位英雄不太一样，伊阿宋重色贪财，畏首畏尾，简直是日后现代派文学中"反英雄"形象的原型。

阿尔戈英雄的神话所描述的时代是在特洛伊战争之前，约公元前 1300 年。但是要到六个世纪后的荷马时期（公元前 800 年）才首次出现记录此神话的文献。传说最初源自早期史诗的发源地——希腊的色萨利。经希腊诗人多次重述、重新解释后，故事版本不断改变。到公元前 700 年，诗人欧墨洛斯所叙述的金羊毛传说是发生在埃亚王国——当时希腊人所认为世界东面的边缘。其后最著名的，是由阿波罗尼奥斯所著的版本，其成书年份为公元前3世纪，即亚历山大大帝征服亚洲之后。

从1870年开始，在迈锡尼、克诺索斯及特洛伊进行了一系列的考古挖掘，考古学家所发现的铜器时代工艺品，与希腊神话和史诗的叙述相符。所以阿尔戈船英雄的故事可能与史实相关。神话中的宝物——金羊毛，也可能与当时的历史文化有关。比如对于古代的伊特鲁里亚人来说，金色的羊毛象征了未来氏族的繁荣。此外，近期也发现了在铜器时代，安纳托利亚地区的赫梯帝国在庆典中会垂悬羊毛，作为显示皇族权力的象征。另一些证据显示，羊毛与格鲁吉亚的淘金活动有关。淘金的人们会把羊毛以木框架展开，以之收集从上游冲下的金微粒，然后把它悬挂在树上风干，才把金粒取下。——成语"披沙拣金"或导源于此。

一则故事：在《伊阿宋与阿尔戈船英雄》影片中，伊阿宋主办一个类似奥林匹克运动会的比赛，从胜者中选拔成员——由于人才匮乏，伊阿宋只能勉强接受没有航海经验的成员，其中包括一名小偷。此人说："有谁比小偷更适合去盗取金羊毛？"

五 悲剧英雄

不同于赫拉克勒斯或阿喀琉斯，这类英雄虽然并未建立过丰功伟绩，但他们由于名利或个人野心的驱使敢于向命运挑战，说明人不甘心臣服于命运的拨弄。当然，由于人自身的局限性，他们无一例外的以失败而告终，故称之为悲剧英雄。其中较为著名的如伊卡洛斯，柏勒洛丰，法厄同等。伊卡洛斯是工匠戴达洛斯之子，在逃离迷宫后，他乘坐自制飞行器向太空飞升，忘记父亲的告诫——不可离海水太近，亦不可离太阳太近——结果蜡制的翅膀熔化，伊卡洛斯葬身海底（英国大诗人叶芝有同名诗作描述这一神话事件）。柏勒洛丰则企图乘坐天马跃入天庭，结果半途被宙斯雷击而亡。法厄同是太阳神阿波罗的私生子，曾上达天庭自证身世。太阳神答应满足他任何一个愿望——不料他竟提出独自驾驭太阳车环行周天。太阳车中途越轨，大地一片火海，宙斯见状只得以雷电棒将其击杀。此类神话似乎反复告诫人们，身为凡夫俗子，过度自信将会致命。

再比如说坦塔罗斯——他在地狱中饱受折磨：头顶果实累累，然而一旦他欲念发动，果实便离他而去。坦塔罗斯这一则神话在现代社会中可以理解为一种社会异化现象，它的本质是欲念（意志）与世界的疏远——愈想得到的东西愈得不到。所谓坦塔罗斯式的悲剧意识，其逻辑结构是：欲求-失落。这种动机和结果大相径庭的张力必然给人们带来焦虑、幻灭和绝望。坦塔罗斯式悲剧再一次显示出命运的荒诞：人受难不是由于他的原罪和堕落，而是由于追求得不到的东西——越追求，越失落。

最后，还有神话时代误置（anachronism）的问题值得注意。由于流传年代久远，各地版本不同，为避免遗漏，后人在收集整理神话故事过程中只能旁引博征以求综合，其中当然不乏前后抵牾自相矛盾之处。如神话某个版本说美狄亚被伊阿宋抛弃后，只身前往雅典，为埃勾斯收留，她用巫术治愈国王不育症，后者喜获儿子忒修斯。与此同时，另一个版本又说早在伊阿宋的阿尔戈斯号启程之际，忒修斯赫然已在英雄队列，而此时美狄亚尚未与伊阿宋相遇！类似的错漏之处还有，珀耳修斯杀死美杜莎后，向阿特拉斯求助遭拒，于是将阿特拉斯变为石块（以美杜莎人头）；但此后不久，赫拉克勒斯复途经此地，阿特拉斯乃与之讨价还价，谈笑风生——俨然早已复活！其他如阿喀琉斯参战（特洛伊战争）年龄，奥德修斯海上漂泊时间等，皆如小说家言，经不起考证。前面已经提到，神话部分反映历史社会现实，但神话终究不是历史，从一定意义上说，它跟文学的关系可能更为切近（亚里士多德在《诗学》中宣称诗比历史"更有价值，地位更高"）。①

---

① 亚里士多德：《诗学》，罗念生译，人民文学出版社，1997，第29页。

特洛伊战争

一　海伦的战争

　　特洛伊战争的缘起一般归咎为不和女神伊瑞斯因未获邀请出席珀琉斯与忒提斯的婚礼而心怀不满，而事实上问题的根源还在于宙斯和赫拉。普罗米修斯掌握的神谕说：宙斯一旦与忒提斯结合，一定会生育更为强壮的儿子并最终推翻宙斯的统治，正如他的父祖辈一样。宙斯乃决定将神女忒提斯嫁于凡人。在婚礼上，愤愤不平的伊瑞斯抛出一枚金苹果，献给"最美的女人"，引发赫拉、阿芙洛狄特以及雅典娜三者之间的竞争。宙斯难以决断，决定由特洛伊王子帕里斯进行裁判。最终帕里斯将金苹果判与美神，因为后者许诺他可以得到世上最美的女人——斯巴达王后海伦。帕里斯出使斯巴达，适逢国王墨涅拉俄斯外出，由王后出面接待——海伦被诱拐（一说自愿私奔），希腊盟军兵临城下，开始长达十年的特洛伊战争。

　　海伦也许只是发动战争的借口，据学者考证，希腊人真正的目的是要夺取长期由特洛伊人控制的出海口，它阻断了东西方贸易，令希腊航海业遭受重创（德国小说家沃尔夫在《卡桑德拉》中便力持此说）。此外，从神话伦理学角度看，帕里斯身为客人，胆敢诱拐主人之妻（即主人之私产），有违天神为凡人制定的宾客之道，理应受到惩罚。而特洛伊国王普里阿摩为维护城邦及家族荣誉，只能公开声明支持帕里斯。神的道德律令与人的社会规范发生冲突，原本井然有序的宇宙平衡被打破，而这一情形，显然是主管宇宙秩序的宙斯难以容忍的——于是他决定将交战双方置于天平之上进行称量。

自古以来，对海伦引发战争之说的质疑便不绝于缕。早在公元前 5 世纪，希罗多德在《历史》中就说过，"劫掠妇女，那固然是一个坏人干的勾当，但事实很明显，如果不是妇女们自己愿意的话，她们是绝不会硬给劫走的，因此在被劫之后，又处心积虑地进行报复，那未免太愚蠢了。明白事理的人是丝毫不会对这样的妇女介意的"。

　　与希罗多德同时代的希腊哲学家高尔吉亚也曾意图为海伦平反。高尔吉亚认为，海伦走到特洛伊的原因不外乎四者之一：神的驱使、武力、爱情或被言语说服。如果是神的安排，海伦不应被责怪。若是因为武力，则应是施加武力者被怪罪。若是受爱情的影响，罪不在她，因为"如果爱情是神圣，有神的力量，人怎能抗拒？如果爱情是人共有的弱点，这不是罪过，而只是不幸"。最后，若是言语说服她，也不能怪她，因为"言语有能力支配人，能以小成就大，也能止息恐惧、缓和痛楚、营造喜乐、博取同情"。

　　修昔底德在《伯罗奔尼撒战争史》中则指出，"在早期时代，不论是居住在沿海或是岛屿上的人民，不论他们是希腊人还是非希腊人，由于海上交往更加普遍，他们都在最强有力的人物的领导下热衷于从事海上掠夺。他们做海盗的动机是为了满足自己贪婪欲望，同时也是为了帮助那些弱者。他们袭击那些没有城墙保护的村庄，或说是若干村社的联合，并且加以劫掠。实际上，他们就是以此来谋得大部分的生活物资的。那时候，这种行为完全不被认为是可耻的，反而是值得夸耀的。有些以海上行劫而致富的人常常以此为荣"。

　　所以真实的情况可能是，特洛伊因为控制航道而积累了很多的财富。而希腊本土的迈锡尼和斯巴达一直垂涎三尺，因此后来在阿伽门农的带领下联合希腊诸邦一齐讨伐特洛伊，从而爆发了特洛伊之战。特洛伊特殊的地理位置，成为希腊各国向外扩张的必经之地。一个女人只是发动战争的一个好听的借口，利益才是战争的真正目的所在。"兵者，国之大事，死生之地，存亡之道"，事实上，历史上也没有哪一场战争的真正目的是争夺一个女人。即使没有海伦，出于各自的国家利益，希腊或特洛伊迟早也会以某些微不足道的小摩擦为借口，与对方进行一番生死较量。

可见，对于特洛伊战争时期的希腊人来说，暴力掠夺是他们所崇尚的事业，是一种英雄行为。而特洛伊战争由此便成为古代历史上一次大规模、有组织的海盗掠夺行为。

二 诸神角力

双方都在调遣兵力，排兵布阵。特洛伊长期占据海上咽喉要道，繁荣富庶，国力强盛。在王子赫克托耳率领下，同仇敌忾，士气高昂。希腊一方则略显松散，尽管昔日誓言言犹在耳——斯巴达老王庭达瑞俄斯采纳奥德修斯建议，要求向海伦求婚的诸王子发誓无条件支持她未来的丈夫墨涅拉俄斯。奥德修斯本人由此获得奖赏；与海伦美貌贤惠的表姐珀涅罗珀结为连理。墨涅拉俄斯之兄阿伽门农担任联军统帅——出于家族荣誉，这也是他义不容辞的责任。大军出征在即，但因两人的缺席极其醒目。一是奥德修斯——他刚喜得贵子忒勒马科斯，试图通过装疯卖傻逃避随军出征。使节将他的儿子放置在他耕作的田头，奥德修斯乃绕道而走——足见他神智清醒。眼见得计谋被戳穿，奥德修斯只得随同使节前往希腊大营。

　　与奥德修斯不同，另一位大英雄阿喀琉斯临阵缺席是因为母亲的阻拦。他的母亲忒提斯在他出生未久，便将他全身浸泡在冥河之中——由此阿喀琉斯拥有一副金刚不坏之身（唯有手握的脚踝处留下致命伤，即"阿喀琉斯之踵"，日后为帕里斯施放冷箭射中而亡）。神谕说如果他加入战斗，年纪轻轻便会阵亡。因此忒提斯在使节（这一次是奥德修斯本人充当说客）抵达之前，将阿喀琉斯装扮成女孩混迹于一帮宫女当中。奥德修斯化装成商贩兜售衣物首饰之类（其中混杂一副铠甲），宫女皆在衣饰堆里精挑细选，阿喀琉斯则无动于衷。奥德修斯紧接着命令随从纵火，而后高声呼救——宫女四下逃窜，只有阿喀琉斯挺身而出，参与救火，从而暴露出他的男儿真身。之前的神谕还说，如果阿喀琉斯安静待在宫廷，他可以安享高寿，而一旦奔赴战场，其命运则如流星划过天际，光芒万丈，却瞬间消逝。然而英雄还是毅然选择了后一条道路——身为王子贵族，他无法逃避自己的责任，也无法逃避命运。

　　希腊大军在奥利斯港口整装待发，东风却久盼不至。因为之前阿伽门农曾夸下海口声称他的狩猎之术，超过女神阿尔忒弥斯。随军出征的先知科尔卡斯占卜，求得神谕说阿伽门农统帅必须将女儿伊菲革涅亚向女神献祭，大军方能成行。阿伽门农以订婚为名，写信给妻子克吕泰涅斯特拉，将女儿骗至大营，并将她送上祭坛。尽管狩猎女神临时大发善心将她救起，但由此却在王后克吕泰涅斯特拉心中埋下仇恨的种子。等到十年之后，阿伽门农凯旋，王后伙同她的情人将这位威名赫赫的联军统帅绞杀在浴缸之中。为了拯救一个家庭——让之前被劫持的海伦重返迈锡尼——首先需要摧毁另一个家庭（阿伽门农），这本身也预示了这场战争的残酷性和非正义性。

特洛伊城墙固若金汤，因为它是神祇所造。当年波塞冬、阿波罗与一位凡人合谋，策划推翻宙斯统治，阴谋败露后，被罚做苦役为国王普里阿摩修建城墙（其中有一名凡人，否则日后无人能攻破城墙）。事成之后，老王反悔，并未按照事先约定付报酬，两位神祇发怒，遂在其后战争中投入希腊联军。普里阿摩与王后赫卡柏子女众多，包括赫克托耳、帕里斯，以及女预言家卡桑德拉等。护城使斯卡曼达是城邦强有力的保证，此外，包括阿玛宗女战士在内的众多同盟军也极大鼓舞了士气，史诗《伊利亚特》开篇正是双方战事处于胶着之时。

三　木马计

战事之初，希腊人遭遇重挫，因为头号勇士阿喀琉斯与阿伽门农发生争吵。争吵的原因是阿伽门农强夺了阿喀琉斯的女俘布里塞伊斯。不顾众将领再三调解劝说，阿喀琉斯执意率领他的人马退出战斗，作壁上观。诸神也分作两派加入各自阵营。

两军对垒，墨涅拉俄斯和帕里斯仇人相见分外眼红。双方订立盟誓，谁赢得战斗，海伦归谁所有。帕里斯抢先进攻，墨涅拉俄斯毫发未损。等到墨涅拉俄斯开始反击，帕里斯的性命已危在旦夕——幸而被爱神阿芙洛狄特救起，护送其返回特洛伊城内。既然不分胜负，双方打算商定停火协议。

然而赫拉却不甘心战争轻而易举地结束，乃派人唆使潘达洛斯向墨涅拉俄斯施放冷箭。停火协议被撕毁，双方陷入恶战。尽管希腊人拥有大阿贾克斯、狄奥墨得斯等猛将，但特洛伊人在赫克托耳率领下还是占据了主动。希腊联军被迫后撤。

战争的转折点出现在阿喀琉斯重新披挂上阵。这一次还是出于愤怒，不过是由于好友帕特洛克罗斯的惨死——后者为终止联军溃败的颓势，擅自穿戴阿喀琉斯的铠甲，并率领其士兵冲上前线。赫克托耳以长矛将他刺穿，并剥夺其铠甲归己所有。阿喀琉斯发誓报仇，他与阿伽门农达成和解（阿伽门农同意将女俘布里塞伊斯送还），然后又乞求母亲忒提斯，请火神赫淮斯托斯重新打造一副铠甲。

大战之前，宙斯用天平称量，赫克托耳一方下沉——预示他将在战场败落。阿喀琉斯虽然一开始被赫克托耳长矛刺中，但毫发无损。他追逐赫克托耳绕城墙三圈，最终将其杀死，并如法炮制剥夺其铠甲，替好友帕特洛克罗斯完美复仇。老王普里阿摩深夜潜入希腊军帐，向阿喀琉斯乞求归还儿子的尸身（他的这一段陈情与赫克托耳在城头与妻子安德洛玛刻话别是史诗中感人至深的两个著名场景）。被老王情真意切的言辞打动，阿喀琉斯同意休战——在此期间特洛伊人为他们的英雄举行葬礼。

此后，随着特洛伊援军阿玛宗女王和埃塞俄比亚王子门农相继阵亡，守城一方已溃不成军。阿喀琉斯长驱直入，不料却在城门口跌倒。帕里斯在阿波罗指引下施冷箭射中其脚踝，阿喀琉斯当场阵亡。阿贾克斯抢回他的尸体，奥德修斯负责断后，希腊人才安然返回军营。随后论功行赏，阿贾克斯与奥德修斯二士争功。经过秘密投票，奥德修斯成为赢家。雅典娜对于胆敢冒犯她的阿贾克斯给予严惩——他的疯癫发作，乱入羊群一阵砍杀（误以为是奥德修斯）清醒后得知真相，羞愧自杀——希腊人崇尚的耻感文化在他身上表现得极其明显。

神谕说希腊人若要取得胜利必须满足两个条件，第一个条件是拥有赫拉克勒斯神弓和神箭的王子菲洛克勒斯必须参战，他在奔赴特洛伊战场途中不幸为毒蛇咬伤，又被同伴遗弃。奥德修斯受命前往，医治好他的创伤，并成功将他带回主战场。菲洛克勒斯与帕里斯的射箭比赛，帕里斯被一箭射中，落荒而逃——他逃至伊得山中乞求前妻俄诺涅调制解药，遭到拒绝，毒发而亡。希腊人取胜的第二条件是必须取得特洛伊城内雅典娜神庙的神像。奥德修斯和狄奥墨得斯深夜应潜入城中，成功盗取神像——失去了保护神，特洛伊已危在旦夕。

奥德修斯的木马成为压垮特洛伊城墙的最后一根稻草。希腊人假装撤退，留下西农来不及逃跑被活捉。他谎称希腊人眼见胜利无望，因此吓得连夜逃跑，连献给雅典娜的木马也来不及搬走——假如特洛伊就地销毁木马，必将招致女神的报复；而木马一旦入城，特洛伊在女神护持下必将固若金汤。卡桑德拉闻言，走上大街奔走呼喊，警告国人不要上当。祭司拉奥孔也洞察其奸计，可惜被波塞冬派遣的两条毒蛇咬死——"我害怕希腊人"，这位先知临终前说，"尤其当他们怀揣宝物的时候"——被胜利冲昏头脑的特洛伊打开城门，将木马迎进城内。

入夜时分，早已埋伏在木马之中的希腊勇士跳出来四下纵火。趁城中守卫忙于救火之际，希腊士兵里应外合，一举攻破城池。老王普里阿摩及众王子大多惨遭屠戮，王后赫卡柏以及安德洛玛刻沦为女奴。出卖阿喀琉斯的波吕克塞娜也被杀死，作为英雄的祭祀。唯有埃涅阿斯在爱神帮助下逃出重围，日后被尊为罗马人的始祖。

与希伯来《圣经》或伊斯兰教《古兰经》在人民心目中的地位不同，荷马史诗并非信史，更不代表绝对真理。史诗中的确保存着历史的印记，但荷马的本意却是教人愉悦——或像贺拉斯所说"寓教于乐"——这也正是荷马与赫西俄德的不同：后者更重诗歌的教化（didactic）功能。唯其如此，希腊人将诸神视为自己的同类——他们与神祇和平共处，其乐融融（而在短兵相接中，狄奥墨得斯这样的英雄甚至将战神玛尔斯打得落荒而逃）——这与基督教或伊斯兰教中的神人关系大异其趣。

众多英雄尽管个性各异：阿喀琉斯骄横自大，奥德修斯才智超群，狄奥墨得斯稳健自持，赫克托耳视荣誉重于生命，帕里斯则宣称他"宁愿做爱，也不愿发动战争"——但他们又具有共同之处，即英雄气质，或贵族风范（英雄多为贵胄子孙）——往往慨然以天下为己任，而不甘屈服于命运摆布。他们常常竭尽所能，与定命相抗争，甚至不惜付出生命的代价。这一种勇于担当的英雄气概或许便是欧洲中世纪"骑士精神"的滥觞。

值得注意的是，战争是男性的专利，而战争中最饱受创伤的却是女性。她们在战败后不仅承受家国之痛，更有可能随胜利一方远去他乡，终生为奴（参见沃尔夫小说《卡桑德拉》）。此外主神宙斯的地位也较为独特——与其称他是天庭的独裁，不如说更像一位大家长。在奥林匹斯山的神仙会上，他总是尽量让每个人各抒己见，畅所欲言，而非一言堂的独裁专断。由于他无力推翻命运以及其他神祇业已做出的决断，更多时候，他采用类似希腊智者的辩术说服诸神，而非诉诸武力——以此保证神人之界相安无事，自如运转。这也算是希腊城邦民主制的一个缩影。

四 《奥德赛》

海神波塞冬本来支持希腊一方，由于奥德修斯在荒岛杀死他的儿子独目巨人，乃决定向踏上回乡之旅的希腊舰船实施报复。阿伽门农舰队几乎全军覆没，墨涅拉俄斯漂流到埃及，只有奥德修斯躲过这一场劫难，但也意味着其后更多劫难——他要在海上漂泊十年，才能返回故乡。

奥德修斯率领士兵洗劫伊斯玛鲁斯，损失惨重。历尽艰辛，故乡伊塔刻已近在咫尺，忽然又遭遇暴风雨。他们来到食莲者国度，波塞冬之子、巨人波吕斐摩斯吞食生人，被奥德修斯刺死——由此也招致海神更疯狂的报复。与风神共处，相晤甚欢，临行获赠风袋——同伴不小心打开，不料放出逆风，船只又被吹回原处。莱斯特律戈涅斯人是吃人生番，奥德修斯的舰队几乎悉数销毁，连人带船——只有奥德修斯本人所在的一艘船得以幸免。

奥德修斯与女妖喀耳刻同居一年，后者曾引领他抵达冥府（遇赫拉克勒斯，告之"宁在阳世为奴，亦不愿阴间称王"）。与喀耳刻别后，继续踏上漫漫征途。途经海妖塞壬领地，奥德修斯严令手下闭目塞耳，又命人将他本人捆绑于桅杆之上，乃得以顺利通过。此后又涉险通过撞涯，以及西西里的斯库拉和卡律布狄斯，来到太阳神赫利俄斯之岛。由于属下无意中冒犯神牛，奥德修斯不得不接受惩罚——他的归期再次被延长。奥德修斯与阿特拉斯之女、美仙子卡吕普索缠绵长达七年之久，乐不思归。宙斯遣神使赫尔墨斯前往敦促，奥德修斯方重新启程，在斯刻里亚岛国王夫妇大力襄助下，历经十年漂泊，终于踏上伊塔刻的国土。

奥德修斯父母皆为凡人，但他的外祖父奥托吕科斯却是赫尔墨斯之子，因此奥德修斯本人也从家族遗传中获得了骗术和易容术（柏拉图称奥托吕科斯有"贼王"之称，"骗术超群"，与西绪福斯不相上下)①，巧舌如簧，很容易将别人说服。他智勇双全——日后返乡复仇，他的长弓无人能够拉开，说明他武艺高强。当然，相对而言，他的智慧和审慎更为突出。据说他平生只有两次有违此道，一次是在冲动之下劫夺伊斯玛鲁城，另一次是刺杀独目巨人后公开亮明身份（之前自称"无人"）——由此招致波塞冬更为严厉的惩罚和追杀。神话里不乏凡人出于自负向天神夸耀容貌或自恃才情而招致严惩的故事——有的化为巨石，有的变为蜘蛛，有的被剥皮抽筋。因为在神祇眼中，简慢（hubris）乃是凡人的重罪——若干英雄豪杰由命运巅峰跌落，大多皆由此病。

智勇双全的奥德修斯是雅典娜的恩宠，也是众多女性竞逐的对象。在喀耳刻岛，女妖施展法术将人变成猪（男性意识深处可能残存着对母系氏族社会的恐惧）——直到赫尔墨斯送来解药，才将他们变回为人——唯有奥德修斯例外，因为女妖对他极其迷恋（不忍将他变形为猪），后来只是在神祇催逼之下才放他离开。另一位仙子卡吕普索是女性性欲的化身，她对奥德修斯一见倾情，奥德修斯也深陷其中无力自拔。他们在岛上共度七年的美好时光，直到神使带来宙斯严令——值得注意的是，神话里说本来奥德修斯可能获得永生，他却自动放弃这一特权，而甘愿遵从自然法则，像常人一样经历生老病死，最终重回大地之母的怀抱。奥德修斯是古希腊崇尚的理性化身，也是古希腊悲剧人物的典范。希伯来神话中英雄如摩西，专以服从虔敬的形象出现，往往乐于将自己毫无保留地交给上帝——足见理性与信仰之间的冲突。当然，在众多女性当中，奥德修斯最深爱的自然是他的妻子

---

① 柏拉图：《理想国》，张造勋译，北京大学出版社，2013，第12页。

珀涅罗珀——据说奥德修斯在喀耳刻带领下探访冥府，遇阿伽门农，后者告诫他警惕任何一个女人，哪怕是最好的妻子。这也加速了他回乡的脚步。

　　奥德修斯靠岸后，没有立刻回家，而是乔装成乞丐找老牧羊人了解情况。得知儿子忒勒马科斯已从寻父之旅安然归来，他乃决定返回家中对求婚者实施报复。来自各国的公孙王子以向珀涅罗珀求婚为名，长期霸占奥德修斯的家园，胡作非为，现在该是他们偿还的时候了。珀涅罗珀邀请奥德修斯乔扮的远方来客讲述特洛伊战争及奥德修斯海上漂泊的故事，众人对乞丐打扮的奥德修斯冷嘲热讽——只有保姆洗脚时从一块疤痕辨认出她的主人。众人酒酣之际，奥德修斯和儿子忒勒马科斯张开弓箭，将求婚者一一射杀。珀涅罗珀与丈夫相见之时，吐露婚床的秘密——二人的婚床坐落于橄榄树根之下，不可移动分毫——似乎也象征着理想的婚姻坚固长久、牢不可破。

五　《埃涅阿斯纪》

　　维吉尔这部史诗是效仿荷马史诗之作。与荷马相比，他的原创性不高，但在细节刻画描摹方面却有过之而无不及。维吉尔的意图是讴歌永恒之城罗马和奥古斯都皇帝，而史诗的主人公埃涅阿斯，早在罗马创建 300 年前便预言了帝国的崛起。

　　史诗记述特洛伊被攻陷后，国王普里阿摩的女婿埃涅阿斯率领残部抵达拉丁姆地区，身经百战，终于建成罗马的万世基业。这一段经历，堪称一部罗马帝国的"史诗"。像奥德修斯一样，史诗一开始，埃涅阿斯已在海上漂泊七年。按照神意，他的航向应该是意大利，但由于天后朱诺的嫉妒，却流落到北非迦太基，受到女王狄多的款待（狄多娜与土著签约以一块牛皮换取土地，后来将牛皮切成细条围起大片土地，仿佛美洲殖民地诓骗印第安人故事）。英雄向女王讲述了他一路经历的艰险，如遭遇凶狠的鸟身人面女妖，圆目巨人等——与奥德修斯经历高度重合。其悲惨遭遇益发坚定他重振城邦的信心。

为了实现理想，埃涅阿斯在神使提醒下，毅然离开女王的温柔富贵乡。狄多女王伤心欲绝，自焚而死。女先知西比拉引导埃涅阿斯来到冥府，亡灵向他预示了罗马未来的命运。此外，他还见到未来罗马帝国领袖，恺撒大帝和奥古斯都，这更进一步坚定了他复国的信念。按照神谕，抵达拉丁姆地区后，该地国王决定将女儿嫁给埃涅阿斯。求婚未遂的当地部落首领图尔努斯闻讯大怒，悍然发动战争。战争持续三年，诸神也加入战团，各有所属。最终在一次决战中，埃涅阿斯杀死图尔努斯——之前后者曾杀死埃涅阿斯的密友帕拉斯王子并剥夺其铠甲，此时埃涅阿斯亦如法炮制剥夺其铠甲，与阿喀琉斯、赫克托耳以及帕特洛克特斯之情节高度雷同，可见罗马人原创力低下，洵非虚言。

埃涅阿斯与拉丁姆国王之女拉维尼亚婚后不久，在一次战斗中壮烈牺牲，其子西尔维乌斯继位。西尔维乌斯之姊西尔维娅与战神玛尔斯交配，生下双胞胎兄弟。罗穆路斯后创建罗马城，埃涅阿斯则被追封为罗马之始祖。

在勇气和智慧方面，埃涅阿斯足以比肩阿喀琉斯与奥德修斯。在忠于职责，捍卫家族和城邦荣誉方面亦堪称典范。为了取得神谕的应允之地拉丁姆，他身经百战，历尽艰险，终于完成了复国大业。像率领以色列人走出埃及的摩西，是当之无愧的民族英雄。当然，换个角度考虑，无论是神使的提醒，还是女先知西比尔的指引，还有神谕的再三告诫——告诫他必须忍辱负重，为罗马的未来做出牺牲——凡此种种，又无不证明英雄盖世如埃涅阿斯，亦只不过是神祇手中的一枚棋子，以之来实现诸神的愿望，或天命。希腊英雄更多桀骜不驯的抗争，罗马英雄却更多顺应神意。显然故事性更大同小异，其中展示的人物个性以及价值观、世界观还是有明显的差异。

悲剧的诞生

一　日神与酒神

　　酒神与日神是二元对立并且富有象征意义的两个概念，酒神狄奥尼索斯身上散发着原始的生命力，是一种忘我的冲动，是一种生命由毁灭到创造的永恒循环。正如狄奥尼索斯被提坦巨人们撕成碎片后的重生，生命经历了由解体到重新组合成为新的生命个体的过程。"人在酒神精神的支配下，充满着幸福和狂喜，一切原始的冲动都得到解放，而不受任何理性观念和原则的束缚。人类受了酒神精神的鼓舞，自由发泄他原始的本能，沉溺在狂欢、酣歌、舞蹈之中，达到一种完全忘我的境界。"——酒神精神是一种弥足珍贵的非理性精神。当然万事万物都有对立面，神灵也不例外——与酒神狄奥尼索斯意义相反但又相辅相成的神灵是太阳神阿波罗——他被视为掌管文艺之神，主管光明、青春、医药、畜牧、音乐等，同时他是希腊神话中的花美男之一，拥有完美的身材以及超高的音乐才华，是人类的保护神、光明之神、预言之神、迁徙和航海者的保护神、医神以及消灾弥难之神。"他依靠自身的权利和禀赋，支配着人的内心幻想世界的美丽外观，从而创造出了一个与现实世界相对立的完美、和谐的梦幻世界。作为光明之神的阿波罗，更代表着人的理性和静穆，日神看重的是和谐、限制与哲学的冷静，他总使自己免受刺激，即使激动和发怒，仍然保持着美丽光辉的尊严。"

　　尼采对日神和酒神的二元性质有着与众不同的独到理解——"日神状态，酒神状态，艺术本身就像一种自然的强力一样借助这两种状态表现在人身上，支配着他，不管他是否愿意；或作为驱向幻觉之迫力，或作为驱向放纵之迫力"。日神可以被视作外观的幻觉，酒神则是情绪上的放纵，这两者都属于非理性的范畴，都植根于人的至深本能，前者是个体的人借外观的幻觉自我肯定的冲动，后者是个体的人自我否定而复归世界本体的冲动。尼采在早期代表作《悲剧的诞生》一书中断言，当阿波罗与狄奥尼索斯代表的两种力量达到均衡时，古希腊文学艺术便臻于顶峰——前者代表的沉静自制，与后者代表的狂放神秘和自我放纵，恰成鲜明对比。希腊文化对众多德国思想家文学家而言都是文化的乐土，歌德、黑格尔、莱辛等人在希腊文化中看到的"高贵的单纯和静穆的伟大"，而尼采在希腊文化中却看出了人们对生活的悲苦所表现出来的旺盛活力和洋溢着悲剧精神的人生观。尼采在对酒神精神的研究中提出了自己完整而独特的人生哲学、艺术哲学和美学思想，他认为悲剧艺术都是酒神艺术，根本的精神是酒神精神，音乐艺术是酒神精神的典型代表之一。

尼采认为，希腊悲剧是从酒神歌队产生的，刚开始时仅仅是歌队，后来演变成真正的原始悲剧，"一个正常的观众，不管是何种人，必须始终知道他所面对的是一件艺术作品，而不是一个经验事实……一个观众越是把艺术品当作艺术即当作审美对象来看待，他就越有能力"。此外，尼采认为合唱是再现自然的过程，尽管是一种时过境迁，历史变迁却永远存在的原始生命力，代表了生存的意志，是文化还没正式产生之前便早已存在的自然张力。尼采指出，戏剧是随着合唱的发展以及日神精神的参与而诞生的——由此他提出一个概念"魔变"——魔变是指一切戏剧艺术的前提。在这种状态中，酒神的醉心者把自己看成萨提尔，而作为萨提尔的他又看见了神，也就是说，他在他的变化中看到了一个身外的新幻象，他是他的状态的日神式的完成，于是戏剧随着这一幻象而产生了。

古希腊戏剧最初的形式便是萨提尔（或称羊人）剧，通常在酒神节庆典中上演，含有原始情欲的成分和喜剧元素。其后发展为喜剧和悲剧：喜剧旨在呈现人性以及神性中滑稽荒诞的一面，悲剧则重在刻画人物崇高悲壮的一面。亚里士多德《诗学》对悲剧有深入的研究，对后世影响巨大。其实作为同样的文学样式，悲剧并不天然高于喜剧，只是由于亚氏研究喜剧的著作早已散佚，故后人乃有高下之误判。亚氏关于悲剧的定义：悲剧是对一个严肃、完整、具有一定长度的动作的模仿。悲剧主人公多为出身高贵的王子英雄，但由于性格缺陷，或倨傲无礼，不得不承受巨大病苦，并遭受覆亡的结局。陀思妥耶夫斯基曾说，苦难是人类意识唯一根源——悲剧的本质就在于将世上美好的事物粉碎，让人看清其背后冷峻残酷的现实，看清凡人如何抗争，始终无法逃脱命运的拨弄。由此观众的心灵也将得到"净化"和"宣泄"（catharsis）①。

以下次第来谈三大悲剧家：埃斯库罗斯、索福克勒斯和欧里庇得斯。

二　《阿伽门农》

《阿伽门农》是埃斯库罗斯最有名的作品，取材于阿特柔斯家族的悲剧。

---

① catharsis 一字，罗念生主张用"陶冶"取代净化和宣泄。详见罗译《诗学》，第19页。

阿伽门农家族的始祖坦塔罗斯本是宙斯之子，受诸神眷顾。他自作聪明，在某次诸神会饮时肢解自己亲生儿子珀罗普斯，并将其进贡给诸神享用，来考验神祇是否能分辨善恶是非。诸神早已洞察其奸，无人品尝，唯有农神得墨忒尔沉浸在痛失爱女的悲伤之中，无意中吃了一块肉——原来是孩子的臂膀。珀罗普斯出生不久便不幸被其父肢解，诸神怜悯其遭遇，使之死而复生。肩膀所缺块肉则由象牙弥补——珀罗普斯后为伯罗奔尼撒半岛的名祖，其后裔肩部乃有一块白斑。坦塔罗斯此举，看来是古代亲人献祭的传统风俗（《圣经》中亚伯拉罕献子，阿伽门农献女等）。天神对此卑劣行径深恶痛绝。坦塔罗斯死后入地狱，被缚于树。头顶果实累累，却无法品尝，以此备受煎熬。

　　珀罗普斯后与希波达米亚国王赛马，买通国王的御手密尔提罗斯，暗中拔去对方马车车轴，以此卑劣手段赢得比赛。然而此后珀罗普斯并未兑现诺言，相反将密尔提罗斯推下悬崖。后者临终前向其父赫尔墨斯祈求，让珀罗普斯及其家族世代承受诅咒。

　　珀罗普斯之子阿特柔斯为迈锡尼国王，无恶不作，曾亲手杀害自己的儿子，并把妻子投入大海，天神决定令他的整个家族遭殃。阿特柔斯之女尼俄柏嫁给音乐家安菲特里翁，后者弹奏竖琴，石块翩翩起舞，自动垒砌城墙，由此建成底比斯城。她曾夸耀自己生养的七个儿女个个出色，她本人则胜过女神勒托，女神令其子阿波罗将她的子女全部杀死。尼俄柏哀伤过度，乃化为巨石。

　　堤厄斯忒斯是阿特柔斯之弟，他爱上了阿特柔斯的妻子。作为报复，阿特柔斯将堤厄斯忒斯的两个儿子杀死后烹煮，邀请弟弟前来享用。堤厄斯忒斯与亲生女珀罗庇亚交配，生下埃癸斯托斯。日后，埃癸斯托斯从流放地潜回迈锡尼，将阿特柔斯杀死。

特洛伊战争期间，阿特柔斯的两个儿子阿伽门农与墨涅拉俄斯征战在外，埃癸斯托斯与留守的王后克吕泰涅斯特拉通奸，并合谋将凯旋的英雄阿伽门农绞杀在浴缸内。

阿伽门农之子俄瑞斯特斯在其姊厄勒克特拉帮助下，为父报仇，杀死埃癸斯托斯和克吕泰涅斯特拉。由此遭到复仇女神的追杀——此后由女神雅典娜出面调停，最终和解。复仇女神乃一变而成亲善大使。

在此神话基础上，埃斯库罗斯创作《俄瑞斯特斯》三部曲：《阿伽门农》、《奠酒人》和《厄墨尼德》并以此表明自己的民主政治观。埃斯库罗斯赞同雅典城邦民主制，主张对罪犯公开审理，并认为判决时应最大限度考虑其杀人动机。阿特柔斯家族循环往复的血亲仇杀最终走向和解，也预示着人类社会由野蛮时代走向文明社会。悲剧的肇始是伊菲革涅亚的献祭——身为联军统帅，六军不发，阿伽门农也徒唤奈何，只得按照神谕将女儿送上祭坛。此外，担心王后克吕泰涅斯特拉不肯放人，阿伽门农又假意宣称让女儿来军营与阿喀琉斯订婚，王后以此双重欺骗为莫大的耻辱，这也为日后阿伽门农被刺埋下了祸根。阿伽门农献祭时的矛盾、恐惧与献祭之后的后悔、绝望，在悲剧中刻画得非常真切，尽管狩猎女神大发慈悲，以一头雄鹿替代，但这丝毫也不能减轻阿伽门农内心的愧疚和负罪感。伊菲革涅亚本人在剧作中着墨不多，是逆来顺受的传统女性形象，说明女性在父权威压下毫无话语权。再加上民族解放，国家利益之类的说辞——强悍如王后，对此也难以抵抗。

特洛伊公主卡桑德拉尽管掌握一定话语权，但同样难以逃脱悲催的命运。作为阿波罗神庙女祭司，太阳神赋予她预言的能力，但由于她不肯屈服于后者的淫威，这一能力之上又附加一个前提——即尽管预言精准，却无人相信。当帕里斯成功诱拐海伦之时，特洛伊举国上下一片狂欢，只有卡桑德拉看到了未来战争的隐患。当希腊人假意撤退留下木马，特洛伊人准备破墙开门，迎接木马入城之时，亦只有卡桑德拉预见了城破之日的凄惨景象。她手持蜡烛，像苏格拉底一样满城寻找，想找到一个头脑清醒之人；她当街哭喊，试图唤醒昏睡在梦中的国人。可惜无人能懂，亦无人理睬。

厄勒克特拉对父亲阿伽门农一直抱有崇拜和幻想，甚至不乏隐秘的性欲望（即"厄勒克特拉"情结），王后对厄勒克特拉则极其憎恶。尤其当王后与埃癸斯托斯通奸后，厄勒克特拉一直在暗中窥伺，王后视其为眼中钉肉中刺。阿伽门农遇刺，俄瑞斯特斯为父报仇，杀死埃癸斯托斯，但面对王后，却有些犹豫——厄勒克特拉上前一步，历数王后种种过恶，俄瑞斯特斯乃痛下决心杀之。我们时常说到希腊人耻感文化——王后以伊菲革涅亚献祭为奇耻大辱，女性尊严受到冒犯，乃决意实施报复，哪怕对方是她的丈夫。

值得注意的是俄瑞斯特斯的伦理困境，这是一个几乎无法解开的伦理结，显示出希腊宗法制度的重大缺陷。王后谋害亲夫，固然死有余辜，但她的死刑执行，却不该由亲生儿子俄瑞斯特斯来执行——因为律法条文规定，杀害血亲，必定死罪一条，即便逃到天涯海角，也必招致复仇女神的追杀。而这里的吊诡之处在于，俄瑞斯特斯弑母，可谓正义复仇，但倘若他由此为复仇女神杀害，世间又有何公理正义可言？作为正义公理的化身，天神阿波罗和雅典娜出面调停，代表人间（以及冥府）律法的复仇女神被迫让步，与俄瑞斯特斯达成合解，放弃对他的追杀，则说明天道或神意幽眇难测，远非凡人所能揣度。悲剧冲突与矛盾由此化解，达到如黑格尔所说的对立统一与和谐（黑格尔用哲学的矛盾冲突解释悲剧成因，是对亚里士多德《诗学》的继承和发展）。

剧中的帕西亚是阿波罗神庙女祭司。她在《厄墨尼德》登场之初便交代了神庙及神谕的历史变迁——据说预言的能力源于地母神盖亚（大地的智慧），其后转赠给她的儿女忒弥斯（正义女神）与福玻斯（光明之神），新一代太阳神阿波罗斩杀了守护该神庙的巨蟒皮同并占据神庙德尔菲，由此成为预言帝（帕西亚意为"蛇之家"，可对比《圣经》中撒旦化身为蛇引诱亚当、夏娃的典故——蛇是智慧的化身，但很可能是邪恶的智慧）。

三 《被缚的普罗米修斯》

埃斯库罗斯的另一部代表作是普罗米修斯三部曲。我们先来谈谈普罗米修斯世系。普罗米修斯本人是提坦神，在天庭大战中，加盟宙斯战队，并击败其同类——因为他具有前瞻性，已预知宙斯将为众生之王。他的儿子丢卡利翁是人类始祖，通过抛掷大地上的石块创造出男人和女人。其中他最宠爱的儿子赫楞即为希腊人祖先，赫楞的后代埃俄罗斯有三个儿子，即克瑞透斯、西绪福斯及阿塔玛斯。阿塔玛斯的孙女阿特兰塔是著名女猎手，擅长赛跑，无人能比。后来在比赛中，英雄希波墨涅斯获爱神阿芙洛狄特相助——每当落后时，便在阿特兰塔前面扔下一枚金苹果，在她弯腰捡拾之时实施弯道超越。希波墨涅斯最终赢得比赛并抱得美人归。克瑞透斯的孙子埃宋是希腊城邦的明君，其子伊阿宋率阿尔戈斯号夺取金羊毛，他的故事详见《美狄亚》。

西绪福斯是神话中相对比较复杂的人物。荷马宣称这位科林斯国王是人间最足智多谋的人物——西绪福斯曾以宙斯绑架河神之女的秘密为条件，逼迫这位众神之王签订城下之盟，随后，恼羞成怒的宙斯派死神将他劫持，押入冥府。但这位狡猾之士居然设计绑架死神——他扼住死神的喉咙，大地再无人死去，而冥界则一片荒芜，直到死神被解救，而西绪福斯也再次被打入冥府。在此之前，他已吩咐妻子墨洛珀不得将他下葬——因为根据冥界律法，一个尚未安葬之人并无资格待在下界。于是他告假三天返回阳界处理后事，结果却再次耍赖，不肯如约返回冥府。在他死后，屡遭捉弄的诸神为泄心头之愤，责罚他每日推滚巨石上山，周而复始（墨洛珀是天神阿特拉斯之女，传说她时常遮住面目羞于见人，因为七姊妹中唯有她嫁给凡人——可见婚姻门当户对的观念古已有之）。

西绪福斯是神话人物中的异数，他敢于捉弄神使，不惮与宙斯讨价还价，甚至敢于扼住死神的喉咙，仿佛中国神话中天王老子都不认、胆大包天的"斗战胜佛"孙悟空。诸神认为再也没有比这种推石上山往复循环的无效劳动更为严厉的责罚，但法国哲学家加缪在《西绪福斯的神话》中却说他是求仁而得仁，很可能无怨无悔，"人一定要想象西绪福斯的快乐……因为向着高处挣扎足以填满一个人的心灵"。与其说他沮丧绝望，不如说很可能平静地面对一切，微笑着走向失败——并且从不敢放弃希望。再次引用加缪："失去希望并不代表绝望。地上的火焰抵得上天上的芬芳。"西绪福斯是反抗的英雄，他代表了人类不甘屈服命运的永恒决心。

接下来谈谈普罗米修斯的抗争。老一辈提坦神伊阿珀托斯与克吕墨涅结合生下阿特拉斯、普罗米修斯以及厄庇墨透斯等诸多子女，其中普罗米修斯是前瞻者，他的弟弟厄庇墨透斯则是后觉者。埃斯库罗斯在剧中用 Tyrant 一字（本意为僭主，中性词，即被指派临时充当统治者）指代宙斯，使得该字具有强烈的反面意义——非法夺取政权且以暴力进行统治，是为暴君。由此普罗米修斯之抗争乃具有积极的现实意义。普罗米修斯盗火推进了人类文明的进程，使得人类由蒙昧状态走向文明，同时也导致人与神彻底隔绝——这似乎是宙斯不愿看到的事实：最高统治者往往希望民众处于蒙昧状态，一旦觉醒，他的威权将受到质疑和挑战。普罗米修斯的行为虽然造福人类，但无疑也撼动了宙斯的统治秩序，这是宙斯难以容忍的（另外，宙斯怀疑普罗米修斯在无私奉献的背后有沽名钓誉之嫌——企图赢得下界民众的感激，这是希腊人神共有的野心），因此对他施行严惩，以实现所谓神之正义。诸神虽然对普罗米修斯不无同情，但他的所作所为毕竟违犯天条——在共同利益驱使之下，他们反过来劝诱普罗米修斯向宙斯的淫威屈服，也就毫不奇怪了。

在神话故事基础上，埃斯库罗斯在悲剧中又加入海洋神女伊俄的悲惨遭遇——她先是被宙斯强奸，随后被赫拉追逐迫害。对于这样无辜的受害者，宙斯居然无动于衷，不愿也不敢承担丝毫责任。可见权力一旦缺少约束，必定会滥用。普罗米修斯敢于挑战宙斯，一方面因为神是不死的，这是神最大的特权，可能也是神最大的悲哀；一方面还因为他掌握着关于宙斯统治期限这一宇宙最大的秘密。聪明如宙斯，断然不敢用强，故事的结局是大英雄赫拉克勒斯（一说为宙斯之子）途经高加索山，解救了普罗米修斯。普罗米修斯与宙斯最终达成和解，天上人间又重新恢复到均衡的秩序。值得注意的是，普罗米修斯展现出的悲天悯人的情怀，百折不挠的勇气，以及有礼有节的斗争策略，令人荡气回肠。应当说，他展现的不仅是神性，更是人性（相反，残忍暴虐、独断独行的宙斯所作所为则明显违反人性）——日后英国浪漫派诗人雪莱在长诗《解放的普罗米修斯》中极力讴歌的正是这样一种高贵的人性和抗争的精神。

四　《俄狄浦斯王》

先来谈谈忒拜城邦。忒拜的始祖是卡德摩斯，他的父亲、腓尼基国王阿革诺尔是海神波塞冬之子。卡德摩斯的姊妹欧罗巴被宙斯绑架后，阿革诺尔派他外出寻找。根据神谕，他杀死当地毒龙，播下龙齿，从土地中生出的武士帮助他建成忒拜城。卡德摩斯后与爱神之女哈耳摩尼亚，生下塞墨勒、伊诺和阿高厄。宙斯与塞墨勒偷欢，遭赫拉嫉妒。赫拉用诡计诱骗塞墨勒，让宙斯在她面前现出真身。塞墨勒的凡人之躯被雷电烧成灰烬，宙斯救出她腹中婴儿，缝入自家大腿，足月后分娩，即为酒神狄奥尼索斯。伊诺因为设法哺育年幼的狄奥尼索斯，也遭到赫拉迫害，后带着儿子投海自尽。三姊妹中最不幸的是阿高厄，她的儿子彭透斯是忒拜国王，他对酒神出言不逊，并下令禁止对酒神的崇拜，引发后者的强烈报复——一次，在酒神的狂欢舞会上，阿高厄发了疯，同其他疯狂的妇女一道，将自己的亲生子彭透斯扯成碎片。(这是神话中难得一见的"暴民"场景的刻画，说明逆拂民意是何等危险。同时请注意：发疯的是妇女。只是妇女。) 克瑞翁是卡德摩斯的后代，他与伊俄卡斯忒成婚，生子海蒙。克瑞翁死后，伊俄卡斯忒改嫁拉伊俄斯生子俄狄浦斯，俄狄浦斯后误杀拉伊俄斯，娶伊俄卡斯忒，并生育子女四人：儿子厄忒俄克勒斯和波吕尼刻斯，女儿安提戈涅和伊斯墨涅。

索福克勒斯三部曲《俄狄浦斯王》、《安提戈涅》和《俄狄浦斯在克洛诺斯》便改编自上述神话故事，主要反映国法与人性，神律与社会正义等矛盾冲突。黑格尔悲剧理论认为悲剧的根源在于两种正义力量的冲突，如克瑞翁严禁安葬攻打忒拜城的叛将，是为维护城邦政权，自有其合理之处；而安提戈涅秉持人伦道德，不忍目睹其兄弟肉身暴露野外，为鸟兽吞食，坚持要按人伦之道将他安葬，似乎也无可厚非。作为城邦之主的克瑞翁，以及作为克瑞翁之子海蒙未婚妻的安提戈涅——这两个人物互相反对和意欲毁坏的东西，正是他们在各自生活中不可或缺的规范和准则——所以要竭力加以维护，不惜以生命为代价。这是两种正义的价值观的冲突。所以黑格尔说，两个恶人的冲突，或一正一邪的冲突，都构不成悲剧。

《俄狄浦斯王》展示的是人对自身及命运的不懈探究和拷问，海德格尔说："这出戏是在外表（歪曲和遮蔽）以及敞开（真实和存在）之间的一场斗争。"俄狄浦斯的盲目实际上是双重隐喻：一是肉体（剜出自己的眼珠），另外更是人对自身以及对难以度测的命运的无知——哲学家蒙田说过："世上最重要的事情就是认识自我。"另一位哲学家恩里克也曾形容说："那种置身于黑暗和混乱之中的恐慌，威胁城邦的安全乃至整个社会的文明……全部文明就是一场对抗混乱的斗争，在任何情况下，混乱总是指向相同的危险：一个失去了路标，失去了约束的世界。"

盲人先知忒瑞西阿斯，他曾因偷窥女神沐浴而变盲，后又变性（或说他本人即为双性同体），对男女性事的感受超乎常人。他曾面斥俄狄浦斯，"你有眼睛，你却看不到自己身在何处"——这是对凡人的虚妄最直接的指斥：每个人对自己的盲点都视而不见。在解开斯芬克斯之谜之后，他被城邦尊奉为英雄，于是不免犯下简慢之罪，自以为能与天神平齐，结果受到命运的严惩。但俄狄浦斯却并不因此而变得渺小，恰恰相反，他在盲目之后反而对外部世界认识得更为真切：他的尘世地位不过是如梦幻泡影一般转瞬即逝的存在，人的伟大应该在于他的内在力量——不惜一切去追寻真理，追求真相，并且一旦发现便应当坦然面对和承受——正如忒瑞西阿斯所言："唯有聪明之人方能承受苦难（To be wise is to suffer）。"也是在此意义上，黑格尔宣称俄狄浦斯是古今第一位哲学家。而弗洛伊德则从性心理分析角度出发，认为俄狄浦斯一开始对女性就怀有深深的恐惧和欲望。或许这也是所有男性的共同之处（即俄狄浦斯情结）。他的谜底是"人"——预示男人战胜了女性的化身斯芬克斯妖怪（也是野蛮的化身），也预示着古典的男性仪式的统治得以确立。其实人本身就是迷，连他自己也猜不透。

五 《美狄亚》

欧里庇得斯与他的两位前辈剧作家风格大不相同。他是悲剧家中的哲学家，经常借剧中人物之口臧否褒贬，对天神、命运之类的观念提出质疑，像苏格拉底一样表现出了强烈的理性主义和怀疑精神。他剧中的主要人物往往既非英雄神祇，亦非王公贵族，而是平民百姓（大多是中下层妇女）。他的文学声望也起伏不定，生前备受争议，死后声誉日隆。评论家或称之为最伟大的剧作家，或称之为古希腊悲剧的终结者（尼采）。但无论如何，在时人眼里，他是极富个性的怪诞而激进的民主派，保守的上层阶级对他的直白大胆多有拒斥。

从《安德洛玛刻》到《特洛伊妇女》，从《酒神女信徒》到《美狄亚》，其中妇女问题是剧作家最为关注的主题。在欧里庇得斯悲剧中，酒神狄奥尼索斯的母亲、卡德摩斯之女塞墨勒身世最为凄惨。听信谗言，她要求前来与之幽会的宙斯露出真身，结果被雷电劈得粉骨碎身。从灰烬中生出的酒神决意报仇，找到罪魁祸首——他母亲的姊妹、充满嫉妒心的阿高厄以及她的儿子忒拜国王彭透斯。酒神先让阿高厄等人发狂乱舞，又让国王彭透斯前往制止。发狂的酒神女信徒群起而攻之，将彭透斯撕成碎片。

彭透斯的悲剧一方面在于他的狂妄自负，始终不肯承认酒神的权威——作为哲学家的欧里庇得斯似乎要告诫观众，凡人须时刻保持谦卑，否则命运之轮一旦倾覆，等待他的必定是彻底的毁灭。另一方面，彭透斯作为城邦统治者，对女性的群体活动感到无端恐惧，乃决定剥夺其自由活动的权利，将女信徒统统关了禁闭。作为女性的同情者，剧作家认为彭透斯悲剧某种程度上也是他咎由自取——除了天神，谁能剥夺他人的自由？连掌管人间律法的君王也不例外。

相对而言，在《美狄亚》一剧中，欧氏对妇女问题的思考和认识显然更为全面深刻。美狄亚的悲剧在于她的误判。她自以为爱上了一位英雄（伊阿宋），结果却证明他不过是个普通的男人。她为他不惜与父亲决裂，不惜残杀并肢解幼弟（以阻止追兵），这样的一腔痴情，换来的却是伊阿宋移情别恋，而且很快就要成为当地国王的乘龙快婿。这是当日希腊社会的现状：人心不古，道德沦丧，男子嫉妒而自私，女性却必须忍辱负重，循规蹈矩。然而美狄亚是敢爱敢恨的新女性，伊阿宋打破的是婚约的誓言，她却要采取切实的行动。她亲手杀害了她与伊阿宋所生的两个儿子，并决意自杀，以此与命运相抗争。跟王后克吕泰涅斯特拉一样，当复仇心理占据她全部思想，她整个人已步入疯狂状态。在她走投无路之际，天降龙车（Deus ex machina）①将她送至雅典——或许这是剧作家的曲笔，以隐晦方式表达对她的同情。

"唉，在一切有理智、有天性的生物当中，我们妇女是最不幸的。少女时，我们便憧憬能遇见称心的夫君，结婚后更盼望能和爱人长相厮守。我们总是把珍贵的爱情看得比性命还重要，从不理会即将降临的灾难和困苦。"——这是美狄亚梦醒后的感喟，也是血泪控诉：它揭示出在表面平等的希腊社会，身为女性的莫大悲哀。

作为刚毅果敢的美狄亚的反面，伊阿宋却是撒谎成性、胆小怯懦的猥琐之人。女性只是他的工具——或寻欢作乐，或生儿育女——并且可以像玩物一样随意抛掷。他在迎娶公主之际给出的理由是，为了让美狄亚和他们所生的两个儿子不受旁人歧视，并能过上荣华富贵的好日子，简直是自欺欺人的无稽之谈！故事的结局，伊阿宋在流放途中被一根从天而降的朽木击中身亡。这种死法也算是对这位英雄莫大的嘲讽。

希腊悲剧发展到欧里庇得斯时代，其形式已相当完备，诗人只能在题材内容方面加以变革。欧里庇得斯选择由家庭/妇女问题入手，批评/针砭社会现实，并在艺术手法方面将写实手法与心理描写相结合，取得了巨大的艺术成就。他的剧作标志着"英雄悲剧的终结"（据说诗人曾宣称，写三句诗要花费三天时间。旁人惊叫，三天可以写出一百句。欧里庇得斯答，可它们只有三天的生命力）。

---

① 或称之为"降神机"（马克思语）。尼采则批评欧里庇得斯这一"声名狼藉的戏剧收场"是"希腊式肤浅的快感"（Greek Cheerfulness）。参见尼采《悲剧的诞生》，第53页。

爱情与变形

一 希腊罗马神话之异同

希腊神话对世界文化尤其是西方文化具有深远的影响。希腊人从古风时代起就有意识地向意大利半岛渗透，并在半岛南部形成了"大希腊"区域。此后的几个世纪，罗马在向外扩张的过程中与希腊文明直接相遇，同时这种政治上的扩张也为希腊文化的传播开辟了道路。罗马诗人贺拉斯曾经这样咏叹："希腊被擒为俘虏，被掳的希腊又反过来俘虏了野蛮的胜利者，文学艺术被搬进了荒僻的拉丁区。"[1]

人们常说："光辉的希腊，伟大的罗马。"这是人们对希腊罗马文化特点的高度概括。与希腊文明相比，罗马虽然是个强大的国家，但文明远落后于希腊。在公元前6世纪之前，罗马的多神教没有神人合一的现象，他们信奉的是原始的自然神和造物神，例如以长枪表示战神玛尔斯。在公元前3世纪左右，随着希腊文化的渗入，罗马的神开始以人的形象出现。他们模仿希腊神话把希腊的最高神宙斯换成罗马神朱庇特，并给朱庇特配上一位妻子——朱诺。另外，还把希腊战神阿瑞斯改为罗马战神玛尔斯，把希腊爱神阿芙洛狄特改为罗马爱神维纳斯。

追溯罗马神话的历史，最早是由诗人恩尼乌斯模仿《荷马史诗》编写的《编年纪》。《编年纪》全诗叙述罗马人的历史业绩。从特洛伊毁灭开始，经过罗马的建立，王政时期和共和制的建立，高卢人的入侵，罗马向意大利扩张，到迦太基的建立和第一

---

① 郭圣铭：《西方史学史概要》，上海人民出版社，1983，第36页。

次布匿战争，一共十八卷。恩尼乌斯非常崇拜荷马——在他的史诗开头，荷马就出现在他的梦中——而后他就开始按照《荷马史诗》的诗歌风格进行模仿和创作。

维吉尔是另一位模仿《荷马史诗》进行创作的著名诗人和作家。他出生在奥古斯都时代，所写的《埃涅阿斯纪》从主题、构思、情节安排、语言运用都在模仿《荷马史诗》。在《埃涅阿斯纪》中，作者把屋大维家族加以神化，把屋大维本人加以理想化，给屋大维的统治罩上了一层神圣的光环。通过对屋大维家族的神化，罗马神话从最初的单纯模仿发展成一个较为完善的文学体系——王力先生在《希腊文学 罗马文学》一书中对此有深入而细致的论述。

下面重点来谈谈罗马神话对希腊神话的改写。罗马神话虽然出现得晚，但也有其自己的特点。罗马神话没有像希腊神话那样的神与神之间斗争的传说。罗马神话传说中，人起着主要作用，神只是有时候出手相助。罗马神话讲述的是一些受敬重的祭司与一群互相关联的神的故事，罗马神话中包含着非常完善的祭祀仪式。罗马神话主要叙述的是关于罗马诞生和发展的故事。也有人说罗马的神话不是故事，而是神与神以及神与人之间错综复杂关系的谱系图。

罗马神话的一个特征，首先是罗马神有本民族的个性。罗马神话在最初的编写过程中，罗马主神与希腊神话的主神常常混为一谈。后来随着罗马国家的发展和壮大，罗马神话中主神的形象逐渐丰满起来，开始具有其本民族的个性，神祇的权力越来越大，管辖的范围也迅速扩大，同时神祇的职能变化也很大。比如黛安娜以前与希腊神阿尔忒弥斯具有同样的职能，她们都掌管狩猎、生产等职能。后来黛安娜成了专门保护平民和奴隶的守护神。赫拉克勒斯的传说传入罗马后，人们增加了他在意大利建立的功绩，把他看作是大英雄。但是有些神是罗马人直接从希腊神话中原封不动照搬过来的。希腊太阳神阿波罗的传说被罗马人接受后，立即被奉为罗马主要的神祇。在与希腊神话融合过程中，罗马女神密涅瓦不仅仅是技艺女神，还成为智慧的象征，同时也是医生、雕塑家、诗人等的保护神。此外，在希腊神话的影响下，罗马人把一些抽象的道德概念，如和谐、勇武、诚实等美德加在神祇的身上并进行广泛传播——可见，罗马神话不是简单的吸收了希腊神话故事中诸神的形象特征，而是在立足于罗马本土土壤的基础上进行了适合本土文化习惯的改编。

罗马神话还有一个特点：罗马大神各有他们自己的节日。罗马是一个农业经济占主导地位的国家，农业支撑整个国家的经济。由于连年的对外战争，后勤保障的军粮的需求量也非常大——为了发展农业，他们需要通过特定的仪式来祈求罗马神祇对他们的庇佑。与此同时，罗马人相信，世上万物的活动都包含着某种神秘的内在力量或精灵，所以罗马有很多神庙用来搞节日的庆典，以表达人们对神祇的敬重和崇拜（与罗马人相比，希腊人并不十分注重祖先崇拜，只是在这一基础上发展出带有自身特点的英雄崇拜）。

罗马神话的另一个特点是神话中的政治色彩特别浓厚。尤其当罗马进入帝国时代之后，为了笼络民心，屋大维注重社会舆论，把许多著名作家聚集在他周围，为帝国服务。于是，罗马文学迎来"黄金时期"——正由于罗马文学的繁荣是在"为帝国服务"的前提下得到官方支持的结果，所以带有鲜明的"文以载道"的政治色彩。这一特点主要表现在史诗创作上。罗马的史诗创作是在对民族英雄的歌颂中体现出对英雄与权威的推崇，将罗马人祖先英雄化，以获得人民的尊崇，以便于统治者管理。

奥维德的《变形记》堪称希腊罗马神话大全，作者围绕人变形这一主题，对之前流传的神话进行穿插归纳，以阐明希腊哲学家卢克莱修"一切事物无不处于流变"这一命题，以及毕达哥拉斯所谓"灵魂轮回"的原理。作者身处奥古斯都执政时期，罗马社会分化严重，贵族骄奢淫逸，世风日下，民众则普遍穷困潦倒。奥古斯都为整肃浮夸之风，着力倡导传统道德，而奥维德以古讽今、针砭现实的文学作品令他大为震怒。奥维德的作品被禁，图书馆藏本也被销毁，作家本人则被流放，其罪名有二：一是参与淫乱行为，一是创作并出版淫秽诗作。——这也是人类文明史上最早以"有伤风化罪"遭迫害的著名案例。

二 《变形记》的时代背景

奥维德所处的年代是罗马共和国向帝国过渡的时代。奥古斯都获得元老院的尊号，在共和的名义下实施军事独裁——他的个人权力远远凌驾于元老院之上。到了帝国时期，皇帝被尊奉为神，成为人民崇拜的对象。对于新兴的罗马帝国，诗家文人大多欣然为之鼓噪，以证其为天命所归，旧邦维新。之前所述维吉尔在史诗《埃涅阿斯记》中借英雄冥府之行，预示奥古斯都登基乃为神意。大诗人贺拉斯也抛弃共和思想，转而向帝国效忠。而在此背景下问世的《变形记》乃传达出某种不和谐之音。

《变形记》全书共十五卷，包括长短故事二百五十余个，其主要人物则可粗略分为神祇、英雄与历史人物三类。全书的架构主要按年代次序，具体分为序诗，引子（包括创世神话以及赫西俄德《神谱》中相关内容），其次是神祇（1—6卷），再次是英雄（6—11卷）、历史人物（11—15卷）以及尾声。当然由于神话中不乏时代误置，若干事件先后次序根本难以考证，作者往往刻意围绕某种特定主题来组织材料，如1—2卷主要以神祇的恋爱为中心，5—6卷以神祇的复仇为中心，9—11卷以英雄人物的恋爱为中心，等等。

变形是贯穿全书的主题，因为要将散落在神话、史诗及悲剧中的各种故事串联起来，必须有一根看不见的珠绳，方使其线索不致中断。在今天看来，作者用心虽然良苦，但其手法机械、单调，若干故事前后之间的串联显得很勉强，削弱了其艺术感染力。但必须注意的是，由于缺乏荷马史诗的中心事件（如特洛伊战争）或中心人物（如奥德赛），作者如何驾驭这一盘散沙的材料，并无先例可循——可能要等到文艺复兴时代薄伽丘《十日谈》或乔叟《坎特伯雷故事集》等作品问世，才使这一形式趋于完备。

《变形记》的意义在于保存了与中世纪基督教文化截然不同的西方古典文化——前者是唯一神教，后者是多神教——既无圣经，也无教义。这些神话故事通过口耳相传，通过绘画雕塑，通过悲剧家和诗人，流传至今，魅力不减。这种魅力，不是依靠信仰，也不关乎真理——它揭示生活本真的隐暗面和残酷现实，而非虚张声势、粉饰太平，而这一点正是现代艺术的旨归。从这个意义上说，这体现出奥维德（公元前43—公元17年，距今2000年）这一历史人物的现代性。艺术无功利，也无关乎道德人心——这令奥古斯都相当恼怒——它只负责提供审美愉悦。

与早期教父倡导束缚身体不同，奥维德对人体（无论男女）大唱赞歌——仿佛百代而下的惠特曼或劳伦斯。卡尔维诺曾说，阅读《变形记》可使这本书与我们的生活相结合：读者会时时意识到他们是在用身体阅读，而不仅仅是大脑。与之相反，黑格尔则公开宣称，"我不喜欢奥维德的《变形记》：那些诗是对人的侮辱"。确实，诗中的暴力、乱伦、强奸等揭示人性阴暗的故事比比皆是，很难不激起道德之士的反感——想一想王尔德《莎乐美》或波德莱尔《恶之花》。这种艺术观由传说的审美为导向转而变为审丑——作家似乎能从中收获一种邪恶的快感，如其中一则故事，讲一位不敬神者被饥饿女神附体，靠出卖女儿换钱度日，仍食不果腹，最后饥饿难忍，只好将自己活生生吃掉——以如此夸张的笔法讽刺现实，最高统治者肯定一眼便洞穿其言外之意。神话中美狄亚为帮助伊阿宋逃脱追捕，不惜杀害并肢解亲生兄弟，忒柔斯的妻子为替妹妹报仇将亲生儿子残忍杀害——尼禄皇帝当时为娶一女子也疯狂杀妻弑母——岂非正是现实的反映？

三　影射与讽喻

奥维德对神的态度几乎自始至终是不恭敬的。他在《爱的艺术》中曾说："承认神的存在是有好处的，因此我们无妨假定神存在。我们应该保存旧的宗教仪式，利用神来贯彻我们的诫条，这对社会是有好处的。这些戒条是：不要犯罪，天神就在你身边，天神会干涉的。孝敬父母。不要欺骗。不要杀人。"正当屋大维要恢复旧宗教的时候，这种釜底抽薪的言论当然会导向诗人的谪戍。在他早期作品中，奥维德针对主神朱庇特说过，他的情妇"把门关上不准他进去，这比他自己的霹雳还厉害呢"！这种嘲弄天神的态度在荷马或维吉尔的史诗中是不可想象的。因此，奥维德就把天神一个个从他们在天堂的宝座上搬下来，把"神格"降到"人格"的水平，并且按照罗马统治阶级——皇帝和贵族——的原型赋予天神以性格。天神突出的特点就是为所欲为、荒淫残酷。男神性格中的主要因素是淫欲，女神是嫉妒和报复的心理——朱庇特利用他天神的地位打动伊俄，引诱卡利斯托，骗取欧罗巴，以及其他许多类似的勾当。日神阿波罗也不例外，他拼命追赶不愿意爱他的达芙涅，直到后者被迫化身月桂树。而朱诺除了嫉妒以外，其他都乏善可陈。

在古代神话的男女英雄故事中，诗人比较注意的是某些不正常的情欲。例如色雷西亚国王忒柔斯强奸姨妹菲罗墨拉后将她残忍杀害——为防止恶行败露，又将她的舌头割掉，令人发指；又如美狄亚因为爱伊阿宋背叛了父亲，在逃亡过程中将幼弟杀害并肢解——以延缓敌方的追赶。奥维德写这些故事的时候，延续了《女杰书简》中的观点，对那些受遗弃或受迫害的妇女表示深刻同情：一切悲剧似乎都是由男子不了解热烈爱情、把女子只看作玩弄对象这一态度所引起。但是另一方面有些妇女似乎又被描写为极其残酷，例如上述忒柔斯的妻子就可以杀死亲子替妹妹复仇——当然，我们若记得罗马角斗士为了娱乐贵族彼此残杀，我们若记得尼禄皇帝为了娶一女子毫不犹豫地杀妻弒母，那么这种残酷岂非正是现实的反映。奥维德写这些故事时，特别强调它们的悲剧性。在罗马悲剧中，杀人流血是必不可少的因素。此外，奥维德还特别强调主人公的内心的矛盾和痛苦来提高故事的悲剧性。

神祇的世界尊卑有序，级别较高的天神在奥林比亚宴饮时距朱庇特较近，较低级的距离稍远，至于水泽山林之神更是等而下之——这也好似奥古斯都治下罗马帝国的真实写照。作为人间律法和秩序的维护者，主神跟皇帝一样，不允许任何越界逾矩，更不要说发动叛乱。诸神的荒淫无度往往沦为笑柄，可怜的奥古斯都大帝还在倡导虚伪的道德戒律，结果只是徒劳，不免显得滑稽可笑。作为帝制的持不同政见者，奥维德对他所处的"黄金时代"嬉笑怒骂，尽情嘲讽——朱庇特的凶残暴虐，荒淫无耻显然是对奥古斯都的影射。神话中人物在遭遇强权暴力后无计可逃，唯有变成非人（non-human）才能侥幸存活，真所谓民不聊生。

当然，变形本身只是由一种生命形态转变为另一种，谈不上更好或者更坏（哪怕众神怜悯，变为天上星座，看似不朽，其实当事人未必乐意）。这是毕达哥拉斯灵魂不灭之说的翻版：万物皆变，却无法消灭。奥维德本人也曾说过："灵魂永远不死，它只是由一地迁往他处。"——他本人即自谓是特洛伊战争中名将福尼克斯的转世（正如苏东坡自称是乐天后世或陶渊明百年之身）。

四　影响与流变

经过中世纪长期压制，意大利人文主义者倡导回到希腊罗马经典，维吉尔作为诗人的典范备受推崇。但丁的《神曲》大部分与神话相关的题材皆取自《变形记》。但丁本人下地狱见到的四大幽灵则是荷马、贺拉斯、卢卡努斯和奥维德。其他如彼特拉克、薄伽丘也宣称他们的启蒙读物便是《变形记》。意大利古典学者罗伯特·卡拉索的《卡德摩斯和哈耳摩尼亚的婚姻》被认为是唯一能与奥维德一争高下的散文作品。

当然，奥维德的影响远远超越了意大利本土。在法国，16世纪启蒙思想家蒙田自小便熟读《变形记》，17世纪戏剧家莫里哀直到晚年仍将《变形记》作为案头读物。在英国，从乔叟、莎士比亚到弥尔顿，从诗歌题材到表现手法，也无不受到奥维德的影响。乔叟据说将《变形记》读得烂熟于胸——不仅借用其故事，还借鉴了奥维德细腻的心理描写手法。莎士比亚对奥维德的题材也多有借用，如《克洛伊罗斯与克瑞西达》是直接照搬，《仲夏夜之梦》对皮剌摩斯和提斯柏的故事（此为奥维德原创，并不见载于希腊神话）则是巧化用，使之一变而成一部悲喜剧。不仅于此，莎翁对诗人的诗艺也大加推崇，在《爱的徒劳》中，他借教师之口说道："至于优美的，信手拈来的诗句，黄金般的韵调……你得去向奥维德领教，何以要向奥维德领教呢？还不是因为他善于嗅到幻想的高论和富于创造性的俏皮话。"

在德国，对奥维德持批评态度固不乏其人，如黑格尔指责他道德败坏，赫尔德攻讦其作品缺乏真实——似乎忘却了本来就是神话。但相对而言，崇拜有加的更大有人在，最典型的是歌德——他本人时常对温克尔曼提到他重读《变形记》。在《诗与真》里他说，"我用尽一切办法想要护卫我心爱的作家（奥维德），我说，对于一个有想象力的青年来说，和天神或半人半神的人物在欢乐灿烂的环境里盘桓，亲眼看到他们的行动和恋情，是一件最有趣不过的事情……最后，我就想证明说，凡是一个卓越的人物所创造的一切也都可以算作是大自然，而且在一切民族之中，不论新老，永远是只有诗人才能成为诗人。"正因为其巨大的艺术感染力，奥维德及其《变形记》才能历久而弥新——中世纪的教会人士虽然反对他的异教徒思想，僧侣们却仍喜爱读他的作品，甚至将它作为教会学校的课本。从庞贝古城挖掘出的废墟城墙上，也有若干描写《变形记》故事的壁画和诗句。罗马讽刺作家阿普列乌斯的《金驴记》又名《变形记》。直至20世纪德国小说家卡夫卡的超现实主义小说问世，仍名之以《变形记》——足证其弥满的生命力，震古烁今。文艺复兴运动以后，西方现代艺术初现端倪，正是从奥维德等经典作家汲取养分的结果——由此也益发证明文学经典的现代性。

五　变形的情爱

《变形记》中的爱情故事被后世艺术家不断改编、再现和创新。

画家戈特罗的《皮剌摩斯和提斯柏》（*Pyramus and Thisbe*）讲述古代亚述国一对青年男女相约私奔。提斯柏先至，遇狮，逃，遗失披风。皮剌摩斯后至，见地上披风沾染血迹，误以为情人已被吞食，拔剑自刎。提斯柏复还，亦殉情而死。——莎翁后或据此改编《仲夏夜之梦》和《罗密欧与朱丽叶》。

莫扎特首部歌剧《阿波罗与雅辛托斯》（*Apollo and Hyacinthus*）讲述斯巴达国王的美少年、雅辛托斯王子与阿波罗为密友，风神仄费洛斯心生嫉妒，在美少年抛掷铁饼时突然改变风向，少年被铁饼砸中而死。

皮耶罗画作《普洛克里斯之死》（*The Death of Procris*）讲述刻法罗斯和普洛克里斯的爱情故事。二人原本是恩爱夫妻，刻法罗斯遭黎明女神厄俄斯绑架后播下猜疑的种子。刻法罗斯外出打猎，普洛克里斯暗中尾随，刻法罗斯投标枪误中其妻，死。

鲁本斯画作《包咯斯和菲涅蒙》（*Philemon and Baucis*）讲述朱庇特和墨丘利微服私访，富人皆推诿，唯穷人包咯斯和菲涅蒙夫妇诚心款待。天神为表谢意，乃将其破屋变庙宇，二人作为神庙祭司受人供奉。二人相亲相爱，死后化作相互缠绕的橡树和菩提树。

其中影响最大的是威尼斯画派的代表人物提香。提香画作《黛安娜和阿克泰翁》（*Diana and Actaeon*）讲述忒拜王子阿克泰翁以狩猎见长，并吹嘘技艺胜过狩猎女神黛安娜，后偷窥女神与侍女裸浴，女神将其变为一头鹿，被自己的猎犬撕咬而死。

提香所处的欧洲文艺复兴时期，其主导思想是人文主义，它以人为本，反对神权，重视个体的人的价值，实际上都可以视为希腊文化的特征。从这个意义上说，文艺复兴实质上是对希腊文化的人文精神的再现和升华，而希腊神话更是一个宝库，它在文学、哲学、绘画等领域的再现唤醒人们从中世纪的神学中走出来，促进了人的个性解放。提香作为文艺复兴时期伟大艺术家的代表，创作了许多神话题材的作品来歌颂人性，赞美自然，表现人文主义思想——为人类社会步入科学革命和启蒙时代奠定了基础。

同时，我们也应该注意到再现的神话故事由于它所处的时代背景不同而产生了"变形"——文学艺术家们通过塑造崭新的神话艺术形象，否定神（上帝）对人的主宰，张扬人的个性，从而展现出人的力量和世俗主义思想。由此希腊神话也焕发新的生命力和恒久的艺术魅力。

神话的阐释

一　马克思论希腊神话

德国哲学家谢林曾说："神话是任何艺术所不能或缺的条件和原初质料……神话是绝对诗歌，可以说，是自然的诗歌，它是永恒的质料，凭借这种质料，一切形态得以灿烂夺目，千姿百态地呈现。"可惜在相当长的历史时间里，人们对神话的理解和阐释远未能达成共识。在中世纪，基督教神学家崇尚《圣经》，贬抑神话，往往将希腊罗马神祇刻意妖魔化。文艺复兴以遥尊希、罗为口号，将其作为挣脱束缚、解放人性的原动力。及至十八世纪启蒙运动和科学革命兴起，神话又遭唾弃，被视为愚昧和欺骗的产物，似乎不值一驳。

近代史上第一位为神话正名的是维科，他将人类文明史视为循序渐进的过程："初人犹如人类的儿童，对事物尚不能构成心智一类概念，自然只能编造诗歌人物，即幻想一类或共相，并视之为一定的范型或理想的摹本……他们以己度物，任凭想象驰骋……其格调之高雅，令人赞叹。"这与马克思关于神话是希腊文学武库与土壤的论断高度契合（马克思与维科的不同之处在于：维科持循环理论，即文明达到一定阶段必定复归于野蛮状态，马克思则认为随着人类对自然界的征服日益扩大，自然再无奥秘可言——皮之不存，毛将焉附？故神话必将消亡）。此后，德国浪漫派赫尔德、海涅、施莱格尔以及温克尔曼等皆承其遗绪，以希腊罗马神话为古今一切艺术的最高典范。

按照马克思的论述，原始人创造神话所用的人格化的方法、幻想的方式、把抽象自然力形象化等，都是以一种特殊的自然观、社会观为前提的。这种特殊自然观、社会观就是把自然神话化的态度。而在历经科学理性积淀的现代社会，人们已经不可能再以自然神话化的态度去对待自然——那些社会关系已经一去不复返，在技术时代不可能再从人类的经验中产生。于是古代神话走向终结，代之而起的是充满理性的科学精神。马克思说，一个人不能变成儿童，否则就变得稚气了。同样，现代人不能再生产古代神话，否则就变得稚气可笑了。

马克思在《政治经济学》导言中讲道："困难不在于理解希腊艺术和史诗同一定社会发展形势结合在一起。困难的是，它们何以仍然能够给我们以艺术享受，而且就某方面说还是一种规范和高不可及的范本……希腊人是正常的儿童。他们的艺术对我们所产生的魅力，同这种艺术在其生长的那个不发达的社会阶段并不矛盾。这种艺术倒是这个社会阶段的结果，并且是同这种艺术在其中生产的而且只能在其中生产的那些未成熟的社会条件永远不能复还这一点分不开的。"从马克思的评论中可以看到古希腊神话作为各民族神话之冠所独有的价值和永恒魅力，以及其与希腊社会生产力发展之间不可切分的关系。在马克思看来，希腊神话艺术之所以具有永恒的艺术魅力，最主要的是希腊神话故事展现出人类正常的童年时代的"真实"。

希腊神话就是古希腊人对自然，对人本身的探索的回答。现代的进步了的人们，通过对希腊神话的阅读能从中感受到自身最初拥有的那种童趣，天真的，自然的，贴近人们真实思想的人的最初的也是最本质的欲望的真实。不得不说在保存与体现人类童年的时代文学的特征上，古希腊神话是最完整、最充分的。它具有后世文学所无法模仿的外形特征与内在本质，失掉其产生的气候、土壤、氛围，也就失去了天然、拙朴、神奇的特点。

在希腊艺术中，希腊神话是一切的土壤。生产力的不发达导致了人们的生存的危机，城邦间的战争成为必然，于是又导致了人们注重体格素质的锻炼，力量成为最重要的代表，拥有力量便拥有一切。而对自然界神秘力量的未知和向往也成为希腊人最美好的愿望。这种美好的想象正是由当时低下的社会生产力和对自然科学的蒙昧无知造成的结果。马克思的"导言"深刻揭示出神话赖以产生和消亡的社会历史条件："希腊神话不只是希腊艺术的武库，而且是它的土壤。成为希腊人的幻想的基础、从而成为希腊'艺术'的基础的那种对自然的观点和对社会关系的观点，能够同走锭精纺机、铁道、机车和电报并存吗？在罗伯茨公司面前，武尔坎又在哪里？在避雷针面前，丘比特又在哪里？在动产信用公司面前，赫尔墨斯又在哪里？"

英国人类学家马林诺夫斯基曾指出：所谓神话是对于现存诸制度及诸社会关系给予一种根据的宪章。法国社会学家列维-布留尔也指出：神话是原始民族的"圣经故事"——对原始人的思维来说，神话既是社会集体与它周围存在物结为一体的表现，同时又是保持和唤醒这种一体感的手段。瑞士心理学家卡尔·荣格则断言："世界上所有神话反复出现的主要特征都类似于同样的梦境。"[1]——或许正如马克思一再强调的，任何一种意识形式必须从物质生活的矛盾中，从社会生产力和生产关系之间的现存冲突中去解释。文学艺术也是如此，一定历史阶段的文艺，包括它的产生、内容、性质和功能，都应当而且必须从所属时代的社会结构和特定的物质生活条件中去研究，才能得到正确合理的解释。

---

[1] Stephen L. Harris, *Classical Mythology*, Mountain View: Mayfield Publishing Company, 1995, p. 36.

自十九世纪下半叶以来，随着各门学科交叉，渗透、发展，特别是文化研究的异军突起，对神话的阐释和研究呈现出群雄并起、异彩纷呈的局面，林林总总门派不下数十种，其中影响较著者则有仪典学派、象征主义、社会学派、心理分析、结构主义，等等。

二　仪典与象征

仪典学派的奠基人是詹姆斯·弗雷泽。在《金枝》中，他对大量源于祭祀仪式并与时序变化周期密切关联的神话进行考察，认为神话反映出原始社会的交感（sympathetic）巫术与人类原始思维（或称野性思维）较为契合。渔王的故事，替罪羊以及古老的献身仪式（成人礼）在他看来都是"死而复生"这一信念的外在体现。该派另一位代表人物马林诺夫斯基也认为，神话的功能在于使思想法典化，使道德得以强化，使种种礼仪得以确立，因此他坚持神话与仪典的同一性——人们借此以维系宗族和部落的和谐与稳定。

象征主义理论的代表人物是恩斯特·卡西尔。他将神话思维的特性归结为现实与理念，事物与形象、本体与属性等混沌交融，故名为象征。神话如孙大圣横空出世，无因无果，莫名其妙，试图用逻辑分析对神话进行阐释必定徒劳无益。在他看来，神话呈现于形象世界，而象征表述本身则隐含意义与形象冲突，因此神话思维使整个社会现实转化为某种隐喻。

卡西尔的继承人是苏珊·朗格。在《哲学新解》一书中，朗格将神话的象征主义视为想象艺术发展的最高阶段。作为想象叙事的最高形态，神话呈现的并不是"不幸遇难或幸免于难，而是世界的本来面目——这是个人意愿遭遇外部阻力的曲折反映"。

社会学派之前时常冠以法国这一定语，因为该派代表人物多为法国人。该派创始人涂尔干由图腾崇拜入手，提出集体的理念与集体表象之间存在巨大差异，个体经验并不必然导向人类理性，因此，必须借助于隐喻、象征等手段才能准确反映和再现集体理念。他一直坚信，神话之中寓涵个体经验和集体意识，唯有从中找出线索，才可能得出对原初社会的合理阐释，并为哲学和科学发展开辟新结合。涂尔干的神话社会与阐释似乎过于乐观——他以为可以一劳永逸解决神话与科学之间的关系，完全没有意识到两者之间事实上分属两种不同类型的思维模式，不可通约，难以逾越。

三　心理分析与原型批评

心理学派的创始人是威廉·冯特。他认为神话的起源在于梦境与联想——人的情感作用于客体，便导致特殊的客体化和神话的人格化，因此，在神话里，感觉（视觉、触觉等）是第一位的，如呼吸—气息—浮云—飞鸟—苍穹……由此联想乃跃升到人类意识的较高层面；而反向追溯，则可能回到人类原初思维的本真模式。

20世纪初兴起的心理分析将这一链条更多指向潜意识和无意识，其代表人物为弗洛伊德。在《图腾与禁忌》一书中，弗洛伊德试图揭示俄狄浦斯情结"乃是郁积于潜意识的情欲复合体——

性欲遭压制而后升华，是人性发展的重要阶段，也是艺术创作的必由之路。"与弗洛伊德相比，他的门徒卡尔·荣格神秘主义倾向更为明显——后者的贡献在于由神话研究提出原型概念和集体无意识理论。神话中的人物如卡桑德拉、美狄亚以及狄奥尼索斯以及潘神，在他看来跟歌德《浮士德》一样，都属于原型——其形象不过是集体意象或集体无意识的投射——反映的是集体心理。用荣格的话说，即"神话中对自然的认识，无非是无意识的心理过程之语言和伪装"。荣格坚信无意识（或潜意识）在人的心里之中占据绝对位置，比意识更重要。他将阿尼玛/阿尼姆斯人格与原始神话中的"偶性"，同中国阴阳之气相联系，认为双性同体所代表的阴阳调和是最高人格的完美体现（如神话里的先知、古代的术士、萨满、中国的智叟、尼采的查拉图斯特拉，等等）。在荣格看来——"神话创作不失为使人们摆脱面对历史所产生的惊恐的手段。"

结构主义的代表人物是列维-施特劳斯，其代表作是四卷本《神话学》。他认为神话是集体无意识的外化，同当时的社会经济基础结构关系密切，因此研究神话，便无异于解剖其社会结构——列维-施特劳斯真正感兴趣的，并非神话叙事的结构，而是从中推导人类思维本身的结构。与前人研究得出的结论不同，列维-施特劳斯相信神话思维完全符合逻辑，甚至完全符合科学。他将这一种思维称为原始思维（或野性思维）。通过语义分析、关联分析和变异分析，他深刻揭示出神话结构和主题之间隐秘——隐喻的关系。由此，他将神话体裁与长篇小说体裁置于对立的位置。在这一点上，他与后起的罗兰·巴特大异其趣，后者将现代社会视为"神话作用得天独厚的场所"。

巴特一开始从语义学角度考察神话，认为神话是一种特殊的语义手段或符号。在他看来，神话既非谎言，亦非真理，它使历史成为自然。这也是神话与诗歌的不同之处——诗歌则力图使符号重新转化为神话意义寓于自身，无须符号阐释——简而言之：诗歌重现实，而神话重形式。

从文学角度对神话进行阐释影响最大的是弗莱的代表作《批评的解剖》。弗莱在书中指出，文学和神话本质相通，而他的著述宗旨即在熔文学与神话于一炉。他不仅相信神话与仪式绝对同一，也相信神话与原型绝对同一——诗歌的节律，凭借人体与自然节奏的共时化，同自然节律相应和（即波德莱尔所谓"correspondence"）——这种共时化，在弗莱看来，意味着神话与自然之间内在的对应关系。由此，弗莱将喜剧称为春天的神话，骑士文学为夏天的神话，悲剧是秋天的神话，讽喻之作则为冬天的神话。弗莱对神话原型的演变详加考察，如"替罪羊"这一形象在神话中屡屡出现，在《圣经》中以约伯的形象出现，在莎士比亚戏剧表现为倒霉的犹太人夏洛克，在哈代则为苔丝（甚至卡夫卡《审判》）中的主人公）——总之，虽历经千年，而其原型特征犹清晰可辨。其他如人（或神）降生的奥秘：雅典娜与狄奥尼索斯是一组对比，英雄人物珀耳修斯与《圣经》中摩西的出生亦可对比；后世文学如菲尔丁的《汤姆·琼斯》，狄更斯的《奥利弗·退斯特》等，皆可溯源至神话原型。至于死而复生的原型可追溯到俄耳甫斯或珀耳塞福涅，莎士比亚名诗《鲁克丽丝受辱记》描述罗马贵妇慨然赴死，爱伦·坡的恐怖短篇已多有附体返魂的情状，霍桑的《红字》中女主人公长期生活在屈辱之中，却宁死也不愿吐露真相——小说以监狱和玫瑰花开始，以教堂基地结束，具有浓厚的生死循环的象征意味。

四 神话与二十世纪文学

在欧美文学作品中，希腊罗马神话是文学艺术家们所喜爱的创作素材，它对西方文学作品内容影响很深。从乔叟到莎士比亚，从丁尼生、朗费罗、梭罗、霍桑、史文朋到艾略特、庞德、奥登，无不从神话中获得题材思想和灵感。比如但丁的《神曲》，歌德的《普罗米修斯》，拉辛的《特洛伊妇女》，伏尔泰的《俄狄浦斯》，巴尔扎克的《高老头》等的情节无不借用希腊罗马神话作为素材。单从英国文学史来看，很多作家都借用希腊罗马神话为素材创作了大量的文学作品。比如，乔叟就曾用希腊神话题材写出长诗《特洛伊罗斯与克瑞西达》；弥尔顿史诗中写到众多的希腊神话人物和故事。英国浪漫诗人雪莱深受希腊神话的影响，喜欢用神话材料来写诗，借以抒发忧愤的思想感情，如《阿波罗颂》《潘之歌》。济慈的《恩底弥翁》写的是希腊美少年和月亮女神恋爱的故事。希腊神话中菲罗墨拉变成夜莺的故事也多次出现在西方文学作品中，如济慈的《夜莺颂》，柯勒律治的《夜莺》，马修·阿诺德的《菲罗墨拉》，等等。

普罗米修斯的形象经常出现在英美文学作品中。在希腊神话中，普罗米修斯是一位不畏强权而为人类造福的天神。他教人用火的本领使人类成为万物之灵。几千年来，这一英雄形象一直活在人们心中，成为欧美作家的理想题材。希腊悲剧诗人埃斯库罗斯曾写过悲剧《被缚的普罗米修斯》，而在拜伦的《普罗米修斯》中，他是意志和力量的化身，正直刚毅，威武不屈，成为人民同灾难和邪恶势力做斗争的象征。雪莱沿用了埃斯库罗斯的故事情节，在他的《解放了的普罗米修斯》中，把他塑造成一位不屈的新斗士形象。19世纪美国诗人朗费罗在他的《普罗米修斯，或诗人的先觉》中把普罗米修斯描绘成赋予人类以活力，克服艰难险阻而奔向美好的未来的先知。

此外，许多西方作家喜爱用意味深长的神话故事来抒发苦闷，抨击不合理的社会现象。最著名的是艾略特的《荒原》，它利用大量的神话传说把一战以来的欧洲比拟成荒原，表达知识分子的绝望和忧郁。美国戏剧家奥尼尔的《哀悼》也是以埃斯库罗斯的《奥瑞斯特亚》为基础，借用神话英雄阿伽门农一家冤冤相报的故事描写现代人的悲剧和苦难的根源。其他作家比如史文朋、叶芝、曼斯菲尔德、福斯特等也常用神话题材创作。

希腊神话中的一些情节不仅成为作家们喜爱的选材，也成为后代文学的蓝本和雏形。例如：莎士比亚的《仲夏夜之梦》和《罗密欧与朱丽叶》中的情节明显受到希腊神话中皮剌摩斯故事的影响——小亚细亚的河神皮剌摩斯与提斯柏相爱，但受到父母的阻挠。最后二人于黑夜逃走，约定在尼诺斯墓地会面。提斯柏首先来到时遇到猛兽，她匆匆逃走而失落了外套。皮剌摩斯来时只看到一件撕碎的带血的外套，断定提斯柏已死，悲痛至极，在树下自杀。提斯柏再来到时发现了皮剌摩斯的尸体，于是也自杀而死。此外，乔伊斯的代表作《尤利西斯》借用奥德修斯故事，揭示现代西方社会的腐朽没落和现代人的孤独与绝望。20世纪以来，庞德、艾略特、海明威、福克纳等西方作家，也常选用希腊罗马神话故事的内容或者创作手法进行写作。

将创作动机与神话象征手法相结合，最早可追溯到十九世纪瓦格纳的音乐剧，20世纪的文学创作翻空出奇，各种艺术表现手法令人眼花缭乱，但其中的神话元素不仅没有削弱，反而得以加强，因此有人干脆将 20 世纪命名为 "神话小说" 的时代。照托马斯·曼的看法，20 世纪文学的功绩主要在于神话与心理的结合。执着于此的文学家无不受到弗洛伊德、阿德勒以及荣格的影响，相信极度个性化的心理其实可以代表人类的普遍性——当然首先需要通过象征、联想等精神分析。

托尔斯泰将人物内心心理分析这一艺术手法运用得炉火纯青——甚至将神话情节用于长篇小说。乔伊斯的《尤利西斯》更无愧于神话小说之名，他以神话人物作为章节标题，从忒勒玛科斯、涅斯托尔、卡吕普索、塞壬到瑙西卡、基尔克、伊塔卡和珀涅罗珀，显然是刻意的戏谑和反讽——甚至是庸俗化的反讽——说明乔伊斯在刻意创作当代生活的史诗（托尔斯·曼的《魔山》、卡夫卡的《变形记》亦与此相似）。艾略特赞扬《尤利西斯》"对神话的运用，屡屡将现今与远古相对应，是进行统摄、整饬的手段，是赋予那种惘怅和涣散的庞杂境况的形态和意义之手段，而这种境况就是现代史。"——艾略特本人的《荒原》、叶芝的《驶向拜占庭》、庞德的《比萨诗章》以及尤金·奥尼尔的《推销员之死》，阿努伊的《安提戈涅》、厄普代克的《马人》等现代派经典都具有浓郁的神话色彩。

不仅西欧作家如此，拉美作家也不例外，他们往往运用浪漫主义（以及魔幻的现实主义）手法将神话与民间故事相结合，采用象征的隐喻针砭现实，其中较有代表性的如卡彭铁尔《消逝的脚步》（1953）和马尔克斯《百年孤独》（1967）——后者既有神话故事情节，又不乏拉美国家史实和传说的细节描写，更不乏逃避现实甚至怪诞的虚构——这种虚构或许即为对其民族历史以及当下生活的某种神话化——真可谓当之无愧的神话小说。

五 尼采

20世纪神话在文学领域的复兴，很大程度上应归功于生命哲学的兴起——尼采以及柏格森认为神话具有永恒生命力——现代人精神麻木昏聩，唯有借助于神话这一艺术形式方能拯救人生。《悲剧的诞生》是尼采这一思想的集中体现。尼采出生于富裕的牧师家庭，自幼受教于普鲁士最好的钢琴家，但亲人接二连三的死亡铸就了他阴郁内倾的性格，终生不得解脱。尼采早年信奉叔本华意志表象说（叔本华对人生持悲观态度：世界是盲目的意志，人生是意志的现象，二者均无意义），后转为强调个体的权力意志（尼采发现宇宙不断产生又不断毁灭个体生命的过程，足以印证生命乃权力意志的象征）——权力意志本身极具破坏性，是非理性的力量，但无所谓善恶——恰恰相反，衰弱无力、缺乏生命意志，才是世上最大的恶（或伪善）。

在尼采看来，希腊神话是权力意志的生命源头——酒神在醉境中，原始生命力得以释放，由此产生"形而上的慰藉"。与神话紧密相连的悲剧则给人提供审美快感：面对苦难，悲剧主人公坦然承受，在苦难中变得愈发强大（to suffer is to be wise），从而感受到生命力的弥满与强大。由此尼采得出结论：非艺术不足以拯救人生。受其精神导师瓦格纳（《特里斯坦和伊索尔德》）的启发，尼采发现悲剧与酒神音乐之间存在某种内在联系——与酒神相对的是日神——日神阿波罗同时亦是文艺之神，其词源兼有"光明"与"外观"之义，用尼采的话说，"我们用日神的名字统称美的外观的无数幻觉"①。——希腊文学艺术的繁荣很大程度上在于上述两种元素的相互制约与相互促进。照尼采的说法，悲剧的诞生是酒神音乐不断向日神的形象世界迸发的过程，而事实上，日神艺术也是建立在某种隐蔽的痛苦和知识之根基之上的。希腊人正是认清并领悟到世界痛苦的真相，才借助于日神的外观来掩盖这个真相，来美化人生。正是在这个意义上，尼采说无论是俄狄浦斯破解斯芬克斯之谜，还是普罗米修斯盗火，实质上都"试图摆脱个体化的眼界而成为世界生灵本身，因而必须亲身经历原始冲突的苦难"。

尼采宣称悲剧能带给人"形而上的慰藉"，因为在他看来，离开想象（悲剧人物的不幸与毁灭）回归世界本质，事实上即为酒神冲动之满足——悲剧观众从中感受到这一种苦难的力量，情感得到宣泄（或净化），由此感受到生命力的强大。从总体来看，世界意志具有永恒生命的性质，即不管现象（个体）如何变化甚至消亡，生命力依然存在，生命仍坚不可摧。由此看来，世界是一位"酒神的宇宙艺术家"——他冷眼旁观这个不断毁灭又不断创造的过程，犹如一场"借以自娱的审美游戏"——尼采的结论是，"艺术是生命的最高使命和生命本来的形而上活动"，换言之，世界和人生本无意义，但可以通过艺术赋予其意义。即艺术拯救人生。

尼采之后，伽达默尔将二十世纪称为"科学时代"，卡西尔则称之为"技术的世纪"。在这样一个崇尚科学、理性与技术的

---

① 尼采这一理论影响巨大，如朱光潜先生自称"尼采式的唯心主义信徒。在我心灵里植根的倒不是克罗齐的《美学原理》中的直觉说，而是尼采的《悲剧的诞生》中的酒神精神和日神精神"。参见朱光潜：《悲剧心理学》，张龙溪译，人民文学出版社，1983，第2页。

时代，关注神话本身就是哲学革命前瞻性和现代性的标志。科学主义以理性为最高价值，主张遗忘神话，消除神话，以尼采为代表的哲学家则强调生命中情感意志等非理性因素，以神话为武器，来对抗科学理性对人类的一维化统治。这是尼采的历史性贡献——而他的思想至今仍不觉过时。

尼采认为科学并不能成为人类生活的向导，只有在悲剧神话的最高形式下，才能领略到人生的意义——"通过悲剧，神话才达到最深刻的内涵，才达到它最为有力的表现形式，它如一个受伤的勇士般，他奋起，他的眼睛以不竭的能力照亮着，充满了死亡宁静的智慧"。在他看来，悲剧的实质在于代表造型艺术的日神与代表音乐艺术的酒神的和解。对苏格拉底崇尚理性并企图消解神话的做法，尼采认为它根植于一种幼稚的乐观主义——即相信理性万能，科学至上，这种"理性型文化"不仅消解了神话，也造成了人生命的枯萎病，是现代社会最有害的病毒。而尼采在"上帝死了"的口号下，要宣扬一种新型的世界观——这就是以克尔凯郭尔、柏格森、加缪、舍勒以及海德格尔等人为核心的"生命哲学"学派。他们极其看重神话对人生的意义和价值，认为科学的认识论和知识论是次要的东西，并非人的"本真"——由此形成思想文化领域的"再神话化"运动，声势浩大，影响至今。其后斯宾格勒在《西方的没落》中宣称历史的世界是一个生动活泼的生命世界——胡塞尔在《欧洲科学的危机与先验现象学》中亦持此论——与一个机械物理的自然世界截然不同，支配历史进程的并非因果的必然性，而是命运的必然性，这种必然性对于科学而言表现为一种难以测度的神秘性，是一切抽象的、单纯量化的自然科学方法无法抵达无法穿透的——足见尼采非理性主义学说恒久的生命力。

尼采是富有浪漫气质的哲学家。对尼采早期思想的形成起了重大影响的有两个人：一个是哲学家叔本华，代表作为《作为意志和表象的世界》，另一个是音乐家瓦格纳。勃兰兑斯指出："作为一个思想家，尼采是以叔本华的理论为出发点的。就其最初的著作而言，他实际上不过是叔本华的门徒。"① 尼采同意叔本华把世界分为表象和意志两部分，日神世界和酒神世界实际上就是这种划分的翻版。朱光潜先生在其早期著作《悲剧心理学》中曾说"尼采一生的功绩在于他把握住了真理的两面"。在写作《悲剧的诞生》期间，尼采与瓦格纳非常要好，对他十分佩服，正如评论家所说——"没有瓦格纳，《悲剧的诞生》也许不会有产生的机缘"（《悲剧的诞生》原名《悲剧诞生于音乐精神》）。

尼采以激进的反基督教立场闻名于世，又以他的哲学处女作《悲剧的诞生》掀起了西方非理性哲学的革命，该书也是他悲剧理论的集大成著述。书中探讨了悲剧的起源和实质，其深意在借希腊悲剧探讨人生悲剧。尼采在书中提出了一种世界观，一种生活哲学。在尼采的主要著作中，酒神精神无处不在，它从《悲剧的诞生》中喷涌而出，成了推动尼采哲学发展的原始动力。

为了更好地认识日神和酒神，尼采把他们比作梦境和迷醉这两种完全不同的状态。尼采认为这两种心理现象之间的差别和日神与酒神之间的差别是一样的。日神阿波罗象征着光明、青春和理性，代表着个性化原则，并通过这一原则构造出美妙的现象和幻景，用来消除人生的痛苦。尼采把这种感觉比作梦境，认为在这样的梦境中，人们暂时忘却了自己现实世界的苦难，可以随心所欲地去编织美丽的幻景，在梦境中为自己创造出一个远离现实

---

① 勃兰兑斯：《尼采》，安延明译，工人出版社，1986，第27页。

苦难的美妙世界。尼采因而认定这里是个体的天堂，人人都有自己丰富多彩的世界。在尼采看来，日神就是"个体化原则的壮丽神像"。正是凭借这种"个体化原则"，艺术家创造出丰富多彩、绚丽无比的世界来。雕塑、史诗以及一切叙事文体的艺术就是其表现形式。

但是，梦境有它的界限，否则就要起病理变化。在日神那里是个体的世界，艺术依靠的是"个体化原则"。但这个个体化原则也有其法则，即个人对界限的绝对遵守，要适度，要有自知之明，不可过度。普罗米修斯因为对人类的爱的过度，俄狄浦斯因为聪明的过度，才受到命运的严厉责罚。然而梦毕竟是幻象，是虚假的，它是想象的产物。人们不愿意继续沉湎于这种虚假的梦境之中，而渴望摆脱幻象，去把握世界真实的本质。于是，人们从幻象中苏醒过来，进入另一种状态，这就是迷醉状态。在这种状态中，人与人的界限冰消瓦解，日神式的自我主体消失了，人完全处于一种忘我境界之中，个体化原则遭到彻底破坏，人失去了自主意识，理智也不复存在，个体全然汇入群体之中，与神秘的大自然融为一体，从而感受到自然那永恒的生命力，获得了一种不可言状的快感。

在《悲剧的诞生》一书中，除了悲剧的诞生，尼采还谈到悲剧的灭亡。悲剧是如何灭亡的？在尼采看来，希腊悲剧的灭亡不同于其他一切艺术形式。如果说其他的艺术形式是以一种"寿终正寝"的方式灭亡的话，那么希腊悲剧则是"因一种不可解决的冲突自杀而死"——即理性乐观主义的入侵导致悲剧的灭亡。

尼采断言希腊悲剧精神是被欧里庇得斯摧毁的——理由是欧里庇得斯把观众带上了舞台。在尼采看来："把那原始的全能的酒神因素从悲剧中排除出去，把悲剧完全和重新建立在非酒神的艺术、风俗和世界观基础上——这就是现在已经暴露在光天化日之下的欧里庇得斯的意图。"而这样做最根本的后果是使观众坐到了评判者的位置上，并且明确地告诉希腊人：他们过去所追求的酒神和日神那种"醉和梦"所营造的世界不过是一种虚幻的谎言，而其真相是生命的毫无意义和彻底的悲剧性——换言之，欧里庇得斯把一切都置于可以探讨和争论之列，从而使悲剧脱离了酒神精神，希腊人再也没有伟大的目标和理想。欧里庇得斯在戏剧中坚持非酒神艺术，用新的刺激手段，即冷漠悖理的思考取代日神的直观，用炽热的情感取代酒神的兴奋，并且还加上旁白——尼采认为这是"对悬念效果的冒失的放弃，全然不可原谅"，他反对"理解然后美"的审美原则。而且在欧里庇得斯的戏剧中不再注重情节，而是注重演员的演技，尼采认为这是拙劣的模仿，不能进入艺术的殿堂。

不过，在尼采看来，导致希腊悲剧灭亡的真正的罪魁祸首是苏格拉底，欧里庇得斯不过是忠实地实践了苏格拉底的理性主义和辩证法精神。因为苏格拉底的核心思想认为"知识即美德，罪恶仅仅源于无知，有德者即幸福者"，即"他相信万物的本性皆可穷究，认为知识和认识拥有包治百病的力量"。尼采认为，苏格拉底是一个理性乐观主义者的原型，这类人持有世界是为我们创造出来的，世界最终可被理解的观念，这种观念被尼采称作是"科学的妄念"，即认为一切都可以通过理性和认识来掌握，包括消除人生的痛苦和灾难，人生的幸福也可以通过理性来操作。在尼采看来，这种观点实际上是以理性代替了对于自然真理和人生命运的感悟，让人遗忘了生存的本质，失去了对于命运的切身感受，从而逃进了由理性架构的避难所中——我们的生活也就由此变得消极、被动、没有激情，我们成了科学理性的奴隶，人的本能被理性扼杀。尼采坚信，这种盲目的理性乐观主义因素一旦倾入悲剧，将逐步颠覆酒神精神，必将导致悲剧的灭亡。

当然，尼采写作《悲剧的诞生》，并不是仅仅为了揭示"悲剧的诞生"，也不是为了批判"悲剧的灭亡"，而是为了召唤"悲剧的再生"——讴歌生命意志的不朽。尼采不仅有力批判了理性主义，还进一步反思了建立在理性主义基础上的现代文化，并预言悲剧必将重生。希腊悲剧虽然在狄奥尼索斯和苏格拉底的对抗中消亡了，构成酒神精神的音乐也被放逐出了悲剧的圈子，但是尼采始终认为酒神精神是深深地存在于人的内心深处的，是人的本能的品行，这种代表着人的生命意志的精神是不会也不可能消亡的。

而尼采思想中最深刻的一点是他认为，生命的永恒是建立在个体的毁灭的基础之上的——"现象界里万物变迁，生老病死，一切都是被创造出来的，又不可抗拒地被毁灭掉，在这不断的创造与毁灭过程之下，潜伏着的却是永恒的生命之流。众多的个体生命毁灭了，隐藏在他们背后的生命力却是不朽的"。①

在尼采看来，一个民族的民族性格与其文化息息相关，当社会各年龄、各阶层的人都被教育和报刊培养出对艺术品的同样理解力时，一个民族就会失去创造力，面临崩溃的危机。尼采认为只有悲剧才能解救目前的困境，作为酒神艺术，悲剧可以激发我们的生命力，永远创造，向死而生，从而为整个民族注入活力，击碎理性主义塑造出来的既否定艺术、又摧残生命的衰亡社会。尼采坚信，在理性科学走向极端的时候，乐观主义盲目的求知欲

---

① 赵勇："从《悲剧的诞生》看尼采的悲剧观"载《文艺研究》，1988年第8期，第155页。

就会突变为对艺术的渴望。"如果说古老悲剧被辩证的知识冲动和科学乐观主义冲动挤出了它的轨道，那么，从这一事实可以推知，在理论世界观和悲剧世界观之间存在着永恒的斗争。而当科学精神被引导到它的界限，它所自命的普遍有效性被这一界限证明业已破产时，悲剧必将重生"。神话是科学的必然结果和终极目的。

尼采是西方现代人本主义哲学的开创者之一，也是最早揭示科学局限性的人之一，《悲剧的诞生》中处处闪现出非理性的光辉。尼采是世纪末的漂泊者，也是新世纪的早产儿。他崇尚悲剧却并不悲观——在他看来，本质痛苦的世界意志有着永恒创造的快乐，悲剧中蕴含着能拯救德国文化的酒神精神。尼采主张用审美的眼光观照人生，对压抑人性的理性主义进行批判，并预言在现代文化的废墟上，悲剧定会重生。尼采的哲学是有生命力的，渴望冲破现代文明束缚、找寻心灵归宿的人，或多或少都可以在他那里得到一些启示。

但是不容忽视的是，尼采的哲学自身也存在一定局限性。为了言说有力度，尼采在批判理性主义时采取了比较极端的言说策略，例如，尼采认为世俗道德是弱者对强者的压抑，只有充沛的强烈意志、蓬勃的创造精神才是道德。他的这种道德观本是积极的，但他强调这种道德只有在少数优秀者身上才能发现，不具备普世价值，这就带有很大的主观性，会让很多人产生误解。总之，我们应该辩证地看尼采，吸取其思想中有益的成分：重视个体生命，质疑传统道德。我们不应该盲信西方的理性乐观主义——相反，更应该对现代化的科学性不断进行追问和反思。

第八讲

神话的影视改编

希腊神话自创作伊始流传至今已有近三千年，在漫长的时光中，随着时代和世事的变迁，希腊神话以不同的形象出现于浩如烟海的文学作品中。其深厚的底蕴、丰富的情节、丰满的人物形象和对自然的最质朴的诠释，无不体现出上古时期希腊人的智慧和对世界最初的探寻。而以此为灵感的改编者也不断地解读众多的神话故事，从中生发出自己所寻求的精神力量。作为文学的衍生物之一，电影从文学作品中吸收养分，将原来停留在书面上的文字转化成为更直观更具象化的方式，传达给观众。可以说，电影使文学作品的传播范围得到了进一步扩大——尤其在新媒体时代。由于受众群体广泛，希腊神话在电影中所表现出来的形象成为当下人们了解神话的主要方式之一，反过来也影响着观众们对于这一古老文本的认识。而正因为如此，电影中对于希腊神话的选取和改编，已成为当今希腊神话研究的一个不可或缺的部分。

随着历史的变迁和社会的发展，和平时代的人们对于奇幻和冒险有着超乎想象的好奇心，这也使得神话故事再一次为人们所瞩目。缺失信仰的社会现状让观众更能体会到上古神话中能以一己之力抗敌，为国慷慨赴死的英雄的魅力。选取这样素材的电影比比皆是，例如《世纪封神榜》《奥德赛》《特洛伊》《诸神之战》等，无不体现出孤胆英雄一身豪气不惧艰险的坚毅品格。然而在商业化对影视业形成强烈冲击的时代，原汁原味的经典电影越来越罕见，观众也不肯花费两三个小时去细细品读经典故事所蕴藏的厚味——取而代之涌现出的是更符合现代人（尤其是青少年）价值取向和审美观，通常以西方奇幻模式呈现的影片。这类快速消费式的影片运用更为先进的特效技术，带给观众刺激的感官体验的同时，也尽力做到不露声色地将勇气、坚持和梦想等美好信念的重要性灌输给观众。这一讲选取的影片正是这样一些新兴的、"年轻"的西方电影，通过对电影中涉及希腊神话故事的分析，来剖析神话故事在电影中的改编及其想要表达的精神，并希望能够通过将来更深入的研究和实践，让两种艺术形式更好地结合，让古老的神话绽放出更加炫目的光彩。

一 《诸神之战》

2010 年上映的美国电影《诸神之战》是根据希腊神话中英雄珀耳修斯的故事改编而成，并且翻拍自 1981 年的同名电影。一个神话故事在 30 年间被两次改编并且搬上大荧屏，不得不说关于珀耳修斯的这一经典希腊神话的确魅力非凡。此外，每次拍摄影片时，在情节和人物设置上都进行了一些改编，而这些改编恰恰带有浓郁的时代气息，可谓是时代的产物。列维-施特劳斯曾经说过："在神话故事里任何事情都有可能发生，这里没有逻辑、没有连贯性。人们可以把人的任何特征赋予任何主题；人们可以发现任何可以设想的关系。"因此，从 2010 年最新翻拍的《诸神之战》，能够看到神话中一些特征被赋予了当今世界普遍关注的主题——电影的情节和人物之间的关系，也反映出当下现实社会的价值观和世界观。

首先来谈谈对故事背景的改编。珀耳修斯在希腊神话中是一个英雄的形象，整个希腊神话的故事背景是为了彰显其英雄本色。阿尔戈斯国王从神谕中得知他的女儿达娜厄所生的儿子将会推翻他的统治并将他杀死。惊恐万分的国王下令将女儿关进地牢，派女仆严加看管，严禁与外界接触。不料宙斯化作一阵金雨进入牢中，使得达娜厄诞下他的儿子珀耳修斯。阿尔戈斯国王得知此事后，将母子装在木箱中扔进大海。木箱漂到赛尔福斯岛，被一位渔夫救起。关于珀耳修斯获取美杜莎人头的缘由众说纷纭——一说渔夫有位兄长是岛上的国王波吕得克忒斯。国王狂热追求达娜厄，但碍于珀耳修斯在场，无法与达娜厄结合。为除掉珀耳修斯，国王在一次晚宴上命令他摘取美杜莎的人头献给自己做礼物。珀耳修斯接受了这项危险的任务。诚如迈克尔·格兰特所分析的，"对于英雄来说，活着就是为了名望，要用满腔热情去追寻它。他必须用高贵的品质去赢得掌声和赞许，因为这是对其人生的奖赏和证明"。因此，不管国王提出这项任务的目的是什么，接受这项任务便是珀耳修斯这位英雄的宿命。

值得注意的是，电影中所采用的人神之战的背景。阿尔戈斯国王认为人类应开启属于自己的时代，不再受制于奥林匹斯山诸神的掌控，因此他命人焚烧神庙、摧毁宙斯神像。这些藐视天神的举动触怒了宙斯。在冥王哈得斯的怂恿下，宙斯决定对人类施以惩罚。哈得斯告知阿尔戈斯国10天之内，在日蚀之前若不献出公主（作为冒犯天神的代价），将放出海妖将王国夷为平地。时限既到，不屈的阿尔戈斯人民（包括珀耳修斯的亲人在内）全部葬身大海，目睹这一切的英雄珀耳修斯，为了替死去的至亲报仇，与阿尔戈斯的勇士们一道踏上寻找打败海妖的征程。

关于珀耳修斯的身世，电影较神话也做了较大的改动。人类受够了诸神的残暴统治，国王带兵包围奥林匹斯山。而宙斯为惩戒国王，乃化身成国王的模样，使得王后怀上珀耳修斯。国王闻讯大怒，将王后和珀耳修斯装进木箱丢入大海。只是在伊俄的护佑下，珀耳修斯才得以被凡人渔夫（日后成为他的养父）救起。电影中对希腊神话背景的改写，显然更加贴近现实生活。所有的背景都带有人类反抗天神暴戾统治的色彩——仿佛现实生活中贫困的下层民众与富裕的上层阶级之间的矛盾。天神需要人类的祈祷和供奉，正如富裕阶层的公司企业需要员工的尽忠尽职，正如建造一座摩天大厦需要工人添砖加瓦。天神在接受人类崇敬与爱戴的同时，让大地生长，让太阳升起，给予人类赖以生存的馈赠；同样，工人、员工从公司领取生活所需的工资。这样的背景设置，抛开了希腊神话中常见的英雄主义路线，背景更为复杂化——在增加戏剧冲突和看点的同时，也更贴合现代社会的实际问题。

接下来再谈谈故事情节的改编。在希腊神话里，珀耳修斯获取美杜莎人头的征程中，宙斯派遣天神雅典娜、赫尔墨斯等前去相助，并且他从仙女手中获得一双飞鞋，一只神袋和一顶狗皮盔。珀耳修斯最终通过妙用雅典娜之盾斩杀了美杜莎，得到了人头。与之不同，电影中珀耳修斯所使用的来自神的助力极少，甚至还受到反派角色冥王哈得斯的百般阻挠。但是阿尔戈斯的勇士们与他组成了一个冒险团体，通过这个团体的共同努力最终取得了制服海妖的决胜法宝。虽然这支队伍刚刚出发时，对于半神的珀耳修斯并不友好，甚至有些轻视他。但团队间的信任和团结在共同奋战的过程中越发彰显出来，珀耳修斯的智慧和勇气也慢慢地征服了所有成员。从阿尔戈斯出发四天后，由于长途跋涉，珀耳修斯的鞋被磨坏，埃协斯友好地为他提供补鞋的工具；征途中途休息时，德拉古还教珀耳修斯用剑。尤其是经过极具视觉冲击的沙漠大战蝎子之后，殊死拼搏中，团队的凝聚力骤增。最后渡过冥河进入神庙斩杀美杜莎时，虽然最终活着走出来的只有珀耳修斯，但正是牺牲的勇士们对美杜莎的牵制，以及同伴间的相互配合，才给了珀耳修斯最后一击制胜的机会。并且，他最后用来观察美杜莎的盾并非雅典娜之盾，而是同行的两位猎人离开队伍时赠予他的用巨蝎残骸制成的盾牌。

值得一提的是，蝎子之战之后现身帮助珀耳修斯的邪灵族，原本是阿尔戈斯的敌人。然而，为了对抗天神，邪灵成了与勇士们并肩作战、同舟共济的伙伴。在他们灵力的操控之下，巨型蝎子成为一行人赶路的交通工具。这与现实生活的情形，何尝不一样呢——所谓的朋友、敌人，只不过是在特定情况下的相互关系罢了。通过这一改编，传达了现代生活中常常被强调的制胜要素，也就是团结协作。可见，这样的改编不仅丰富了剧情，增强了电影的观赏性，也反映了现代人们的思想观念和价值观念。

再次，谈谈影片中人物的改编。在人物形象方面，主人公珀耳修斯本身的人物性格就存在与希腊神话中大相径庭的成分。他从小被渔夫养大，虽然清楚自己并非渔夫亲生，但是对于自己所在的凡人家庭有着很深的情感。当看到亲人们在自己的眼前被天神害死的情景时，心中对神的情感是仇恨和抵触的。因此，在得知自己是宙斯的儿子，是一个半神时，他无论如何也不能接受自己身体中属于神的那一部分，并顽固地强调自己作为人的存在。电影的最后，珀耳修斯没有跟宙斯回奥林匹斯山做一个神，而是愿意留在人间继续作为一个人生活。这部分的改编折射出的是人对自己出身的理解——人们对于自己的出身不应该一味逃避也不能过分依赖。不管是出身贫寒还是富贵，一切在出身之前都已经成为定数。人们能够做的是正视自己的出身，对自己有一个正确的定位。人只有在完全接受自己时，才能跳出自己狭隘的生活圈，看到更为广阔的天地。

影片中令人印象深刻的还有公主安德洛美达和伊俄这两位人物。电影中对公主安德洛美达这一人物形象进行改编，并且增添了一个女性人物伊俄，这两个女性形象反映出现代社会女性的思想和地位。在希腊神话中，安德洛美达是埃塞俄比亚国王的女儿，由于母亲自称自己的女儿比任何一个海中神女都美丽，神女们知道后向海神波塞冬东告状。波塞冬派遣海怪搅乱埃塞俄比亚，并向国王告示，唯有将女儿奉献给海怪，国家方能免灾。国王不得已，把公主锁在岩石上。然而，与原型人物不同，影片中的安德洛美达却是一位很有思想的公主。当阿尔戈斯举国上下为推倒宙斯的神像而载歌载舞时，公主却在叹息那数以百计在推倒神像的任务中牺牲的勇士们。当哈得斯提出以她作为献祭时，公主深明大义地说出没有人应该为我而牺牲。她还给饥饿中的国民们分发面包，俨然是一个性格刚毅具有思想的现代女性。

而伊俄从珀耳修斯被扔海中开始一直守护着他，反映了从古到今女性对于男性的照顾和呵护。与此同时，她还加入了一同寻找美杜莎的勇士团。在传统的男性力量中加入女性人物，这一点可以说明女性在现代社会中扮演的角色十分重要，成为与男性并肩作战不可或缺的力量。影片对这两个女性人物的塑造，符合现代社会女性的特征以及享有的社会地位。女性不再仅以家庭为中心，而是成为有思想、有追求的一个自由群体。同时，女性的力量也以其独有的方式越来越多地被社会所认可，因此女性不再居于比男性弱小的位置——她们已然强大起来，理所应当拥有与男性平等的社会地位。

众所周知，电影作为一个国家和民族的某个时代文化的集中反映和突出代表，总是与特定时代的社会文化现象和思潮联系在一起的。因此，电影《诸神之战》改编对于当下社会价值的取向具有十分重要的参考价值。具体体现在以下三点：

首先，影片主题由"拯救"转向"自我认知"。在神话原型故事中，无论是珀耳修斯接受国王波吕得克忒斯的任务，摘取美杜莎头颅，还是回家途中大战海妖，无一不体现出"拯救"这一主题。珀耳修斯的征途，拯救了被国王逼婚的母亲，也拯救了即将被活祭海妖的公主。故事最后也突显出英雄救赎所相应的美好结局，美人相伴身畔，王位得以继承，母亲也从波吕得克忒斯的纠缠中成功解脱。这一种救赎之后的幸福甜蜜，似乎反映了当时正处于奴隶时期的希腊人简单朴素的价值观念——人们期待英雄的诞生，并等待在英雄的拯救之下摆脱厄运与苦难，获得新生。

值得注意的是，《诸神之战》表面将重点置于珀耳修斯为亲人复仇，实则暗伏着另一贯穿全片的精神主线——即珀耳修斯对自身半人神身份的自我认知过程。影片中，身为半人神的珀耳修斯，目睹自己的至亲死于冥神哈得斯与人类缠斗波及之下，内心充满对神的憎恨。在伊俄的指引下，珀耳修斯带领一行士兵前往摘取美杜莎的头颅，以此打败海怪并向哈得斯复仇。旅途中，宙斯赐予珀耳修斯飞马与神剑——然而珀耳修斯并不接受，相反将宝剑抛给同行士兵。面对毒蝎的猛烈攻击，众人求其依靠神力，向宙斯祈祷祝愿，而珀耳修斯不愿如此，一直强调其要以凡人之力战胜一切。随着剧情发展，最终面对哈得斯时，珀耳修斯选择以宙斯赠予的宝剑进行战斗，并击退哈得斯。哈得斯阴谋溃败，宙斯及奥林匹斯众神得以保全。珀耳修斯在历练中不断成长，从最初的完全否定自己：不承认自己作为"神"的部分，与神全面对抗，到最终承认真实的自己，与宙斯逐步和解，把冥王哈得斯逐回冥界取得胜利。从否定自我到最终接受真正的自我，影片展现了珀耳修斯自身自我认知的过程，某种程度上，也是当代人追求自我认知，自我探索的观念的体现。

其次，影片倡导的价值观由"个人英雄"转向"团队协作"。对于奥林匹斯众神与英雄，往昔的人们无不以仰视的姿态，怀有无限的崇拜和景仰。这是当时希腊人的价值取向。然而，立足于当今社会的现代人，则不再呼吁"超级英雄"的出现，相反，他们需要的是一个平民化的珀耳修斯。人们对神的权威不再是盲目的崇拜与无条件的臣服，而是出于对这个时代的重新审视，并给予理性的关注。电影《诸神之战》中，人们将珀耳修斯塑造成一个平民的代表，一出生便受到当地国王诅咒，养父母清贫甚至卑微——珀耳修斯作为渔夫的儿子被抚养成人。由此可见，珀耳修斯并非传统意义上的英雄，他的降妖之旅更多意味着一段成长之旅（bildungsroman）。

最后，影片展现新型人—神关系，即由"单纯创造"转向"相互依赖"。在影片《诸神之战》中，天神宙斯创造出人类，而人类的祈祷又让众神拥有不老之身。希腊时代人们对于神明的无条件的崇拜，颂扬以及畏惧之心，在这一设定之下进行了转化。宙斯与人类的关系，电影并未按照神话故事中"神创造人"的单向逻辑，而是将人神关系嵌入到相互依赖的双向共生关系之中。神明总是拥有足够强大的力量，翻手为云，覆手为雨，强大到创造出人类，人们因此崇拜又畏惧神明。另一方面，人类对于神明的这份崇拜畏惧之情，又成为神明永生的条件。人类一直以来循规蹈矩，安分守己地向神明祈求赐予，众神也习惯人类一直以来的安分守己和循规蹈矩。人类单方面的讨好导致了众神的暴虐统治。而当人们一旦抛却崇敬畏惧，开始质疑和反抗，神明便也逐渐落败。

影片中，反抗性角色（antagonist）的出现推动了整个情节的发展：因为率众反抗众神而被宙斯惩罚的岛国国王；希望终结众神的暴虐而支持珀耳修斯的伊俄；尤其是珀耳修斯的养父对众神统治的质疑。正是这些具有反抗精神的角色，引导珀耳修斯一步步战败哈得斯。对照眼下社会，这也可以说是人们的价值观念的趋向。统治者依靠民众支持建立起国家机器，而当统治者暴虐无道，导致支持者不再支持，甚至摇身一变成为反叛者时，统治阶级的政权也将不再稳固坚实。一言以蔽之，"水能载舟，亦能覆舟"这一箴言所蕴含的道理，在此处也可得以印证。

必须承认，希腊神话之所以到了今天仍然能够经久不衰，不仅仅是因为在神话中沉淀的厚重文化底蕴具有迷人的魅力。更为重要的是，不同时代的人们通过对希腊神话的改编，构建出一个符合当时时代和社会特质的世界，而这些独具特色的改编也将留给后人更多的思考和借鉴。

二 《奥德赛》

《奥德赛》（又名《奥德修斯纪》）是古希腊最重要的两部史诗之一，也是除《吉尔伽美什》史诗外现存最古老的西方文学作品。电影版《奥德赛》由安德烈·康查洛夫斯基改编执导，1997年搬上荧屏。电影版《奥德赛》淡化了原著里诸神的形象，将原著的章节顺序进行了修改，使得电影避免了冗长乏味的叙事。影片采用奥德赛的独白链接故事，推动情节发展，将用光影难以描述的内容采用讲述的方式重现，同时使得英雄奥德赛的内心世界更加真实，但有些地方的删减也使得原著里精彩的部分未能呈现出来。

电影《奥德赛》的改编有以下几个特点：首先，奥林匹斯山众神的淡化。在原著中，奥林匹斯山上的众神在特洛伊战争及之后奥德修斯返航途中多次出现，帮特洛伊人还是帮希腊人的讨论，是否放过奥德修斯的讨论，女神雅典娜在关键时刻总是出现帮助奥德修斯等等。原著中时刻让读者感受到这是一个神话故事，神无时无刻不在。而在电影中，删去了众神的讨论，女神雅典娜也只出现两次，一次是在奥德修斯出发前，一次是在忒勒马科斯启程去寻父时。女神也并未给予实质性的帮助，只是通过神谕进行引导。

整部电影中，突出的是人的力量，海神波塞冬虽然作为奥德修斯的死对头一直存在，但强调的不是神的力量，波塞冬也没有用自己作为神的优势来直接打到奥德修斯，而是通过兴风作浪来增加磨难，这样就给观众一种奥德修斯一直在与恶劣的自然环境而不是奥林匹斯山上的神做斗争的错觉。在电影中出现的风神以及女神卡吕普索等的形象也更接近常人，整个故事就更加接近生活，英雄的形象更加凡人化。电影的改编，使得观众忘记这是一部神话传说，而更近于一部有血有肉的英雄的真实故事——神话总是使人产生距离感，而活生生的人却能让观众产生亲切感，从而提高了电影的亲和力。

其次，影片刻意展示神也是常人。电影里尽量淡化神在整个故事中的作用，而强调凡人英雄的勇敢智慧的决定性作用。即使由于剧情需要不得不出现的神，也做了一些性格上的调整，使之更接近生活中的常人。比如风神，在接待奥德修斯时宛若一个老顽童，说话诙谐搞笑，而电影中增加的风神与海神的关系——堂兄弟，以及风神赠予奥德修斯将逆风装进去的袋子时说的原因——由于堂兄自私自大，不把风神放在眼里，所以要让他知道自己的厉害，使得故事增加了娱乐性，更加亲民。神也是常人，也会有矛盾，也会虚荣，也要证明自己。比如女神塞西和卡吕普索，虽然是高高在上的女神，但在遇到自己喜爱的男人时，也会屈身求爱，也会羡慕嫉妒。那些恋爱中的女人惯用的伎俩被女神用来挽留奥德修斯，使原本高高在上的神话故事一下落到地面，落到观众触手可及的身边。

再次，影片着力表现英雄的常人性格。不可否认，无论是原著还是电影，奥德修斯都是一个勇敢、充满智慧、重情重义的英雄人物。然而，相比于原著里神一样的英雄人物，观众可能更喜欢电影中有着常人感情的英雄奥德修斯。在忒勒马科斯刚出生时，初为人父的奥德修斯兴奋难自已，抱着儿子凝望自己的家园；他对待妻子柔情似水——整个故事中时常出现的与妻子嬉闹的回忆，全然没有英雄的威严；在出发去往特洛伊的船上，奥德修斯抱怨女神雅典娜没有帮自己拒绝，在儿子刚出生时就要去战场——和普通人一样，他也想在家享受天伦之乐，想沉浸在家的温情之中。这是一个普通的人，有血有肉，有牵挂会懦弱的平凡人，但最终还是选择了奔赴战场——这就是平凡人中的英雄。电影里让人印象深刻的一幕是奥德修斯的同伴波吕特斯被变成猪，而此时饥饿难忍的同伴们以为是找到了食物，于是观众看到了在欢快搞笑的音乐下，一群人追着一只猪跑的镜头——显然，这是镜头特有的力量，有声音有动作，直观再现一个英雄的日常生活——这些增加的内容都使故事充满了真实性和趣味性。

最后，来谈谈电影的细节删减。电影《奥德赛》的改编之所以成功，因为它在保持原著基调的基础上更加凡人化，使得对于观众来说更亲切更有吸引力。呈现了一部有着普通人的性格的英雄传奇。电影里由于光影和文字表达的不同，对很多内容进行了删减，比如奥德修斯在已经看到伊塔刻时同伴拆开装有逆风的袋子，被重新吹回风神岛的情节；在冥府与除了预言家提瑞西阿斯之外的其他人的交谈，从冥府回来之后再次来到塞西岛上等待；

这些省略显然无关紧要，不会影响到整个电影的情节发展和上下关联。但其中也有省略不太妥当——比如在独眼巨人的山洞里，独眼巨人问奥德修斯的名字，奥德修斯说自己叫"没有人"。在原著里，这与之后独眼巨人被刺瞎后到外面去找救兵时的场景是呼应的，别人问他"是谁刺瞎了你的眼"，独眼巨人回答"没有人"。这极其生动地表现了奥德修斯的机智，充分反映了他是个有勇有谋的英雄，在原著中这是整个故事中非常关键而又精彩的一个细节。但是电影里删去了独眼巨人搬救兵的情节，也就没有了"没有人刺瞎我"这么有趣的对话，如此一来，前面的问奥德修斯名字的桥段就稍显多余。这也是电影改编常见的缺憾。

总而言之，电影《奥德赛》把原著搬上荧屏，是传播的一个有效手段。在传播的过程中，影片又将故事中的人物形象赋予了新的生命，使得英雄进入寻常生活。电影通过对人物形象的再塑造，使得英雄形象更为平民化，更具现代性，同时也说明神话史诗恒久的艺术魅力。

三 《伊利亚特》

希腊罗马神话凭借其古老而神秘的魅力历久弥新，在文学艺术等领域留下不可磨灭的影响。2004 年，一部取材于希腊神话、以史诗《伊利亚特》为蓝本的巨制《特洛伊》登陆银幕，凭借经典重塑和史诗再现等元素，一时间引起热议。电影中对于希腊神话元素的改编和再现，颇值得研究。

首先是影片展示了希腊人对于美的追求。众所周知，贯穿希腊神话始终并发挥到极致的一种情结便是对美的执着追求。这场声势浩大的战争源自对美之归属的争夺。特洛伊王子帕里斯面对权力（赫拉）和智慧（雅典娜）的引诱不为所动，而是选择了美神允诺的最美丽的女人。不仅如此，特洛伊国王和普通民众明知接纳海伦，让帕里斯和海伦入城无疑是对斯巴达的挑衅，是将自己的国家陷入危难之中，却无法抗拒对美的追求，选择接纳海伦，即便引发残酷的战争也在所不惜。

另一方面，即便说希腊神话中的人可以为美生、为美死也不为过。电影中也突显出这一点，可以说电影对于时人的爱美之心的把握和拿捏是极为精准的。电影着力描写海伦的美丽和不可方物，虽不是正面刻画，却通过他人的言语表情衬托出海伦之美。这种美是致命的，几乎没有人可以抗拒。海伦的出场看似平淡朴实，没有过多铺陈，直接过渡到她与帕里斯的相爱，然而这正反映出海伦的致命吸引力。帕里斯明知会触怒斯巴达王，可能会陷入万劫不复之地，然而他却义无反顾，足见爱情之伟力。姑且不论电影中的海伦和帕里斯是否属于超越一切的真爱，但其本质就是来自因美而产生的互相吸引。影片中，满城欢欣鼓舞迎接帕里斯和美女海伦的到来。特洛伊国王普里阿摩第一次见到海伦即惊为天人，惊艳于海伦之美，他的一句"欢迎"，对于海伦的到来欣然接受，甚至未能顾及这必然会为他的国家和人民带来何种灾难。

此外，还有一个场景也值得玩味。在阿喀琉斯愤怒的逼迫之下，赫克托耳不得不出城应战。在临上阵之前他与父亲、妻子、弟弟忍痛惜别。与阿喀琉斯对决前的最后一个镜头是他与海伦深深对望一眼，他便毅然决然地走出城门。作为特洛伊第一勇士的赫克托耳知道这场对决意味的是死别，他却仍旧英勇从容，他愿意为海伦而战，似乎海伦的一个回眸也能赋予他力量和勇气。正如特洛伊人愿意为守护美的象征海伦而举城迎战。这些场景或直接表现出或是侧面烘托出人们这种为美而不顾一切的精神。电影中,几乎无人去指责海伦的不忠不贞,反而因为其美丽而给予更多宽容——当帕里斯即将与斯巴达王墨涅拉俄斯决斗之时,面对让儿子陷入危险的海伦,站立在城门之上的老国王所表现出的是安慰和怜爱,而并无丝毫厌恶责备之意。在电影结尾,勇猛如阿喀琉斯为拯救心中挂念的布里塞伊斯而被帕里斯射中脚踵将死之时,他对布里塞伊斯的柔情万种也可视为对美的无限向往——这一点也可以说是本片还原神话精髓最为成功之处。

其次,影片也展现出希腊人对荣誉的执着以求和对勇气的肯定。希腊神话其本质就是一部英雄的传说和歌颂英雄主义的赞歌。神话中出现的数不胜数的英雄们个性各异,经历也千差万别。有完成人间十二件伟业而后位居神位的赫拉克勒斯;有率领远征大军后又夺取金羊毛的伊阿宋;也有木马献计攻下特洛伊城而后在海上漂泊数十年之久的奥德修斯。当然,特洛伊战争中的英勇无敌、所向披靡的勇士阿喀琉斯以及一心保卫国家毅然赴死的特洛伊王子赫克托耳也是英雄的代表人物。这些英雄都在各自的时代里用生命书写出自己的光辉传奇,世人的传诵也为他们的传奇故事和英雄事迹笼罩上一层熠熠生辉的荣光。不言而喻,英雄是与荣誉相伴而生的,英雄与荣誉如影随形。英雄之所以为英雄,也是因为荣誉和荣光贯穿其行为和事迹中,英雄们为追求荣誉付出一切,舍生忘死。其实,不仅是希腊神话中的英雄们,古往今来的英雄义士抑或是普通人类都对光荣有所向往。中国有诗云"了却君王天下事,赢得生前身后名",所谓荣誉也不过是生前的威名和死后的哀荣——这句诗也无疑体现出古人对于荣誉的重视和渴望。

希腊神话中，赫克托耳对于帕里斯在与斯巴达王墨涅拉俄斯的对决中意图逃脱的行为嗤之以鼻并狠狠加以斥责。赫克托耳认为这是懦夫的行为，是无颜面对至亲至爱、有损家族荣誉的行为，更是一种无法抹杀的耻辱。从这里也可以发现，那个时代的英雄对于荣誉是何等看重。而电影中对于这一场面也有所描绘，兄长赫克托耳一遍又一遍鼓励帕里斯站起来，因为倒下意味着丧失尊严，失去王子的荣光。面对横在面前的敌人的尖刀，帕里斯仓皇逃窜，这时，墨涅拉俄斯长吼一声"Is this what you left me for?"（你就是为了这种人而离开我?）——一句话似乎也喊出他对胆小懦弱、贪生怕死的帕里斯的蔑视和不屑——墨涅拉俄斯一遍遍意图激起帕里斯与自己决斗。面对爬回赫克托耳脚下，抱住兄长大腿想要寻求庇护的帕里斯，就连在城门上的父普里阿摩也忍不住呼喊，激励儿子站起来与墨涅拉俄斯继续战斗。老国王的声嘶力竭表现出他对于儿子这种逃兵行为的不忿和痛心。而后墨涅拉俄斯更是一针见血地说道："This is not honor! This is not worthy of royalty!"（这不光荣，他不配成为皇室一员），将他对帕里斯的厌恶和轻视表达得淋漓尽致。而赫克托耳面对帕里斯的求救，脸上所显露出的无奈也表达出他内心对于弟弟有失令誉行为的失望。电影中的这一幕幕情景，生动再现了神话中荣誉至上的价值观。这是一个人人追求荣誉的年代，失去荣光无异于死，宁可死得光荣也不愿苟且偷生之念已经根深蒂固。

在影片结尾，为国捐躯的赫克托耳得到交战双方的尊重，堪称虽死犹荣。而在希腊一方，将士在与阿喀琉斯的遗体告别时的一段独白也深刻体现出对于一身荣耀的英雄的尊重和怀念。"If they ever tell my story, let them say I walked with giants. Men rise and fall like the winter wheat but these names will never die."（如果世人传颂我的故事，让他们说我曾与英雄同在。人的生命犹如冬麦般脆弱，但这些名字将永垂不朽）——这段话凝练地表达出时人对于光荣的无限尊崇，视之为高于生命的价值所系。

值得一提的是，希腊人认为，在追求荣誉的过程中勇气自然不可或缺——只有拥有勇气才能支撑着英雄一步步在险途中执着向前，永不放弃。因此，在电影的叙述中，勇气的体现与对荣誉的追求交织在一起——在激烈的战斗之中，在双方的正面交锋中，言语流露出的坚定和眼神透露出的决然，无一不显示出英雄们视死如归，勇往直前的精神。面对充满厮杀的战场，为了守护自己的亲人，为了保有荣誉，他们义无反顾。这是值得赞许的勇气和令人佩服的坚定信念。电影中对于勇气的描绘通常是隐藏在对人物的塑造之中，通过人物的言谈举止——甚至只是面对危难时的一份从容不迫——形象深入地表现出来，令人印象深刻。

此外，再来谈谈一个较为复杂的问题，即对于神祇的信仰。希腊神话中的主角是高高在上、睥睨天下的神祇，他们主宰着世间一切生灵，人界的生死兴灭等一切都由他们操控。尽管这些神灵并非完美无缺，亦并非一定堪当榜样——在他们之中有人善妒，有人好战，有人好色，甚至于一场空前绝后的惨烈战争也是缘于不和女神厄里斯的不忿，缘于三位女神对金苹果的争夺——即便如此，他们却仍是普通民众的信仰，支配着芸芸众生的喜怒哀乐。希腊神话故事中的主角总是不免带有神异色彩，或是神祇，或是半神，或是神的后裔，抑或是与神祇相识，颇受神明青睐——总之，或多或少都与神祇有一定联系，就连主角的命运也早已被神明既定，出现一种所谓将人"神化"的倾向。

电影上映之初，因其对故事原型《伊利亚特》进行了一些改动而引发争议。其中尤为突出的一点便是很多观众认为影片删去了史诗中与神祇有关的来龙去脉，削弱了其神话色彩，实为败笔。然而也有学者指出，删减神话背景，或许是电影出于强化其真实性，突出其史诗特质这一考虑而做出的改动，无可厚非。影片尽管删减了神话背景故事，也未对战争中神祇所扮演的角色多做描绘，却仍然保留了人对神祇的崇拜，也展现出神祇在人心目中的至高地位。在特洛伊王子与斯巴达王的宴会上，一遍又一遍重复着对天神的感谢，感谢神赐予他们和平。另一方面，王子赫克托耳在返回特洛伊之前，特意嘱咐随从准备祭品给海神波塞冬，为了确保安全出海，则又显示出人对于神明的敬畏，生怕会开罪神明会"逢彼之怒"。由此看出，在他们心中始终将众神置于至高地位。后来，面对希腊军即将来袭，在与赫克托耳的剖心详谈中，面对赫克托耳推心置腹地坦言无法打赢战争时，老国王却坚定地相信阿波罗会保佑自己的国家，任何人都无法与神威相匹敌。老国王信任神灵，认为其神圣不可侵犯，并不容许任何人哪怕只是口头的亵渎。他举例赫克托耳幼时生病，医生都束手无策，而他自己在阿波罗神庙前祈祷却获得神佑，赫克托耳得以痊愈。这一幕展示出他对阿波罗的虔诚信仰——在古希腊人眼中，这种信仰几乎是难以撼动的。

阿波罗神庙的女祭司在被俘之后面对敌人阿喀琉斯，展现出的凛然之气和毫不畏惧的胆色也是源自她对神明的信仰——她坚信会得到神明的庇佑，因而觉得毫无畏惧。某种程度上，阿喀琉斯是故事中对神明最为不敬的人（或许是因为他本身是半神，拥有无可比拟的神力，因此他言语中的桀骜不驯透露出对神明的不屑），但即便如此，他也无法逃避诸神为其安排的命运。此外，影片中的其他人物无不对神明以及祭司怀有敬意——他们赞许一个人的骁勇善战之时亦会用神明做比喻，显示出神明在他们心目中无可动摇的地位和无所不能的形象。从这点来看，电影虽几乎没有正面对众神进行描写，却从众人的言语和举动侧面烘托出神明的重要作用和超越一切的影响力。

总而言之，虽然影片在以《伊利亚特》为基本框架基础上所进行的艺术再造和重构过程中，与原著存在较大的出入——例如，删去了众神对战争的整体影响从而在一定程度上渲染了个人英雄主义；加强了对海伦和帕里斯之间爱情的描述，强调了二人的爱情的真挚性，从而将二人对于家庭和国家的背叛行为进行了合理化的处理。但是凡此种种，却不应该一律视为"败笔"。究其原因，一方面电影和希腊神话（文学作品）是两种不同的艺术样式——电影的拍摄有其应遵循的原则，毕竟呈现在视觉上的电影和文学作品的本质不同，完全按照文学作品来处理故事，未必能使电影达到预期效果。另一方面，本片在尊重文学文本和神话传说的基础上，对经典进行了较为成功的重新梳理和再现，把握住希腊神话中对于美和荣誉的追求，以及对于神明的敬仰等等核心元素，因此带给观众莫大的精神享受。

希腊神话源远流长，内容丰富而精彩。而这部改编自希腊神话和史诗巨著的电影，在细致把握文学作品和希腊神话精髓的基础之上，不仅较为生动地塑造出以阿喀琉斯和赫克托耳为中心的一系列有血有肉的灵魂人物，更是勾勒出一幅宏大壮观的历史图景，堪称史诗级的佳作。

四 《神火之盗》

影片《神火之盗》（全称《波西·杰克逊与神火之盗》）主要

讲述一个以希腊神话世界为背景的冒险故事。表面上普普通通的中学生波西实际却是海神波塞冬和人类所生的儿子，即所谓的半神半人（demigod），而在众神之神宙斯的雷霆杖被偷走之后，波西成了主要的怀疑对象。他只有十天时间把雷霆杖归还原主，否则天神之间的一场战争将不可避免。波西在得知自己的真实身份后又面临着母亲被哈得斯掳走的困境，逼得他唯有找回权杖才能将母亲带回，避免人间被卷入战争。在人神混杂的半血人营地中，波西接受训练，学会使用自己身上潜藏的力量，并结识雅典娜之女安娜贝丝，带领她和半羊人守护者格罗夫踏上找回权杖的征途。一言以蔽之，《波西·杰克逊与神火之盗》，讲述的就是一个半神半人的少年觉醒之后的奋斗史。

《波西·杰克逊》系列的原著早在 1995 年就已经问世，在欧美国家获得广泛的关注和赞誉。作为一部奇幻冒险类题材的影片，《波西·杰克逊与神火之盗》的受众群体毫无疑问锁定的是青少年，而选择希腊神话为主要背景，显然与神话在西方文化中所占据的地位，以及神话普及的程度不无关系。同样，剧作者也试图通过这样一种"复古"的方式，将希腊神话与现代价值取向相结合——既能符合受众群体当前的审美观，又能将希腊神话的精髓，即故事中反复强调的"英雄"观念传达给观众。

波塞冬之子波西在找回权杖的过程中遇到诸多希腊神话中的著名人物，例如满头蛇发的美杜莎，传说中被赫拉克勒斯斩杀的九头蛇许德拉，冥王哈得斯及其妻子珀耳塞福涅等人。可以说，希腊神话的人物构成了整部电影。在商业电影泛滥的今日，忠于原著已经不再是电影的第一准则，对于文学作品改编的方式也在悄悄发生变化。不少剧作者从神话中汲取灵感的方式逐渐演变为"信手拈来"——选取其中的片段或者个别人物，编写新的故事，展现英雄人物在新环境下所表现出的品格。而《波西·杰克逊与神火之盗》，尽管在分类的时候也被归为商业片，但令人欣慰的是，从电影表现出来的种种细节可以看出，作者在进行创作的时候，对希腊神话进行了详细的研究，其典故贯穿在剧情发展之中。以下几个例子便是例证。

首先，波西在半血人营地初见雅典娜之女安娜贝丝之时，作为两方阵营的代表人物，两人进行了一场殊死搏斗。而在希腊神话的原著中，波塞冬在雅典就和雅典娜进行过命名争霸战。从未接受过训练的波西完全不是安娜贝丝的对手，屡屡受创，后来却借助于水力反败为胜，这一点与神话中"波塞冬雅典娜争夺雅典"的故事一脉相承。

此外，波西一行人在艾玛姑妈的园艺店与美杜莎厮杀，最终取得胜利的方式，则是借用宙斯之子珀耳修斯曾经将光亮的盾牌当作镜子，找出美杜莎并斩杀之。唯一不同的是，在现代科技的帮助下，光亮的盾牌已然变成光滑的手机镜面（这个桥段在不同的电影中多次出现，几乎成为击杀美杜莎的唯一方法）——可见经历过几千年时间的沉淀，人们在面对希腊神话中具有神力的蛇女时，仍须从古人的智慧中获取破解方法。影片中美杜莎对雅典娜之女的恨意表现得十分明显——据神话记载，美杜莎曾在雅典娜的神庙里和波塞冬发生性行为，雅典娜被激怒，从而对美杜莎进行报复，把美杜莎的秀发变成毒蛇——影片中美杜莎十分羡慕安娜贝丝的一头长发，并对波西进行色诱，可谓是上一辈恩怨的延续。

尽管电影自始至终并没有对"真正偷盗雷霆权杖的小偷是谁"这一问题进行回答，然而如果是对希腊神话熟悉的观众，在看到赫尔墨斯之子卢克出场的时候，想必就已经心里有数了。信使之神赫尔墨斯，在希腊神话中被定义为行路者的保护神，商人的庇护神，雄辩之神。他机智狡猾，被视为欺骗之术的创造者，这也就解释了何为"有其父必有其子"。赫尔墨斯身怀偷窃之术，曾与众神开玩笑，偷走宙斯的权杖、波塞冬的三股叉、阿波罗的金箭和银弓、战神的宝剑。而在他的儿子卢克身上，历史再一次重演——从小缺失父爱的卢克偷走了宙斯的武器，并妄想取而代之，成为新一代的主神。

其他一些较细微的神话痕迹，例如守护者半羊人萨提尔表现出来的爱唱歌跳舞，嗜好享受泡妞，与神话中对森林之神"性喜淫乐"的描述完全一致；女神阿芙洛狄特的女儿们个个貌美如花，生性热情，喜爱挑逗男人，也和神话中这位爱与美的女神的出身息息相关；更别提随处可见的宁芙，她们均是美丽而善歌舞的少女……这些设定都可以在神话中一一找到对应的记载和描述。

本片并不算是传统意义上的由希腊神话改编的故事，但其中的神话元素不可谓不多。尽管电影只是抽取了一些经典的神话故事章节并加以重组，电影的情节发展与神话情节发展却具有十分明显的一致性。老一代神祇之间的恩怨奠定了故事存在的合理性，蛇女美杜莎被同样的方式杀死，而宙斯的权杖和神位不可动摇——这些都展现了希腊神话在当今文学中的重大影响力。

接下来再谈谈希腊神话中的"神性"和"人性"。影片的商业化运作决定了文学作品的改编必须迎合大众消费心理。这也就决定了在希腊神话中的"神"必须走下神秘的奥林匹斯山，重新将他们塑造成类似凡人一般有血有肉的形象，方能够拉近与观众的距离感。简而言之，也就是希腊诸神的"神性"和"人性"的动态平衡。

首先从"神性"的角度来看，电影中的诸神所表现出来的神力，毫无疑问是神性的外在体现。影片中的英雄能够一路披荆斩棘，克服重重困难最终拯救世界，不可忽视的一点就在于血缘，而这是从电影一开始就屡次强调的：专供半神半人的孩子们训练的混血营地，男主角波西对普通文字具有阅读障碍却能够识别古希腊语，能够从水中得到力量等等。半人半神在未曾训练的时候甚至不如普通人，但是由于神血的作用，普通人的训练是"无中生有"——逐渐提高自己的身体素质和作战技巧，经历艰苦的练习，身经百战后成为英雄，而半神半人的训练则是"生而知之"——他们唯一需要做的，就是学会怎么样控制自己从出生时就被赋予的神力。可以说，从血缘的角度上看，他们的起点是普通人无法企及的——英雄的出现从来都不是偶然的，而这个必然性早已由身世注定。

　　"神性"的另一个表现，莫过于诸神之间的不和。尽管宙斯、波塞冬和哈得斯三人同为兄弟，但在电影中，他们并未表现出一丝一毫的兄弟之情。宙斯的权杖失窃后，他第一个怀疑的就是波塞冬之子，并且扬言若十日内不见归还权杖就要让波西下地狱，哈得斯为了争夺权杖也可以对名义上的侄子痛下狠手——这样的雷霆手段丝毫不见亲情。同样，宙斯为了阻止波塞冬成为一个被感情牵绊住的凡人，立下规定，不许诸神与自己半神半人的子女见面，这也是泯灭人性的一种表现。更为明显的一点是，宙斯在权杖被盗之后降罪于世人，要将人类卷入战火之中。从这几个细节都可以看出神与人的区别。可以说，奥林匹斯山上的众神从不屑与凡人为伍，他们享受凡人的敬畏，却不在乎凡人的生死。这样的例子在希腊神话的原著中比比皆是，诸神几乎都曾对凡人不满而迁怒于整个国家，最终导致一个个悲剧的发生。在特洛伊战争中，奥林匹斯山的众神只将这一场旷日持久，死伤惨重的凡人的争斗看成一次类似于赌博的游戏，他们所考虑的只有自己的输赢，他们出于自傲或者出于嫉妒就能够轻易改变战争双方的局势。神的高高在上和冷漠无情可见一斑。

但电影不可能将诸神都置于一个绝对寡情的位置，读者们需要的是一个距离感，让人崇敬但又不是遥不可及的领袖型人物。因此"人性"就成为以神话故事为背景的电影中一个突出的亮点。该片中的"人性"可以说是故事成型的基础：无论是波塞冬之子还是雅典娜之女，尽管父母被禁止与子女见面，但神对于自己的孩子始终保持着关注，当他们遇到困难的时候，身为父母的神们会给以指点和提示，帮他们渡过难关；波塞冬更是为自己的孩子准备好了在训练营内的房间和趁手的武器。"人性"在电影中的最大体现，莫过于父母对子女的亲情。即使是身为无情的神祇，对于自己的子女也十分在意。这和希腊神话的观点在某种程度上不谋而合——在神话中多次对彼此出手，毫不顾念兄弟姐妹情谊的诸神，一旦自己的孩子受到伤害，他们都变得睚眦必报，将仇恨百倍奉还。奥德修斯就因曾烧伤波塞冬的儿子独眼巨人唯一的眼睛而触怒波塞冬，导致日后在海上常年流浪的坎坷命运。可以说，"人性"的体现是希腊神话中对于神和人相似之处最大的体现。但电影对于人性的强调更为突出，其差别只在于，希腊神话中，诸神对于自己的子嗣，除了出于本能和尊严的维护，较少存在温情的一面——往往只有在子女被伤害时，感到自己身为神祇的尊严被冒犯，才会出手报复。而在电影中，身为父母的神祇们对自己与凡人所生下的子女，却如同一个普通的父母一般，尽管不能相见却始终牵挂，竭尽全力保证自己儿女的生命安全，暗中期冀他们能够成为出类拔萃的英雄。

此外，"人性"的另一个特点则表现在爱情方面。东西方对于"神"的塑造，最大的不同之一便是情爱观的相异。东方的神祇不是无欲无求，仙风道骨一般地遗世独立，便是忠于伴侣，永生永世不离不弃的佳偶天成。而在希腊神话中，神与神、神与凡人之间的风流韵事不胜枚举，往往几个神之间都有着一段过往，无论是单恋还是分手，出轨或是情杀都十分常见，当然此后导致的便是长久的积怨。这一点与凡人的感情十分类似，也将神和人的距离拉近了不少。希腊的神和凡人之间，更多的则是一夜风流，诸神的领袖宙斯便是其中最好的代表，曾多次下凡，对美貌的女子一见倾心，百般纠缠诱惑，最终育有后代。这样的感情与其说是"爱情"，不如说是"猎奇"和"放纵"，若用一个流行词来形容，希腊神话中的神大多为"颜控"，他们遵从欲望的指引，不拘泥于感情。而在《波西·杰克逊与神火之盗》中，波塞冬和波西的母亲之间的感情虽然并没有从正面着笔墨刻画，但从双方的言语之间表露出来的感情，正如同凡人男女之间的爱，是经历了相识、相知、相恋之后的结合，并且若非因为身份的桎梏，双方都希望能够相守一生。这与神话中的露水姻缘和一时兴起全然不同。从这个方面来看，拥有人类的情感，会产生长久的爱恋，守护和陪伴等情绪的波塞冬，更像是一个普通的男人和丈夫。

　　总而言之，从"神性"和"人性"两个方面来比较文学作品和电影中的神，可以发现，希腊神话中更多表现的是诸神的"神性"，这一点来源于古希腊人民对于自然的敬畏。天有阴晴雨雪，雷鸣电闪，并不以人的意志为转移，而这些无法解释的自然现象让他们对于神的塑造不敢带有更多的人类情感，唯有将他们置于神坛之上，时时顶礼膜拜。电影中的神由于时代审美的需求，则更多偏向于人类中英雄人物的形象，时至今日，神祇的存在受到了人本主义思想的影响，逐渐带上了属于人类的七情六欲，故而电影中所塑造的神，也就更多地放弃了"神性"，而表现出了类人的一面。

希腊神话的身影在电影之中越来越多地被呈现，为观众们提供了另一种了解神话的方式。尽管在商业化泛滥的今天，能够以神话原著为蓝本拍摄一部原汁原味的电影几乎已成奢望，但从《波西·杰克逊与神火之盗》这部电影，依然可以看到这两种艺术完美结合的可能。人们完全有理由期待更多类似的佳作。

五　《卡桑德拉》

以特洛伊女预言家卡桑德拉为主要人物改编的电影为数不少，其中较为著名的是澳大利亚著名导演科林·埃格尔斯顿的同名影片（1987）。众所周知，神话并不等同于历史却与历史密不可分。按照斯蒂芬·L. 哈里斯在《古典神话》（*Classical Mythology*）一书中的解释，远古的神话便是先民集体意志与愿望的表达和体现。主神宙斯的寻欢作乐，或太阳神阿波罗的见异思迁，在很大程度上，都不应简单视为贪婪好色的卑劣行径——按照社会学家的分析——乃是象征着人类对美好事物的一种永恒不懈地追求，正表现了人类精神与意志的执着与顽强。对神话的阐释，因此便由于历史时代和社会背景的变易而各不相同，而每一种不同的阐释，由于其鲜明的时代性，又进一步丰富了神话本身的内涵并加深了人们对于它的理解。

特洛伊战争是古希腊神话中的经典之作。由于两部荷马史诗《伊利亚特》和《奥德修斯》的大力揄扬，传说中的英雄人物如阿伽门农，奥德修斯，阿喀琉斯等，在西方社会都已是家喻户晓，其英雄业绩也已耳熟能详。对这样的神话进行重新阐释，作者显然需要极其丰赡的才识和巨大的勇气。

影片根据德国当代著名女作家克丽斯塔·沃尔夫出版于20世纪80年代的代表作《卡桑德拉》（中译本名《卡珊德拉》）改编。本书也是女作家对这一段神话（或历史）进行深入反思后的产物。促使这一小说问世的直接原因是1980年女作家及丈夫的希腊之旅。随后（1982年）作家本人获得法兰克福大学一个客座教授的席位并于当年5月开始在该校进行了一系列关于《诗学》的演讲，内容主要是希腊之行所得的感想和研究：前四讲着重介绍该小说的创作动机及历史背景，第五讲则为该小说的初稿。值得一提的是，正如本书"译本序"所言——"自公元前415年欧里庇得斯的著名悲剧《特洛伊妇女》上演后，除席勒于1802年有一首专门以卡珊德拉为题材的诗作之外，卡珊德拉的形象在古希腊文学中，或后人根据古希腊文学题材改编的故事及戏剧中，从来只是一个配角，沃尔夫第一次让卡珊德拉成为小说的主角"。①

卡桑德拉为何选择女预言家的职业？这是希腊之旅开始之际始终在女作家心头萦绕不绝的一个问题。在埃斯库罗斯的古典悲剧《阿伽门农王》中，卡桑德拉只占有极小的篇幅，而沃尔夫在查阅大量的历史文献之后，却毅然决定选择卡桑德拉作为小说女主角，其原因在于借助女性独特的视角，作家可以对这一男性话语权力笼罩下的经典之作重新进行阐释并挖掘隐藏在其背后的女

---

① （德）克里斯塔·沃尔夫：《卡珊德拉》，包智星、孙坤荣译，上海译文出版社，2006，第2页。

性生活的真实状况。众所周知，20世纪80年代，战争与和平以及妇女的命运是当时社会问题中最热门的话题，作为身处民主德国的女作家沃尔夫本人有着极强烈的历史责任感和社会使命感，这从她此前的小说《分裂的天空》及《克丽斯塔·T的回忆》中都可以见到。不少评论家认为沃尔夫本人已经不自觉地将自己认同为类似卡桑德拉女预言家的角色，更说明作家欲借此小说昭告世人并祈望和平幸福生活的良苦用心。而影片也通过艺术形象展现人物心理——影片的成功，很大程度上在于其中女性视角的高超运用。

电影《卡桑德拉》中的女性视角，首先体现在影片中人物对于战争的态度。战争对男性而言，可能类似于一场打打杀杀的游戏，出于虚荣和自私，他们一味叫嚷战争让女人走开，如影片中特洛伊英雄赫克托耳要求其母赫卡柏王后不要进入议会——"战争期间，议会要讨论的，已不再是些婆婆妈妈的事了"。他们喜欢战争的冒险，因为战争可以给他们带来万世不朽的功名，当然也有大量珍宝美女，比如阿喀琉斯便因为功勋卓著而获得了美女布里奇斯，其后阿伽门农为敦促他投入战斗更花费了宝马黄金和十八名女俘。他们往往声称为自由而战，为家族荣誉而战，而事实上，正如卡桑德拉所说，"通过战争，他们毁灭了他们通过战争想要保全的家庭。"忠贞的妻子安德洛玛刻与出征前的丈夫话别的凄恻场景被写进了欧里庇得斯的同名悲剧，然而人们读到的只有赫克托耳保家为国誓死如归的豪迈激情，可是这一场战争的意义，却很少有人去追问。

传统的说法是由于墨涅拉俄斯之妻海伦遭特洛伊王子帕里斯的诱拐而引发了这一场战争。可是在影片中，导演却给出了更有力的解释，战争是不可避免的，因为希腊人要争取达达尼尔海峡无偿的出海权，而普里阿摩希望的是加强控海权以取得更多的黄金——后者于是炮制出一个富丽堂皇的借口：夺回国王被掳掠之姊以捍卫王国荣誉。这样一个"以爱之名"的战争动机，经过国王别有用心地刻意渲染，像卡桑德拉发现的那样——"谎言重复千遍，也会类似于真理"——立刻激起群情激愤，其后便有了帕里斯船队浩浩荡荡的远征。

对于希腊人而言，发动这场战争的目的同样是不可告人的：身为迈锡尼大国王之弟的墨涅拉俄斯终日忙于政务，忽略了妻子的存在导致海伦与帕里斯私奔，本是伊自家事，犯不着兴师动众，劳师袭远。可是根据卡桑德拉的观察，包括大国王本人在内所有的希腊将领都知道，被帕里斯诱拐的只是海伦的一具幻影——她的真身早已去了某个偏僻的荒岛（其后卡桑德拉对帕里斯的当面质询也证明了这一事实）。希腊人的目的便是借机铲除雄踞一方的特洛伊这一劲敌，从而巩固其在半岛及周围地区的霸主地位。

战争满足了男人的权欲（如阿伽门农），色欲（如阿喀琉斯）或新奇欲（如奥德修斯），可是带给女性的却是不幸、伤害和无尽的绝望。阿伽门农之妻克吕泰涅斯特拉在战争一开始便痛失爱女伊菲革涅亚——后者被迫充当女神的祭祀品。卡桑德拉目睹其幼弟特洛伊罗斯被阿喀琉斯杀害，其余众兄弟则在城破之后尽遭希腊人的毒手。安德洛玛刻则很快听闻丈夫战死并被战车拖拽示众的消息。年迈的赫卡柏王后也亲见自己的丈夫和儿女一一死去，她本人也沦为希腊人的女俘。卡桑德拉想在杀戮（killing）和死亡（dying）当中求得一线生机（living）——的美好愿望也被无情的战争击得粉碎。战争带给他们的只有丧失亲人的痛苦和家庭破碎的绝望。

可是不仅止于此。战争还彻底毁灭了她们人性的尊严，将她们贬为奴隶，降为物品。战前的特洛伊王国，王后赫卡柏可以与国王并坐，参加讨论王国事务的议会。卡桑德拉作为国王的爱女和顾问，也可以自由发表见解。可是随着战事的展开，她们的特权都遭到剥夺。赫卡柏被拒于议会宫门之外，卡桑德拉则被宣布为疯子，一举一动都受到国王卫兵的监视和跟踪。男人虽然一方面叫嚷让女性远离战争，可另一面又不断利用女性进行一些"政治联姻"和其他一些勾当。比如普里阿摩答应将卡桑德拉嫁给欧律皮罗斯换取对方军队的加盟。波吕克塞娜则被当作钓饵假意与阿喀琉斯幽会并由帕里斯将其射杀。她们被剥夺自己的意志，再也无法主宰自己的命运，而沦为战争可资利用的工具。相对于丧亲之痛，这样的悲惨命运更令人唏嘘感概。

由于生理方面的因素，战争中的女性更易受到身体方面的摧残与凌辱，这也是几千年来男性性压迫下女性难以逃脱的厄运。故事一开始，卡桑德拉便遭遇太阳神的性骚扰，由于不肯屈身以降而导致终身的悲剧命运。身为女祭司，她在熟睡之中遭到男祭司潘透斯的奸污。城陷之日，在神庙中寻求庇护的她竟遭到希腊将领小阿贾克斯公然强暴。及至成为女俘，又不幸沦为阿伽门农王的掌上玩物。她一生唯一挚爱的埃涅阿斯，却在战争结束前只身离她远去，留给她一线空空的希冀而已。其姊波吕克塞娜，在阿喀琉斯死后由于极度惊吓而发疯，被叫嚷为阿喀琉斯报仇的希腊军士杀死后竟又遭凌辱。虽然也"拖垮了它自己"，但战争却将男人变为野兽并将女性变为猎物，它毁灭的或许只是男人的身体，但却是女性的全部——从肉体到精神。影片在这里展现的不仅是三千年前的一幕战争场景，也是此后历次战争中女性悲惨命运的真实写照。

对神话中男性人物形象与性格的刻画，也展现了影片独特的女性视角。传统的男性中心主义前提下的那些"英雄人物"（埃涅阿斯除外），在这里都受到严厉的解剖而暴露出其丑陋的面目。史诗中独断威猛的阿伽门农，在影片中全然是一副软弱不堪的"衰仔"的形象。他明知众将领逼迫他拿自己的亲生女儿献祭是出于嫉妒，却不敢与之抗争。他刚愎自用而其实色厉内荏，因为与阿喀琉斯争夺女俘导致后者退出战斗，后来又迫于众人压力向后者赔罪，一副诚惶诚恐的小人面目，令人不齿。就连他拼命掳掠女俘，其目的也是虚荣心作怪——因为"他早已丧失了性功能"。另外，骁勇善战的阿喀琉斯本是史诗中最光彩的英雄人物之一，可在影片中所见到的只是一个嗜血的杀人者的形象——除了在战场上杀死特洛伊王子赫克托耳及其他将领，他还在神庙追杀手无寸铁的特洛伊罗斯，其后又杀害阿马宗女王并以其女战士祭祀。甚至连俘虏他也不放过——在听说其友帕特洛克罗斯战死后，他一口气便屠杀 12 名战俘，以之献祭。他的桀骜不驯，狂妄自负使得战争期间希腊联军一度将帅失和，军心涣散，几乎导致其覆亡。但鲜为人知的是，他在贪婪追求女色的同时又是一名同性恋。这样一个宝马黄金美色功名一样不肯落下的无耻小人在临死之际还不忘让奥德修斯向他保证杀死波吕克塞娜为他复仇，绝无半点盖世英雄的气概。

普里阿摩在传说中是长者与智者的形象，影片一开始他也比较贤明仁慈。可是一旦决意发动战争，他的性格及行事方式便发生了很大的变化：他禁止预言家卡尔卡斯说出宫闱内的事实真相，他宠爱帕里斯而不惜为他牺牲举国将士，他不再采纳卡桑德拉的忠直之言而将其视作疯子。随着战争的展开，他变得愈发狂暴偏执，议会成为一言堂，廷臣对他大唱赞歌，他也欣然领受。

希腊人木马计之所以得逞，很大程度上也是由于他的轻信固执和盲目乐观。另外，从波吕克塞娜的叙述中还可以了解到，他曾在深夜潜入女儿卧室，有乱伦之嫌——在所谓贤明君王的神圣光环被摘除之后，剩下的尽是这样一些不堪入目的卑劣行径。

帕里斯是战争的罪魁祸首，本是贪求美色的浪荡子的形象。影片中更加入了他的轻率躁进、不负责任、好大喜功等性格特征：在伊得山的金苹果事件中，他判阿芙洛狄特为胜者，并获得绝色海伦的许诺。可一见墨涅拉俄斯，他便迫不及待地表明自己的意图，致使双方失和。他率领舰队号称解救国王之姊，可在斯巴达从事的却是诱拐的勾当；明明所得的只是一个影子，可出于虚荣他还是不肯让人说出真相。他胆小如鼠，不敢与希腊将领正面交锋（卡桑德拉称他"宁愿做爱而不愿作战"），只是躲在墙后施射冷箭。他喜新厌旧，在得到海伦后便抛弃牧羊时的患难之妻俄涅诺，最终也因为后者的绝情复仇而丢掉性命。跟小说中其他的男性人物相比，帕里斯不仅生性放荡，而且政治上很不成功，是卡桑德拉嘲笑的"所有男人自我中心的孩子中最为典型"的形象。

电影《卡桑德拉》中的女性视角，还体现在影片对一些社会习俗和现象的描述与分析，如小说中描写特洛伊的成年女子，必须在一年中的某个时候，去往阿波罗神庙，接受任何一名男子的挑选并随之过夜。这样的恶俗，较诸中世纪欧洲封建领主对属下的初夜权有过之而无不及。据说唯有从事祭司职业的女子（她已专属于神祇故不受世俗男人的暴虐）方可免遭此厄。而卡桑德拉选择成为女祭司，以其坚决之个性及自主之精神，或即与此有关。影片中对于男性对女性的权威与控制，也有多处说明，波吕克塞娜被安排作为诱饵，显然违背她个人的意愿，可她却无力反抗。甚至连其母赫卡柏也无能为力，因为那是其父普里阿摩与其兄联合做出的决定。卡桑德拉本人虽然富于自立精神，可对于与欧律皮罗斯的联姻，她也无力反抗，因为在一场婚姻背后，有一长串的"国家安全""家族荣誉"等一系列的神圣"职责"，等待她这一名弱女子去完成：她显然无法以一己之力与强大的男权社会机制相抗衡。此外，在两军交战之际，抢夺对方阵亡将领的尸体也是寻常之事，而其目的，则无非为获得对方的女俘。因为根据惯例，对方必须以一定数量的女俘来换回阵亡将领（数量及质量视该将领的功勋及威望而定，阿喀琉斯便要求以波吕克塞娜换赫克托耳之尸），甚至一名战死的男性也比女性重要若干倍！

此外，影片中的女性视角，还体现在某些情节对经典作品的刻意模仿或"反仿"。如神话中阿喀琉斯之死，据说是当他追赶溃散的特洛伊人到达城门之际，阿波罗暗中指使帕里斯向他的脚踵射出致命的一箭。而在影片中，则是由于阿喀琉斯先向波吕克塞娜吐露了他的秘密，而后者又要求他光着脚步入神庙才使得事先埋伏在那里的帕里斯有机会给他致命的一击。这里的情节显然取材于《圣经·士师记》中力士参孙的故事：非利士人收买了参孙的情人大利拉，刺探出参孙的秘密；于是趁他熟睡之际，剃去他头上的七条发绺使他失去力量从而束手就擒。又如影片中普里阿摩深夜潜入波吕克塞娜房中乱伦之事，则类似西方女性主义者对莎士比亚悲剧《李尔王》的解读，在美国版的李尔王故事——小说《一千英亩地》中，老拉里便曾夜间进入女儿吉妮的房间将她奸污。当记者问及莎士比亚剧中李尔是否会有类似的行为时，女小说家简·斯迈利断然回答说"不排除这种可能性"。这一种看似偶然的巧合显然反映出当代艺术家在消解男权中心主义问题上的共同立场。

影片《卡桑德拉》将持续十年之久的特洛伊战争及此前此后的时代背景和重大历史事件浓缩在一个时间节点——卡桑德拉作为女俘被置于一辆马车之上拉出弥克那的狮门、面对死亡的一刹那——的心理独白。虽然没有具体的线索或完整的情节贯穿全文，然而整部影片却浑然一体，一气呵成，毫无杂乱无章、支离破碎之感。除了导演/剧作家驾驭题材的高超技巧，这在很大程度上也应当归结于影片所采用的独特的女性视角。借助于对神话的女性主义阐释，电影《卡桑德拉》试图揭示出隐藏在其中的妇女生活的真实状况，通过对历史的反思，使人们更加珍惜经历一战、二战以及冷战之后来之不易的世界和平，以及两性之间平等交融的幸福生活。

结　语

　　神话是人类历史的产物，与人类思维一样，神话反映的是流变的，不确定的，创造性发展的历史现实。俄国历史学家洛谢夫认为希腊神话发展经历了拜物阶段，万物有灵论，英雄主义时代，奴隶制时代等不同阶段。与人相异的物因其魔性和神秘的威力成为人崇拜的对象，这就是原始拜物教，其对象包括人体、物体、神像、护身符等——此时盛行的巫术（无论是模仿巫术还是交感巫术）也是拜物教的表现形式。这一阶段的拜物教首先是物体崇拜，如赫拉克拉斯之弓（克敌制胜），阿喀琉斯之矛（无坚不摧），俄耳甫斯竖琴（愉悦精神）等。其次是植物崇拜，如葡萄藤（酒神），月桂树（阿波罗），白杨林（珀尔塞福涅）等。再次是动物崇拜，如雄鹰（宙斯），母牛（赫拉），猫头鹰（雅典娜）等。最后还有人和动物器官崇拜，如荷马史诗将灵魂视为飞鸟（古希腊语灵魂与气息是同一个词）——甚至动物皮毛、眼睛也被当成灵魂的承载者：阿尔戈英雄猎取具有神性的金羊毛，美杜莎目光所到之处尽为石块，等等。在万物有灵阶段，人对异己的力量敬若神明——神灵的自然力得到崇拜，如波塞冬与地母神盖亚之子安泰只要双脚扎根大地便无往不胜——赫拉克勒斯将他托举离开地面，才能将他杀死。

　　神话的这一阶段对应的是母系氏族时期。忒勒玛科斯离开母亲外出寻找奥德修斯，即找寻缺失的父亲形象，反映出当时的社会现实。此外不死的女神与凡人结合，如海洋女神忒提斯和珀琉斯结合生子阿喀琉斯，和谐女神哈耳摩尼亚与卡德摩斯生下塞墨勒等也是当时社会的反映——只是到了父权制和英雄时代，这类故事已日见其少，已不合时代潮流。父系氏族与英雄时代密切相连——宙斯战胜提坦神或许即为部落战争的隐喻。颇具人形的拉比泰人与半人半马的肯陶洛斯人大战并取胜，正是人类从野蛮社会向文明状态过渡的历史见证。赫拉克勒斯十二功绩，既是社会变革时期激烈斗争的反映，也说明当时人类已开始驯化野兽——由狩猎发展为农耕畜牧。

到希腊化时代，英雄神话不可避免地走向衰落，"变形"神话兴起，这本身表明了人的伤感——因为他们深知已无法返回神话般的黄金时代（因为天真已失去）。到奴隶制时代，神话通过悲剧最终蜕变为一种纯艺术手法，服务于美学目的——尽管有新柏拉图派试图修复神话，但正如人由童年长大成人，记忆中美好的幻想终究一去不返，像世间一切事物那样，神话最终也走向衰亡。

当然，作为特定历史产物的神话走向衰亡，但它的影响却早已渗透民族心理结构和集体（无）意识，表明在今日西方宗教、哲学、历史、文化以及文学艺术领域，并且通过现代阐释，仍焕发出恒久的生命力。

附

神话人物小传

赫　拉

　　天后赫拉，主神宙斯之妻，克洛诺斯与瑞亚所生的众多女子中的长女，自然也是宙斯的姐姐。按照一般的见解，她应当是希腊时代以前就已存在的古代神祇（或为某部落的主神）。后来奥林匹斯神话体系创立，将从前零星散乱的地方神话进行整合改编，赫拉便失去了主神的地位，降落为主神宙斯之妻——作为神话中专司婚姻与夫妇恩爱的神祇，同时也是家庭的保护神，妇女特别是已婚妇女的庇护者。不过既然贵为天后，她也如同宙斯一样，具有呼风唤雨、打雷放电的无边法力——只是由于身份与所司职命的缘故，并不常使用。倒是对于那些与她丈夫有染的女子，无论其为女神或为凡女，她都会运用法力，一律施以残酷迫害与打击。后世关于她的传说，大多也与此有关。

　　牛为赫拉的圣物，或即为上古图腾崇拜之遗迹。荷马称之为"牛眼睛的赫拉"，一则言其眼大而美（如同"红指甲的奥罗拉"），一则也可能言其来有自。宙斯与赫拉婚后所发生的第一起婚外恋情，据说对象正是赫拉神庙的女祭司——伊俄。宙斯深恐奸情败露，情急之下将她变为母牛，被赫拉牵走，并交由其警卫百眼巨人看管。一说伊俄不堪宙斯所迫，转向赫拉求助，赫拉便将她变为小母牛（不料其后宙斯仍化为公牛与之交接）。当负责看守的卫士百眼巨人为赫尔墨斯诱杀后，赫拉又派出牛虻，追逐叮咬不已，直将她赶至埃及方始罢休。无论哪种版本，总之说明赫拉与牛有着较为密切的关系。

另有神话说英雄赫拉克勒斯既生，宙斯乃以计诓骗赫拉入睡，使赫拉克勒斯饮其乳汁。赫拉既醒，了解真相后，非常愤怒，乃用力将其推开，而所泼溅之乳汁洒落于天空则成银河——似乎也可以暗示赫拉之真身或即为母牛，饮其乳汁则自可强健过于常人。

赫拉与宙斯成婚前，曾秘密相爱长达三百余年。而这段时间正是身为克洛诺斯幼子的宙斯与其父辈（提坦诸神）争夺奥林匹斯最高领导权的战争时期。作为奥林匹斯新一代神祇，此时的宙斯与赫拉一定是勠力同心，相濡以沫。战争胜利后赫拉从宙斯原先的七个妻子中脱颖而出，受封为天后，可见她对宙斯的支持与帮助肯定非同一般。

新婚宴尔，他们度过了一段幸福时光。某次赫拉由于嫉妒，负气出走。宙斯便佯装迎娶新妇以激将法与之和解，此后乃和好如初（青春女神赫拉，战神阿瑞斯便是这一阶段的产物；赫西俄德并说若干年后他们还生下了专司生育的女神厄勒提亚）。然而好景不长，由于智慧女神雅典娜的出世，矛盾很快被激化。雅典娜的母亲墨提斯是宙斯的七个妻子之一，以聪明智慧而著称，而神谕又说她生出的孩子一定强壮而多智（仿佛宙斯早年一般），并将推翻其父宙斯的统治。宙斯惶急之下，便将墨提斯一口吞下。其后头疼不已，雅典娜便由其中生出，全副戎装，手执坚盾，成为日后威名远著、亦文亦武的智慧女神。宙斯之生雅典娜，如同日后他由大腿间生出酒神狄奥尼索斯一样，虽说是无奈之举，然而对于赫拉作为天后与专司婚姻生育的女神的尊严，却是一种冒犯与亵渎。赫拉既已失去往昔叱咤风雷、行云布雨的功力转而退居于家室之中，生育权便成了她差可自慰的专利——男性的神祇或英雄，无论他们如何威猛，总须由女性的母亲来生育抚养。而现在情势则发生了逆转，女性的力量遭到漠视，其人格也遭到极大侮辱。据说此时赫拉怒不可遏，拒绝再与宙斯同房，并很快独自生出火神赫淮斯托斯。

与威武雄奇的雅典娜不同，赫淮斯托斯生而跛足，形容丑陋。使得有心与宙斯一争高下的赫拉自觉羞愧难当，脸上无光。于是她恼羞成怒，将赫淮斯托斯推下奥林匹斯山。直到火神以奇巧织成黄金之网，献给赫拉，赫拉困于网中不能动弹，乃被迫承认赫淮斯托斯之合法权益并使之重归诸神的行列。赫淮斯托斯娶爱神阿芙洛狄特，而爱神后与战神阿瑞斯私通，火神遂成天上众神的笑柄。尽管如此，他仍是最受赫拉喜爱的天神。而他本人，在赫拉与宙斯发生争执时，也几乎无一例外地站在母亲一方，恰如雅典娜无一例外地总在维护父亲的权威一样（这似乎也可以视为弗洛伊德学说最早的一对证据）。

经过此次事件，赫拉渐渐明白宙斯的绝对权威已经确立，自己也无力与之相抗衡。对于宙斯层出不穷的风流韵事，虽然她严加看管，但总是防不胜防。于是她满腔的愤怒，便向着宙斯的情妇（其中多属无辜者）及其子女发泄而去。好色成性的宙斯，非常善于变化形状。曾化为金雨与达娜厄交欢，化为天鹅与丽达偷情，化为公牛与欧罗巴私奔——无论天上人间的神祇、公主或水泽林仙，只要姿色出众，便很难逃脱他的追求。然而也许是做贼心虚的缘故，每次偷欢之前，害怕赫拉发现他的行踪，他总要在云端兴起一团迷雾，遮蔽天日以掩盖他的行踪。而经常很快便被赫拉识破，正所谓欲盖弥彰。而赫拉也时常以其人之道还治其人之身，将宙斯的情妇变成动物的模样。卡利斯托为山林仙女，是狩猎女神阿尔忒弥斯的侍女，宙斯与之交欢并使其怀孕。赫拉闻讯后一怒之下将卡利斯托变为母熊，其子不明真相误将母熊射杀。宙斯悲悯其不幸，后将母子二人变为天上的大小熊二星座。凡女塞墨勒与众多女子一样，也不幸成为赫拉迁怒的牺牲品。塞墨勒怀酒神狄奥尼索斯，中了赫拉的诡计，要求宙斯起誓，在会面时现出真身。宙斯既立誓只好以雷电之躯出现在她面前，塞墨勒被天火焚烧而亡。宙斯将尚未出生的酒神缝入髀肉之中。塞墨勒虽死而赫拉的愤怒似乎仍未消失。酒神出生后她又千方百计迫害不已。日后酒神四处流亡，纵情狂欢，也许正是赫拉迫害的结果。

在所有受到赫拉嫉妒并残害的人当中，英雄赫拉克勒斯的遭遇可以说是最为极端、也最具代表性的一个事例。赫拉克勒斯之母阿尔克墨涅是国王安菲特律翁的妻子。宙斯趁国王在外征战之际乔装成国王的模样与之欢会。在阿尔克墨涅即将分娩之际，宙斯决定这一天降生的英雄将成为珀耳修斯族裔的统治者。可是嫉妒的赫拉却凭借掌握生育的特权，推迟阿尔克墨涅的产期，从而使得珀耳修斯的孙子提前出生。这样赫拉克勒斯便注定终生受命于后者（其后听从其号令完成了十二功绩）。赫拉克勒斯虽然神勇无比，可是赫拉却时常使之神志不清，甚至癫疯发狂。有一次在疯癫的状态下，他不仅杀死了自己的两个孩子，也将他的哥哥的两个孩子一并杀死。在他完成功绩，服役期满后，赫拉再一次使他发疯，杀死了自己的朋友伊菲托斯。为了赎罪，他又被迫三年卖身为奴。最后中马人之奸计，自焚而死。一直到他死后上天，赫拉才肯与他和解。并将女儿青春女神赫柏嫁与他为妻。赫拉克勒斯原意为"赫拉所憎恨者"，至此乃一变而为"因受赫拉迫害而建立功绩者"。

如果说赫拉对英雄赫拉克勒斯的迫害还算是师出有名的话，她对于另一位特洛伊英雄埃涅阿斯的迫害与折磨则显得莫名其妙，很有些为迫害而迫害的虐待狂的意思。当特洛伊城陷落之后，帮助特洛伊亚人作战的埃涅阿斯决定弃城而逃重新建立一个国家。然而赫拉对特洛伊亚人的憎恨似乎仍未消除，此时又转移到埃涅阿斯身上——仿佛"恨屋及乌"。埃涅阿斯出逃不久，赫拉便驱遣狂风暴雨，将其船队刮至迦太基。在那里又促使女王狄多迷恋他，想让他醉死在富贵温柔之乡从而丧失战斗意志。随后，当埃涅阿斯历经艰难险阻抵达国王拉丁努斯的国土并受到后者的殷勤接待之后，赫拉又使出狡计使双方发生误会而大动干戈。事实上，她对埃涅阿斯的迫害是如此的残酷，如此近乎疯狂，使得诗人维吉尔发出这样的诘问："睚眦必报是否是天神固有的属性？"

尽管有着上述种种的缺陷，神话中的天后仍旧不失为贞洁贤惠、庄重而高贵的女神。一开始为了对付宙斯的见异思迁，她不惜屈尊向爱神求助，在沐浴梳妆后变成人世间绝美的王后形象来到宙斯的面前。而主神见到她的容貌也立刻回心转意，虽然没过多久他又开始故技重演，重蹈覆辙。尽管面对一次又一次的失败，赫拉却从来没有放弃努力，也没有放松自己的职责。有时对于宙斯的当众责骂，她也默默忍受（如在特洛伊战争中），不做任何抵抗。更没有像她的祖母盖亚，或她的母亲瑞亚那样，由于对丈夫的不满，便唆使众女子抗争将其推翻流放。赫拉虽然对放浪成性的宙斯颇多不满，而她自身的容貌又使她身边不乏追求者，但作为忠贞的妻子，她却从未在任何仰慕者的面前屈服退让。除却宙斯外，也从未对其他人或神产生过爱意。唯一一则与此有关的传说，主角是恶贯满盈的伊克西翁。这个杀死自己的岳父的刽子手为宙斯所原谅，并引之上天。谁料他竟不知天高地厚，胆敢向赫拉求爱，并在众神进餐时以下流言语污辱天后。应赫拉请求，宙斯将云朵变成天后的模样。淫邪的伊克西翁便将云朵幻化的天后紧拥在怀里。死后，伊克西翁在地狱受到重罚。而赫拉在受辱后向宙斯求助的场景也展现了女性妩媚娇羞的一面。从对待婚姻的角度讲，赫拉既能深明大义，又能忍辱负重，可以说是成熟女性的完美典范。就连她的那些迫害行为，似乎也多半是为了维护家庭的稳定性和婚姻的神圣性，因而也就可以理解并得到原宥了。

雅典娜

　　智慧女神雅典娜是奥林匹斯神系中的主要神祇之一。据说在前希腊的神话中，她曾和赫拉一样被认为是女天神，乌云和雷电的主宰者，同时又和得墨忒尔一样是丰产女神，可见远古神话中大母神被奥林匹斯神系取代后所留下的痕迹。到了古典时期，她被认为是主神宙斯与智慧女神墨提斯的女儿，而关于她的出生，也是诸神当中最富传奇色彩的一种（也许唯有酒神狄奥尼索斯可以媲美）。墨提斯女神是宙斯在与赫拉成婚前的六个妻子中最早的一个。她的名字代表了思想和狡黠。在她怀孕以后，宙斯非常高兴，可神谕却说墨提斯生下的孩子注定要像宙斯本人一样，推翻其父的统治。宙斯的父亲克诺洛斯当初也是听信类似的预言之后将他与瑞亚所生的众多子女一一吞吃，导致瑞亚的恐惧与仇恨并与宙斯合谋将其推翻。然而与克诺洛斯吞食其子女而无力消化不同，宙斯不仅吞食了墨提斯及其孩子，并且可以安然将其消化并据为己有。其结果便是雅典娜由宙斯头脑中迸出。神话说宙斯在吞食以后，头痛欲裂，只好请来火神和工匠之神赫淮斯托斯，让他将自己的头颅劈开。于是身披甲胄，手执长矛的雅典娜便高呼胜利万岁，从其中跳出。她的出现，意味着同时拥有男性武力和女性智慧的宙斯已经取得了前所未有的宇宙的绝对主宰权。和狩猎女神阿尔忒弥斯一样，雅典娜也一直保持着处女女神的身份——或许正意味着终其一生将受到宙斯的父权影响。

雅典娜与其他神祇的不同之处，还在于她可能是唯一一位将两性的特征融为一体的女神。作为女神象征物的盾牌，其正面为男性执掌的兵器的图案，其背面则为大母神的圣物——蛇的图案。另外，作为主神与智慧女神结合的产物，她从其父那里继承而来的勇敢与力量似乎又总包含着善良与仁爱的高贵情感。荷马史诗《伊利亚特》中的一个片段最能说明女神的明辨善恶与赏罚分明。希腊猛将忒修斯在战争中因受伤而倒地，情势十分危急，一贯以爱护智勇双全的英雄而著称的雅典娜便向宙斯求得一片灵丹妙药，可治愈其病并使之长生不死。可是当女神急匆匆赶到战场时，发现忒修斯正向着敌手的头颅进行惨无人道的报复。心地善良的女神对此残暴行径非常憎恨，于是改变了原先的决定，掉头不顾而去。她曾借他人之手刺伤嗜血的战神阿瑞斯，显然也是出于同样的原因。

神话中得到雅典娜帮助和护佑的英雄很多，其中较著名的有珀耳修斯、忒修斯、伊阿宋、赫拉克勒斯及奥德修斯。珀耳修斯是宙斯与达娜厄之子，当达娜厄被其父囚禁于铜塔之时，宙斯化为金雨与之欢会，生珀耳修斯。英雄长大后，面临斩杀魔怪美杜莎的艰巨使命。雅典娜先向其指明美杜莎的藏身之所，又将斩妖必需的飞行鞋、皮囊和隐身帽三件宝物交付于他。后来英雄根据女神的指示，以女神赠送的光亮的铜盾牌为镜，一刀将其头颅砍下（因凡人一触到其目光则化为硬石）。后来英雄为感激女神的帮助，便将美杜莎的头颅献给雅典娜，而成为她盾牌中央的饰物（伊阿宋与阿尔戈斯英雄的金羊毛之旅乘坐的阿尔戈号船头就镌刻有雅典娜神像）。

此外，雅典王子忒修斯步入米诺斯迷宫杀死怪兽客迈拉，以及驯服神马珀伽索斯等英雄业绩，与雅典娜的大力帮助也不无关系。和赫拉拼命迫害大英雄赫拉克勒斯的行为恰恰相反，雅典娜在神后发怒想置英雄于死地之际总是巧为回护，使之转危为安。这一方面固然是秉承了宙斯的旨意，另一方面也说明女神对人间英雄人物的爱惜，常常是不遗余力的。作为宙斯独自生出的女儿，雅典娜几乎总是与宙斯保持一致，并在家庭冲突中坚定不移地支持宙斯，恰如赫拉生出的火神赫淮斯托斯总是对其母命唯命是从一样。事实上，由于赫拉对赫拉克勒斯的迫害行径过分得令人发指，宙斯常常怒不可遏，有一次竟将神后双足缚起倒悬于天门之外以示惩罚。与之相较，雅典娜对人间英雄的怜惜则更显珍贵。

如果说上述英雄主要还是以孔武有力而著称的话，足智多谋的奥德修斯获得女神的青睐也就丝毫不奇怪了。《奥德赛》中有一个场面记载希腊将领在英雄阿喀琉斯死后聚会商讨其盔甲归属问题，女神对另一位希腊将领大阿贾克斯竟敢与她宠爱的奥德修斯争斗感到大为不满，于是驱使这位勇士发疯，在犯下过失后羞愧自杀。这可以说是一个极端的事例（后来奥德修斯在冥府见阿贾克斯，后者却不愿与之交谈，荷马称之为"高贵的静默"，可能也正是这位勇士对雅典娜女神敢怒不敢言的结果）。其后奥德修斯由于在返国途中误伤海神波塞冬之子而受到海神的猛烈报复，若干次在海上掀起狂风大浪想让他遭到灭顶之灾，都由于女神的暗中相助而化险为夷，并平安返家，并在雅典娜的指点下成功以计策杀死向其妻珀涅罗珀求婚的众王子，得以安度余生。

如同阿波罗与阿芙洛狄特一样，雅典娜也有许多别名，其中较著名的则为帕拉斯和厄耳伽涅。帕拉斯据说是其父提坦族的一员，当提坦族不服宙斯的统治起兵造反时，雅典娜参加了维护宙斯领导权的战斗，将其斩杀，并将其皮蒙于盾牌之上——日后原先对于帕拉斯的崇拜自然也就和对雅典娜的崇拜结合在一起。关于这一别名的由来还存在另一个版本：雅典娜降生后，宙斯便将她交由海神特里同抚养。海神的女儿与之同龄，名为帕拉斯，二人朝夕相处，情谊深厚。有一次比武为戏，雅典娜误杀其友。其后为纪念二人的友谊，雅典娜便取了这一别名。至于另一别名厄耳伽涅，其义为女工。希腊人认为雅典娜曾赐予世人纺锤和织机，是妇女劳动，尤其是织布技术的保护神。传说她心灵手巧，她的头巾衣物都是自己亲手织就，甚至连赫拉结婚时穿戴的连衣裙也是她亲手绣成。有一则故事讲到吕狄亚的姑娘阿喀拉以善于织绣闻名，不知天高地厚，竟敢向女神挑战。结果女神以一幅宽阔的奥林匹斯山和众神图压倒了阿喀拉所织的众神恋爱的片段。可怜的姑娘羞愧难当，试图上吊自缢。而雅典娜出于怜悯，将其救下，可此后她的生命也就只能维系在一根线上而变为一只蜘蛛。

女神虽然对弱者充满同情，可同时对于另一些胆大妄为的恶人却是毫不留情，严惩不贷。作为处女神，她虽勇敢善战，可有时却也像一般少女那样腼腆害羞。据说有一天当她在清泉里沐浴时，一名叫忒瑞西阿斯的少年正好在此闲荡，当他走向清泉时，便窥见正在沐浴的女神。纯洁的女神遭到这样的污辱，非常生气，立即遮住他的眼睛。从此，忒瑞西阿斯便双目失明，成为一名以占卜为生的盲先知。

虽然不像天后赫拉或爱神阿芙洛狄特那样爱慕虚荣，但作为端庄美貌的智慧女神，雅典娜也会像普通女性那样对于自己的容貌拥有过分的自信。当不和女神将写着"献给最美的女人"的金苹果抛向众女神之时，她也和另外两位女神一道加入竞争的行列。而帕里斯王子的裁判使得她的自尊大受打击，经过她和赫拉的煽动挑唆，特洛伊战争终于爆发，而她本人自然也和天后一道加入希腊人的阵营。虽然战争最终以希腊一方胜利而告终，但长达十年的浴血奋战使得双方都付出了惨重的代价——这似乎说明，智慧（及理性）一旦为虚荣所蒙蔽，必定会带来不可估量的损失。

雅典娜的心灵手巧，在诸神中恐怕也只有匠神赫淮斯托斯以及太阳神阿波罗才能与之相比。除了之前所提到的织布技艺外，据说她还向人类传授了陶瓷、木工等技艺。甚至希腊文艺作品中常见的乐器笛子的发明权，也被归入她的名下。传说为了模仿暴风雨的呼啸声，她取来一根鹿骨，在上面打上孔，呜呜地吹奏起来，从而奏出和谐悦耳的音乐。当她向诸神展示自己的发明时，赫拉和阿芙洛狄特却取笑她脸上的线条变形，变得奇丑无比。雅典娜将笛子抛出老远——传说从此之后如果人们不改变脸上的线条，便再也吹不响笛子。

关于雅典娜最著名的传说，莫过于她与海神波塞冬争当雅典城保护神的故事（雅典之名即由此而来）。根据主神的提议，两位神祇必须先向城邦献出自己的礼物，然而才能决定其归属。波塞冬首先用三叉戟往岩石上一击，一匹战马便呼啸而出。而雅典娜则用金色的长矛往地上一击，地上立刻生出一株长满银叶的橄榄树。众神经过裁决，普遍认为作为和平象征的橄榄枝比用于战争屠戮的战马有用得多，于是雅典娜便成了雅典的保护神。而晚近的神话又说裁决的并非众神，而是由希腊公民投票表决，而选民中女性人数恰比男性多一人。于是恼羞成怒的海神自此便永久地剥夺了她们的选举权。这样的阐释，显然更符合女性主义的口味。但不管怎样，雅典人以后每年都以最隆重的仪式纪念女神的雅典娜女神节却一直保存下来并流传至今。

阿芙洛狄特

作为金苹果事件中的胜利者，爱神阿芙洛狄特既不同于纯洁的处女神雅典娜，也不同于贞洁的天后赫拉，她被认为是风流放荡的女性的代表。阿芙洛狄特，显然不如她的罗马名字维纳斯更加响亮，而她的别名之繁杂多样，出身之扑朔迷离，可能在奥林匹斯诸神体系中也是绝无仅有的一个。

赫西俄涅在《神谱》中将爱神厄洛斯视为与宇宙原始自然力混沌、以太等几乎同时出现的最美的神祇——这一神话似乎暗示爱的力量是世界原初动力之一。后来又说她是第二代天王克洛诺斯在阉割了第一代天王乌拉诺斯之后，从大海的浪花中所生出。她的别名之一阿娜狄俄墨涅，就是"出水"的意思。无论如何，她的出生要远远早于后来的新一代奥林匹斯诸神，不管是主神宙斯，还是天后赫拉，这都是不争的事实。然而到了稍后的荷马史诗当中，她的命运，便如同赫拉、雅典娜或命运女神一样，遭到了贬黜——在新编的神话体系中她成了宙斯的女儿，是主神与大洋神女之一狄俄涅结合的产物。及至公元前四世纪左右，她的名字中又添加了潘得摩斯——意为专司粗野肉欲爱情的女神，以及乌拉尼亚——专司崇高理想爱情的女神。又由于她从海中最初来到塞浦路斯岛，因此别名中又有塞浦里斯，可见对她的崇拜已超出了希腊半岛的范畴而具有了更广泛的意义。到了罗马时代，对她的崇拜又与当地人对丰产和植物女神维纳斯的崇拜结合在一起，流传至今。

在特洛伊城郊的伊达山下，等待帕里斯王子做出裁判的三位女神，据说都向王子许诺了她们的赠礼。天后的允诺是让帕里斯成为世界各国的君王，智慧女神（女战神）则保证可以让他在以后的所有战争中攻无不克，战无不胜。而当帕里斯王子犹豫不定的时候，爱神阿芙洛狄特却是一言不发，只轻解罗裳，微露出半抹酥胸，使得多情的王子心旌摇荡。在得到关于斯巴达王后海伦的许诺后，他终于决定将金苹果判给阿芙洛狄特。

在随之而来的特洛伊战争中，觉得遭受莫大耻辱的天后与智慧女神联合太阳神阿波罗等结合为共同阵线，帮助希腊军队夷平特洛伊城。而阿芙洛狄特则说服了战神阿瑞斯等一同帮助特洛伊人守城，试图赶走入侵的希腊联军。然而攻城略地、打打杀杀这样的血腥暴力显然不是爱神所擅长。在《伊利亚特》中，我们屡屡见到这样的场面：面对全副披挂、所向披靡的雅典娜，爱神唯有落荒而逃。在这样激烈的对抗中，她唯一能做的好像只是掀起一团迷雾，保护她的儿子埃涅阿斯不受对方将领的伤害，或是将生性怯弱被迫走向战场的帕里斯王子从战场上解救下来送回到他更愿意去的海伦的闺房。特洛伊战争结束后，埃涅阿斯在她的庇护下突出重围，历经千难万险，来到意大利创建罗马帝国的雏形——罗马城，阿芙洛狄特自然也就成为尤里乌斯皇族的女始祖。

战争显然不是阿芙洛狄特的强项，但论到在男女双方心中播种爱意，点燃爱火，则只有爱神才能够做到。据说她的儿子小爱神丘比特手持银弓，时刻伺候在她身畔，准备将箭袋中的金箭或铅箭向着诸神或凡人发射过去。金箭可以立刻在他们心中燃起熊熊烈火，而铅箭则恰恰相反，会使得他们千方百计逃脱和排斥对方的苦苦追求。而最关键的是，无论诸神还是凡人，即使尊贵如主神宙斯，一旦为爱神之箭所射中，便无法自已。比如在受到弓箭之王太阳神的嘲讽之后，爱神便向他射出一枝金箭，使他狂热地爱上林间仙子达芙涅，可同时又向仙子发送一枝铅箭，使她对神祇的示爱无动于衷。最终在太阳神的苦苦追求下，仙子只好化为月桂树，令太阳神悲戚不已。

爱神的这一种力量，既然连奥林匹斯神祇也无力抵挡，则凡间的英雄美女，一旦身陷其中更无力自拔。几乎在所有的英雄传奇中，都可以见到爱神大施魔力的踪影。如在忒修斯斩杀迷宫怪兽的过程中，她使得阿里阿德涅公主对英雄产生爱意，以备好的线团帮助英雄杀死怪兽逃出迷宫。她也曾以金苹果帮助米拉尼翁赢得女英雄阿特兰塔的爱情。在伊阿宋夺取金羊毛的战斗中，她又使美狄亚公主生出爱慕之意，以仙草助其取得金羊毛，并不惜杀害亲兄弟以阻止父兄的追赶。

同时，对于那些对她的美貌和魅力不屑一顾，存心藐视的大胆之徒，她也会施以严酷的惩罚。雅典国王忒修斯的王子西波吕托斯一心崇拜狩猎女神阿尔忒弥斯，而无视阿芙洛狄特的存在。爱神恼羞成怒，让老王忒修斯的新王后淮德拉疯狂地爱上她的继子。在遭到西波吕托斯冷酷拒绝后，她向老王诬陷王子图谋不轨，王子于是惨遭杀戮。

希腊美少年那喀索斯对众仙子的求爱也是不屑一顾。受到漠视的爱神在林间仙子厄科求爱不得悲愤自杀后，决定对忘情的美少年做出惩罚。在他临水自伤时，女神使得少年对自己的身影迷恋不已，终于溺水而亡。另外，西西里岛的达佛尼斯也因拒绝求爱而遭受毁灭。

但是对于那些对所爱之人一往情深的多情人（如普绪克与丘比特的恋爱故事中的主人公），爱神则往往会被他们的诚挚感情所打动，并帮助他们美梦成真，成就美满姻缘。其中最著名的例子当数塞浦路斯王皮格玛利翁的故事。国王对当时淫邪放荡的风气深为不满，只是终日在斗室之中专意雕刻自己的一座象牙雕像，并对自己亲手创造的这个完美无瑕的女性迷恋不已。在他的祈请之下，女神施展法力，使得雕像中的人物化为现实生活中的绝世美女并与国王成婚，证明矢志不移的爱情必将得到爱的回报。

爱神的法宝除了小爱神手中的银弓金箭外，还有她自己的腰带。据说此中隐藏着爱情的奥秘。任何人只要系上这条腰带，就可以使得心上人生出爱慕之心而轻易成为爱情的俘虏。即使天后赫拉，为了挽回天神宙斯对她的爱意，有时竟也不得不求助于阿芙洛狄特的腰带。而系上了腰带的赫拉，容光焕发美艳绝伦，使得在人间放纵游荡的宙斯一见之下便立刻重燃爱火，与之共度良宵。后来腰带到了阿玛宗女王希波吕忒手中，大英雄赫拉克勒斯历经艰险取得该腰带便是他著名的"十二功绩"之一。后世的女子结婚时须将腰带献给阿芙洛狄特这一习俗，显然与此有关。

在后来的神话中，美丽无比的女神却成了跛脚匠神和火神赫淮斯托斯的妻子，有些红颜薄命、遇人不淑的味道。而赫淮斯托斯终日忙于天神的器具制造，忽略了与爱神的夫妇之情，爱神便开始和英俊倜傥的战神阿瑞斯幽会，并前后生育五个子女。然而他们的隐情，却很快被周游九天洞烛一切的太阳神所发现并通报给了火神。受到伤害的火神精心铸就一张细密如丝的金网，在二人欢会时将其网住。在荷马史诗中，这一事件也成为天上众神流传很久的笑柄。除阿瑞斯外，爱神还和相貌英俊、行动迅捷的神使赫尔墨斯生有一子——赫耳玛佛洛狄托斯，是一位双性同体的神异人物。此外，她还爱上了英雄安喀塞斯并与之生下埃涅阿斯。

　　然而女神用情最深的，恐怕还是对于美少年阿多尼斯的眷恋之情。阿多尼斯是美女密耳拉的儿子，密耳拉爱上其父并怀孕，后来羞愧难当，被变为没药树，阿多尼斯便由此树中生出。少年生而俊美，爱神对他非常钟爱，下凡至人间与之终日厮守。不料这一段恋情却遭到战神阿瑞斯的嫉妒。于是某天在爱神离去后，驱使野猪将美少年杀害。后来经过爱神的苦苦哀求，宙斯允许阿多尼斯一年重回人世与爱神团聚一次。又据神话传说爱神自小便将美少年交由冥后珀耳塞福涅抚养。而在他长大后，冥后却舍不得让他离开，于是经过裁决，阿多尼斯当在两位女神间轮流居住。后来的阿多尼斯节，既有秘密地祭奠哀悼少年之死，同时又有喜庆仪式祝贺他的复活，乃成为当时的一个重大节日。

　　在弗雷泽爵士研究古代文明的巨著《金枝》中，还提到一则与爱神有关的事例。在科林斯地方的阿芙洛狄特神庙，其女祭司往往充当娼妓的角色，她们为金钱而献身，并将所得捐助神庙，以此证明对女神的忠心。这显然已超出了神话的意义，而更近于虔诚的宗教行为。

阿尔忒弥斯

正如爱神阿芙洛狄特不如她的罗马名字维纳斯更为人所知，狩猎女神阿尔忒弥斯的罗马名字戴安娜似乎更为响亮。阿尔忒弥斯是主神宙斯和大洋神的女儿勒托结合生下的子女，和太阳神阿波罗是孪生姐弟。也许正是这一原因，后来她便和神话中原有的月亮女神塞勒涅混同起来，成为掌管月宫的女神，并在罗马时代与当地原有的女神戴安娜化为一体。这样，太阳神与月亮神成为孪生姐弟，也就成了再自然不过的事情。

女神勒托，也和宙斯其他众多的情人一样，遭到嫉妒成性的天后赫拉近乎疯狂的报复和惩罚。当她怀孕即将分娩之际，由于天后的命令而被迫浪迹天涯，无存身之处，因为所有神祇都奉命不准收容她和即将出生的子女。后来由于宙斯的干预，才得以在大海中央漂浮的一块巨石——德洛斯小岛上安顿下来。阿尔忒弥斯早一天出生，并在呱呱坠地后不久便能给母亲助产，于是光辉灿烂的太阳神顺利地降临到人间。传说由于她一路颠沛流离，目睹母亲饱尝怀孕与分娩的痛苦，自小便对婚姻一事产生了极端的憎恶之情。她向主神宙斯请求的第一件事就是使她能够像智慧女神雅典娜那样，终身不嫁，以保持处女的贞洁。此后，她就以一身猎装与弓箭游走在她所掌管的山林水泽中间，成为令人敬畏的狩猎女神。

也许是终日在山林间奔波劳碌的缘故，阿尔忒弥斯性格暴怒——也许更因为幼年不幸的遭遇使得她自尊心过于强烈，对于任何敢于对她藐视不敬的人或神，她都会给予残酷的惩罚。

当勒托成功地生下阿尔忒弥斯和阿波罗以后，天后赫拉并没有因此便放弃对她的报复。她曾经唆使巨人提提俄斯去向勒托女神求爱，暗示他完全可能得到女神的垂青。欲望被煽动的巨人狂热地开始对勒托的追求，并在女神前往德尔菲神庙的途中试图采取非礼行动。目睹母亲受到侮辱，阿尔忒弥斯和阿波罗一道将巨人射杀。

在捍卫母亲的尊严方面最著名的事例无过于尼俄柏及其众子女的悲惨遭遇。尼俄柏是忒拜国王安菲翁的妻子，传说她生有众多子女（荷马说是六子六女，欧里庇得斯说是七子七女）并以此感到骄傲。她傲慢地向国民宣称自己比勒托还要伟大——因为后者只生育一子一女，并禁止忒拜的妇女向勒托女神供奉任何祭品。受到这样的耻辱，女神要求阿尔忒弥斯和阿波罗为她复仇。结果阿波罗用箭射杀尼俄柏全部的儿子，阿尔忒弥斯则杀死她所有的女儿。尼俄柏的丈夫安菲翁得此噩耗以后悲愤自杀，而尼俄柏本人在眼泪流干后，也变成塑像一样的一块巨石——尼俄柏一词至今仍是文学作品中痛苦哀伤和忧郁的代名词。

阿尔忒弥斯作为山林的守护者，时常也被视为女性隐私的保护神。任何敢于窥视女性奥秘的狂妄之辈，也必定因此而付出沉重的代价。比如说鲁莽冒失的青年猎人、酒神巴库斯的表弟阿克泰翁所受的惩罚。有一次女神在打完猎以后感到精疲力竭，便和侍女们来到丛林间的清泉边休憩。她纵身跃入水中，侍女们则用洁净的泉水冲洗她那贞洁的身体。阿克泰翁此时由于想饮水解渴，无意中贸然闯入。尽管如此，女神仍对自己的躯体暴露在凡人的面前而感到羞愧无比。情急之下，她将清水泼向冒失的猎手，立刻将他化为一只梅花鹿。他身边的猎狗迅速扑上前去，将不幸的猎人撕咬成碎片。

对于那些向她立誓献祭而后又胆敢违背誓言的人，阿尔忒弥斯也是严惩不贷。卡吕冬国王俄伊斯曾答应在作物丰收后向女神献祭。可是后来却没有实践自己的承诺。于是阿尔忒弥斯派出一只野猪将国王的土地和葡萄园破坏殆尽。后来才有了举世闻名的"卡吕冬之猎"——几乎希腊全境的著名英雄都应邀前来参加这次狩猎——结果是国王的儿子英雄墨勒阿革斯为此付出了生命的代价，而国王的妻子也因为丧子之痛而自杀身亡。

此外，欧里庇得斯的悲剧《阿尔刻提斯》中还提到另一位英雄阿德墨托斯的遭遇。他的岳父要求他用一头野猪驾车前去举行婚礼，他向狩猎女神祷告，在成功地娶得阿尔刻提斯后，他却忘记了向女神献祭。于是女神大怒，在他结婚的夜晚，派遣一条巨蛇去大闹洞房，使之不得安宁。后来幸亏太阳神出面从中调解，女神才宽恕了阿德墨托斯的健忘。

同样幸运地被女神宽恕的还有希腊联军统帅阿伽门农王。据荷马史诗说，当联军远航特洛伊时，舰队在奥利斯港被迫滞留十多天。因为阿伽门农曾经许愿将他的女儿伊菲革涅亚作为祭品奉献女神，可却一直迟迟未能还愿。愤怒的女神召集了风神，刮起阵阵逆风向希腊人发出警告。于是阿伽门农在祭司和其他将领的敦促下只好召来女儿，并将她送上祭坛。可就在千钧一发之际，狩猎女神大发善心，用一只赤牝鹿做牺牲替换伊菲革涅亚，并让她在陶里斯地方担任阿尔忒弥斯神庙的女祭司。

也许要等到阿尔忒弥斯与月亮女神墨勒涅和戴安娜的形象合为一体以后，这一位脾气暴躁刚强的女神柔情似水的一面方始完全展示出来。猎手俄里翁由于双目失明而向太阳神求助，阿波罗被他的热忱所感动，不仅赐予他光明，并且允许他可以在太阳神的领地自由自在地来来往往。不久，阿尔忒弥斯便对这位相貌英俊的猎手产生了强烈的爱慕之情，和他朝夕相守，有时甚至都废弃了自己作为月亮女神的职责。阿波罗见此情景非常焦虑，竭力反对她嫁与俄里翁为妻。在多次劝说未果以后，太阳神决定采取更为毒辣的手段。有一天，俄里翁在海里游泳，阿波罗假装怀疑阿尔忒弥斯的箭术，跟她打赌说她不能射中海上很远露出的那个小圆点。自尊心极强的阿尔忒弥斯立刻弯弓搭箭，一箭将俄里翁射死。后来，主神宙斯被她对俄里翁的深情所打动，同意让俄里翁变为天上的猎户星座，这样猎手便可以和月亮神终身长相厮守。

关于阿尔忒弥斯的爱情，还有一则更为著名、流传更为久远的故事，那就是她和美少年恩底弥翁的爱情。阿尔忒弥斯倾心爱慕翩翩美少年恩底弥翁，将他藏在自己的山洞之中，每天与他秘密欢会。凝望着他俊美的面庞，她希望他能够像仙人那样，永生不死，可以尽情享受爱情的甜蜜。在她的请求下，宙斯满足了让这个青年长生不老的愿望，但他必须永远处在睡眠状态中，女神就这样温柔地并且永远地拥有了自己的爱人。

此外，阿尔忒弥斯在很多地方还被视为丰收女神、植物女神以及儿童诞生的保护神，她的形象可以说是若干地方性神祇的统一体。在对她的崇拜中，甚至还保有着杀人祭祀的残余。例如在陶里斯的"阿尔忒弥斯节日"，就有将男人的喉头割开一点以示崇拜的古老风俗。而她的名字，据说在出土的迈锡尼文物中已有所记载。这些都说明对阿尔忒弥斯的祭奉在希腊半岛有着相当漫长的历史。

得墨忒尔和珀耳塞福涅

得墨忒尔是克洛诺斯与瑞亚之女，宙斯的姐姐，珀耳塞福涅的母亲。她是希腊神话中丰产和农业女神，专门掌管谷物的成熟与大地的丰饶。由于希腊诸岛航海业较为发达，因此农业技术和农业的重要性迟至公元前六到公元前五世纪才逐渐为人们认识。在氏族显贵统治时期得墨忒尔只是个相对次要的神祇，甚至在荷马史诗当中，她也并没有能够进入奥林匹斯山诸神的大家庭。然而后来随着农业在希腊社会生活中所起的作用和影响日益广泛，对她的崇拜也开始在半岛上普及。在少数地区如厄琉西斯等地，甚至取得绝对权威的地位。到了罗马时代，她又和罗马女神刻瑞斯的形象合二为一，当地对得墨忒尔——刻瑞斯的崇拜一度也特别盛行。

与其他几位女神一样，得墨忒尔的职能也是从原始神话中的大母神的职能分化而来。最初，地母盖亚作为宇宙万物及众神的缔造者，担负各种各样的职能，作为神的母亲和神的妻子，她孕育一切。到后来新一代奥林匹斯神教体系确立，她的诸多功能便由赫拉、雅典娜、阿芙洛狄特及得墨忒尔等女神分享。对大地和大母神的崇拜在迈锡尼时代已然存在，而对得墨忒尔这样一位专司丰产的女神的崇拜显然是奥林匹斯神谱细密完备的结果。在赫西俄德的《神谱》中，她的地位有了进一步的提升——不仅被认为是农业的保护神，而且被视为主神宙斯包括赫拉在内的七个合法妻子中的一个，并与之生下另外一个丰产女神——日后成为冥府王后的珀耳塞福涅。古希腊一篇托名荷马所作的赞美诗（*The Homeric Hymn to Demeter*）便记述了她的生平和主要功绩，并一直流传至今。

关于得墨忒尔的主要神话和她的女儿珀耳塞福涅的失踪有关。当奥林匹斯新神战败提坦诸神之后，主神宙斯依靠拈阄取得天空和大地的领导权，他的两个兄弟波塞冬和哈得斯则分别掌管海洋和冥府。哈得斯居住在暗无天日的死亡之国中，严酷而凶狠。可是某一天当他心血来潮想要娶一位王后时，他的目光便落到了清纯靓丽的谷物女神珀耳塞福涅身上。因为他明白天上人间的女子是无论如何不能，也不肯到他的黑暗王国做王后的，因此决定采取强抢的手段。当时天真烂漫的少女正和同伴一起在野外采花，哈得斯和他的二哥宙斯一样，也是善于变化形体的高手。他摇身一变，化为地上一株鲜翠欲滴芬芳四溢的水仙花。年轻的少女被娇艳的花朵所吸引——可正当她迟疑着想伸手去采摘时，脚下的地面突然裂开，冥王乘坐由四匹黑马所拉的黑色马车由地下一跃而出。冥王哈得斯则乘势将少女拦腰抱住，用他的三叉戟一路劈开大地，马车飞快地向地下的深渊驶去。尽管少女一路上都在呼叫求救，然而谁也无法听到她那凄惨的叫声。

得墨忒尔听到女儿失踪的消息，心如刀绞，痛不欲生。她独自走下奥林匹斯山，走遍茫茫大海和辽阔大地，四处打听女儿的下落。可是她所到之处，谁也不能告诉她珀耳塞福涅的去处。在经过九天九夜的搜寻以后，她终于遇到一位下界掌管幽灵和魔法的女神赫卡忒。赫卡忒虽然未能向得墨忒尔提供珀耳塞福涅的准确消息，但却告诉她可以去向无所不知洞照一切的太阳神去打听。赫卡忒对身为母亲的丰产女神的不幸遭遇非常同情，并且自告奋勇地陪伴女神一道去向阿波罗请教。太阳神禁不住这位憔悴不堪的母亲的苦苦哀求，终于答应说出她女儿的下落。他说，不是别人，正是主神宙斯造成了她们母女的不幸。正是在宙斯的默许之下，哈得斯才胆敢在光天化日之下劫走珀耳塞福涅，并且逼迫她滞留在幽暗无边的冥府，成为他的王后。女神闻讯后，对冥王的胆大妄为感到非常痛恨，同时对宙斯的自私绝情也感到非常悲哀和绝望。她决定要采取措施进行报复，再也不让他们掌管的土地山川长出丰硕的庄稼和果实。

女神义无反顾地离开太阳神殿，也离开奥林匹斯山，化装成年老体弱的妇女，在乡间到处游荡。在长期流浪之后，她来到热情好客的厄琉西斯地方，并受到当地国王勒俄斯夫妇的热忱款待。为了报答他们的好意，女神答应留下来做他们的儿子特里普托勒摩斯的保姆。满心充溢母爱的女神决定使这个孩子得到永生。每天她用神膏涂满他的全身，让他饮下琼浆玉露，夜里则将他放在神火中锻炼，可是有一天，做母亲的墨塔涅拉无意中看到孩子被放到火上烧烤，吓得尖叫起来。女神只好将他放下——女神说明了事情的真相，并宣布尽管如此，她仍将使这个孩子在人间享有神一般的美誉。

　　当地人在离城不远的地方，为女神修建了一座神庙。在那里她将耕种的技术传授给特里普托勒摩斯，并通过他将农业技术传遍四面八方，而特里普托勒摩斯本人，也成为丰产女神神庙的第一任祭司。女神虽然终止了流泪，但对女儿的思念仍使她忧伤不已。当她的眼泪差不多流尽的时候，大地上发生了前所未有的灾难：土地荒芜，颗粒无收，饥饿的人们向着宙斯哀号呼救。坐在天庭的宙斯亲眼看到这一事件的严重后果，于是派出神使向得墨忒尔请求，请她重新回到天上，掌管谷物的丰收。经过众神的调解劝说，女神终于答应重返奥林匹斯山，但前提是一定要让珀耳塞福涅重见天日。狡猾的冥王虽然答应了这一要求，然而在珀耳塞福涅临行前，却设计让她吞下一枚鲜红的石榴子。女神见到了失散已久的女儿，二人紧紧拥抱在一起，她的眼里流下激动的泪水，于是大地重新滋润起来，重新长出了小麦、水果和鲜花。可是会面并没有持续很长时间，珀耳塞福涅被迫重返冥府，得墨忒尔禁不住又一次悲伤起来。后来经过众神调解裁决：珀耳塞福涅每年可以有三分之二的时间与母亲团聚，另外三分之一的时间则必须与冥王待在一起。这也就是为什么大地上每年总有那么一段时间作物会停止生长，大地也长不出果实。而珀耳塞福涅所吞下的石榴，似乎也象征着女性由天真到成熟所付出的代价。仿佛《圣经》中夏娃吞下的禁果，从此便由纯洁无瑕的少女变为独立自主的成熟女性。

关于得墨忒尔和珀耳塞福涅的祭祀仪式，由于在厄琉西斯最为盛行，故往往被称为"厄琉西斯秘密祭典"，正如酒神狄奥尼索斯崇拜和俄耳甫斯教仪式是为庆贺二人的起死回生，受它们影响的厄琉西斯祭典也是为了庆贺一年一度的珀耳塞福涅的重返人间。祭典的仪式非常复杂，后世对其内容往往知之甚少，但它的重要性却是无论如何不能忽视的。

古代神话中还提到得墨忒尔与克里特农神伊阿西翁的婚姻——他们是在播种三次的田地上结婚的，后来生下财神普鲁托（或普鲁同）。古代人们认为地下埋藏着丰富的资源和财物，因此对财神的崇拜也可视为农神崇拜的一种延伸。

神话中关于珀耳塞福涅独立的故事似乎只有一个，那就是英雄忒修斯帮助他的朋友珀里托俄斯试图从冥国劫取珀耳塞福涅，结果被冥王施计钉在地狱的岩石上。忒修斯一直要到另外一位大英雄赫拉克勒斯闯入冥府才能将他解救出去，而珀里托俄斯则必须永久地待在那里，因为他梦寐以求的便是和高贵典雅的冥后珀耳塞福涅永远生活在一起。

赫尔墨斯与潘神

赫尔墨斯是宙斯和神女迈亚的儿子，是诸神的使者。和奥林匹斯神系的诸神一样，他本来是古代阿卡狄亚地方的神祇，后来才成为畜牧之神和牧人的保护神。传说是他第一个教会人们在祭坛上点火，通过焚化祭品向诸神表示敬意。被归入奥林匹斯新神谱系后，他的职能越来越多，不仅是诸神的使者，宙斯的传旨者，也成为伴送亡灵前往哈得斯主宰的冥国的亡灵接引者。到了罗马时代，对他的崇拜又和当地的墨丘利崇拜结合在一起，于是他又成为商业和商人的保护神——在公元前五世纪的罗马，商业发达，他的神庙规模宏大，对他的崇祭也相当普及。

和阿尔忒弥斯一样，赫尔墨斯也是属于早熟型的神祇。神话说他出生在阿卡狄亚的一个山洞里。刚出生还不到一天，他就可以到洞外去玩耍，并在那里捡到一只小乌龟，他用龟壳和芦苇竟制造出世上第一把竖琴。琴弦发出和谐悦耳的声音，使得天上的众神都禁不住心驰神往。于是立刻将他接到天上。由于他的反应灵敏，动作迅疾，因此很快便得到主神的青睐，让他担任神使，在天上和人间来来往往地传达神的旨意。也正因为如此，几乎神话中的每一个重大历史事件，无论是诸神之间的不和与纷争，还是人间英雄斩妖伏魔的冒险经历，都可以看到赫尔墨斯奉宙斯指令在其中奔走劳碌的身影。甚至主神宙斯在人间的风流韵事，也少不了他参与其中。

可是他的耿耿忠心和恪尽职守在很多时候倒更像是为虎作伥。比如在著名的伊俄事件中，宙斯爱上河神伊那科斯的女儿伊俄，引起天后赫拉的嫉妒。可是当天后怒气冲冲赶到的时候，宙斯已将伊俄变成一只小牡牛。赫拉要走了这只牡牛，并交给她忠实的仆人和卫士百眼巨人阿尔戈斯看管。巨人即使在睡觉之时，也总有五十只眼保持警惕的状态。于是宙斯便派遣赫尔墨斯去将伊俄解救出来。神使先是假意和巨人攀谈，然后又拿出笛子开始吹奏悦耳的乐曲。阿尔戈斯在美妙音乐的陶醉下迷失了自我——倦意向他袭来，一百只眼也相继闭上。在他熟睡之后，神使轻易地将巨人杀死并解救了伊俄。后来赫拉为了哀悼和纪念阿尔戈斯（一说为了惩罚他的玩忽职守），便用他的一百只眼装饰她的圣物孔雀——于是后来孔雀便有了五彩缤纷的尾巴。

赫尔墨斯和太阳神一样，心灵手巧，精通音乐，同时又都非常善于预言未来。说到他们最初的交往，也非常有趣。阿波罗因为曾经杀死替宙斯制造工具的巨人而被判处苦役，在皮埃里亚山间牧牛，出生不久的赫尔墨斯看到肥壮的牛群从眼前经过，便偷偷地盗走五十头牛，赶着它们倒着走到他藏身的山洞。阿波罗发现牛群被盗以后，四处搜寻，后来通过占卜终于找到赫尔墨斯所在的山洞。而后者却百般抵赖，使得太阳神非常恼火。在诸神的劝解之下，赫尔墨斯终于归还了牛群。同时为了平息太阳神的怒火，他取出自造的竖琴，开始弹奏优美的乐章，使得主管音乐的太阳神也陶醉不已，忘记了从前的不快。从此两位神祇便成为要好的朋友，赫尔墨斯将竖琴赠给阿波罗，作为回报，太阳神则教会他用小石子占卜的技术。后来赫尔墨斯又成为小偷和窃贼的保护神，显然和这个故事大有关系。传说他日后又将盗窃的技术传给他和喀俄涅所生的儿子奥托吕科斯，后者以欺诈和盗窃之术而闻名，并能够随意变化自己的形体。

赫尔墨斯和他的父亲一样子女众多，除了著名的牧神潘以外，有一名叫达佛尼斯的牧羊人，是他和山林仙女所生。达佛尼斯是个长相英俊的美男子，牧神潘亲自教他音乐。他善于吹奏排箫，引发众多山林水泽仙子的爱慕之情。其中一名神女诺弥亚终于将他征服，并使他立下誓言，日后倘若除她以外，他又爱上别的女人，就要让他双目失明。后来，有一天达佛尼斯去很远的地方打猎，遭遇当地一位美貌的公主。公主对他一见倾心，百般逗弄，最终将他俘虏。神女诺弥亚在闻讯以后，立刻施展法术使他双目失明。失去了光明的达佛尼斯先是在海岛各处流浪，以吹奏排箫自慰，后来不幸从一块岩石上坠海而死。赫尔墨斯为了哀悼他的悲惨命运，下令让他坠海的地方喷涌出一泓泉水，作为对他的纪念。

神使赫尔墨斯同时还是旅行和旅行者的保护神。由于他使得航船一帆风顺，破浪前行，商人们自然也就财源滚滚，获利多多，因此他又成了商业和获利的保护神。作为亡灵的接引者，他又是天神宙斯与冥王哈得斯之间的连接纽带，无论是半人半神或英雄猛将，死后都必须在他的导引下，渡过客戎把持的冥河，到达阴森恐怖的冥府。此外，由于他的职责是传达并解释神的旨意，他也就练就一副能言善辩的好口才。后来他被视为演讲术的保护神，显然与此有关，现代英语中阐释学（hermeneutics）一词也由此变化而来。

在赫尔墨斯的众子女中，最富有传奇色彩的便是牧神潘——后来成为酒神狄奥尼索斯随从的潘神。他也出生在阿尔卡狄亚，是神使与国王德律俄普斯之女所生的儿子。据说潘一生下来，便是浑身毛发，头上长角，既有山羊蹄子又有胡须和尾巴。母亲看到他可怖的长相，只好将他抛弃。赫尔墨斯将孩子捡起，送到奥林匹斯山，他那滑稽的长相使得众神哈哈大笑。他们都很喜欢这个小孩，便给他取名潘，并允许他加入了诸神的行列（潘在希腊语中是"全"的意思，可能是要借此说明当时奥林匹斯教在整个希腊地区传播的广泛性）。

潘被称为牧人、猎人和渔夫的保护神。和酒神一样，他是一位天性快乐无忧无虑的神祇。他时常徜徉于山林之中，和众仙子一道翩翩起舞，有时还会吹奏起自己发明的芦笛为大家助兴——说到芦笛的发明，它的背后还有一段动人的爱情故事。传说山林仙女绪任克斯是狩猎女神阿尔忒弥斯的侍女。和处女神一样，她也立誓终身不嫁。可潘神却对她迷恋不已，苦苦向她求婚。有一回为了逃避潘的纠缠，仙女开始飞奔，而潘神也穷追不舍。情急之下，她向姐妹水神求助，投入河中化为芦苇。黯然绝望的潘便割下几根芦苇剪削粘牢，由此发明乐器芦笛，以纪念自己的恋人绪任克斯。

关于潘神的另一则爱情故事同样也是以悲剧而告终。传说他曾与北风神玻瑞阿斯一道向美丽的神女彼蒂斯求爱。神女爱上了潘，使得北风神非常嫉妒。有一天求婚未遂因而恼羞成怒的北风神狂怒地扑向神女，并将她推落下悬崖致死。众神可怜她的不幸遭遇，将她变为一株松柏。潘神为了纪念她，用松叶做成自己的冠冕——时至今日，每当北风呼啸时，松树就会发出呻吟，似乎代表了神女和潘的哀伤。

也许正因为爱情不幸，生性快乐的潘时常有孤寂一人沉思默想的时候。或许这时他是在怀念逝去的恋人，所以不希望被打搅。传说倘若在这时候有谁胆敢搅乱他的思绪，他就会让那些人体会到"丧魂落魄"的恐惧——只要他大吼一声，他们大多会魂飞魄散，纷纷逃跑——据说，这也是英文中单词恐慌（panic）的来历。

阿瑞斯

战神阿瑞斯是宙斯和赫拉的儿子。他骁勇善战，嗜杀成性，而且在战斗中常常不分敌我，逢人便杀，被认为是凶残好战的化身。崇尚理性的希腊社会对他的崇拜显然不及奥林匹斯其他诸神，史料中几乎没有记载对他的祀奉。只是到了荷马史诗当中，也许因为描写大规模战争场面的需要，阿瑞斯才在诸神中占有一席之地，但往往是作为受到严厉批判和嘲弄的对象。众神之王宙斯就曾经公开谴责阿瑞斯是"诸神当中最让人憎恶的"；太阳神阿波罗也时常讥笑他有勇无谋；智慧女神雅典娜更是处处与之为敌——所有这些或许都代表了"仁慈""正直"、以捍卫世间公理为己任的奥林匹斯众神对滥杀无辜的卑劣行径的不满。直到罗马时代，当阿瑞斯与意大利的农神和战争之神玛尔斯的崇拜合为一体以后，他的威望才迅速提高。玛尔斯被认为是传说中罗马城的建造者——罗穆路斯和瑞穆斯的父亲——因此对他的崇拜也就与对主神朱庇特的崇拜一样享有崇高的地位，而阿瑞斯（或玛尔斯）也就成了罗马最重要，也是最受尊敬的神祇之一。从神话中战神的遭遇，似乎也可以看出希腊社会及民众和罗马社会及民众的价值取向是大异其趣的。

关于阿瑞斯的神话中最著名的一则是关于他和爱神阿芙洛狄特偷欢的故事。爱神嫁给天生跛足的火神和匠神赫淮斯托斯，后者整天醉心于宫殿的建造与器具的锻炼，而很少回家与爱神团聚。孤独寂寞然而又满怀激情的爱神很快便与英俊威猛的战神坠入情网。害怕天亮后被无所不见的太阳神觉察其隐情，每次与爱神偷欢的时候，阿瑞斯总要派他的青年卫士阿力克提翁在门口通风报信。可是某天，由于青年贪睡而忘记了他的职责，阿瑞斯与阿芙洛狄特的奸情就被太阳神所洞察。聪明正直的太阳神对二人的丑恶行径感到非常生气，便向火神揭发这一桩隐私。赫淮斯托斯闻听以后决意报复。他用钢丝织成一张隐形之网，然后在二人肆意欢娱之时，丝网自动降下将二人套牢——他们无论如何挣扎都无法摆脱它的束缚。奥林匹斯的众神都赶来围观，阿波罗和赫尔墨斯更借机将阿瑞斯狠狠地嘲笑了一番。后来在宙斯的调停下，火神才答应将二人释放。阿芙洛狄特由于羞愧难当回到她的出生地塞浦路斯岛，阿瑞斯也躲到荒凉的色雷斯去隐居，可是临走他还不忘将青年阿力克提翁变成一只永远给人报晓的公鸡——以惩罚他的玩忽职守。

这则神话中战神与爱神的结合，虽然看上去有些出乎意料，荒诞不经，但或许正可以说明战争与爱情之间的暧昧关系。也许本来它们就是相依相伴，如影随形。有学者解释说：阿瑞斯在阿芙洛狄特怀抱里这一传说也许是要说明在暴风雨过后便是明媚的春光，天空晴朗，大地是一片诱人的生机勃勃的景象——阿瑞斯息怒后，像一切生灵一样，也被爱神强大的魅力所陶醉。

生性好战的阿瑞斯常常也是战争的煽动者——金苹果事件的策划者不和女神据说就是他的妻子。而当在帕里斯裁判中落败的阿芙洛狄特向他诉求时，他更是不遗余力上蹿下跳，鼓动众神参加到这一场大战中去。他本人更是经常赤膊上阵，大打出手。荷马史诗中最著名的战斗场景之一便发生在帮助特洛伊一方的阿瑞斯和希腊将领狄奥墨得斯之间，后者是希腊军中仅次于阿喀琉斯的勇将——他不仅敢于和特洛伊第一猛将赫克托耳交手（并曾险些将其斩落马下），甚至也敢与强大的神祇开战。在战斗中，他先是打败阿芙洛狄特，在怒冲冲赶来兴师问罪的阿瑞斯面前也毫无惧色，与之鏖战。搏斗中战神受伤（并流出神样的鲜血，像荷马所说的那样），只好仓皇逃回天上，在人间又留下一段笑柄。

也许是同样嗜杀好战的缘故，神话中将阿瑞斯认为是女斗士阿玛宗人的始祖，同时也是众多喜好战斗的英雄和凶残的强盗的父亲。据说他和神女库瑞涅生有众多子女，如得摩斯，后来成了吓人的精灵（今天英语中 demon 一字仍然保留了这一义项）。还有抢马贼奇克诺斯（又名狄奥墨得斯），他专门截获路人并杀死他们，用以喂养自己的烈马。后来遇到大英雄赫拉克勒斯，竟想抢劫英雄手中的盾牌。赫拉克勒斯将他杀死后，也将他抛去喂养那些吃人的烈马，可谓以其人之道反治其人之身。脾气暴躁的阿瑞斯闻讯后赶到，和英雄展开一场殊死的搏斗。由于智慧女神雅典娜暗中相助，这一次赫拉克勒斯的长矛狠狠地刺中他的大腿，使之身受重伤，只好垂头丧气地返回奥林匹斯山去疗伤。

此外，阿瑞斯和阿芙洛狄特也生有若干子女，如福波斯（今天英语中 phobia 一字仍有恐惧的意思）和哈耳摩尼亚（harmonia，和谐）。哈耳摩尼亚后来与播种龙齿的英雄卡德摩斯结婚。在婚礼上，众神都赶来庆贺并赠送礼品。可是奇怪的是，作为"和谐"象征的哈耳摩尼亚，她的众多子女如伊诺，塞墨勒和阿高厄却都横遭命运的摧折而惨死——可能也说明古希腊人对生死无常的运命的恐惧和担忧。神话中片刻安宁和谐的场景过后，常常会有重大的灾难或不幸事件继之而起，也正是这样一种思想的体现。

关于阿瑞斯的出生，另有一则神异的传说。当赫拉看到宙斯独自生下雅典娜以后，据说她非常恼火，便向上苍乞求让她独自生下一个孩子。后来，她下凡到人间一片鸟语花香的平原，以手触摸其中一朵神奇的小花，便怀孕生下阿瑞斯。这一则后起的传说似乎可以用来解释战神的性格特征为何与奥林匹斯诸神迥异：因为缺乏父爱，又为母亲负气所生，因此他的性格执拗脾气暴戾也就可以理解了。

在罗马时代，对阿瑞斯（玛尔斯）的崇拜达到巅峰。罗马城中演兵场便是献给他的，称玛尔斯广场。在玛尔斯节庆期间，他的崇拜者会举行盛大而隆重的持盾游行仪式。甚至罗马年的第一个月也是献给他的（March），因为玛尔斯的节庆在该月举行。为了纪念他的不朽，人们还将遥远天上的一颗行星命名为玛尔斯（Mars，火星），而文学中习见的"玛尔斯的事业"一语也几乎成为众所周知的战争的代名词。

狄奥尼索斯

酒神狄奥尼索斯（或巴库斯）是奥林匹斯诸神中最具异域色彩的神祇。神话说他是宙斯与塞墨勒的儿子。塞墨勒怀孕后，生性好妒的赫拉想出一个报复她的计策。她先是化装成塞墨勒的乳母，说服她让宙斯答应她的请求，即以众神之王威严的真面目出现在她面前。可怜的塞墨勒轻信了赫拉的话，而宙斯在立誓以后也无法再反悔（犹如太阳神答应让儿子法厄同驾驶他的太阳车一样）。这样，凡人塞墨勒便被雷电之火烧焦。宙斯将胎儿从灰烬中取出，缝进自己的髀肉中。胎儿在宙斯的髀肉中迅速地成长起来，于是不久，便有了第二次出生。据说是神使赫尔墨斯奉宙斯之命将狄奥尼索斯交给尼莎山的神女抚养，酒神在大地上游历很久以后，才重新回到奥林匹斯山上。

在赫耳俄德的《神谱》和荷马史诗中，狄奥尼索斯并不在主要神祇之列。即使到了后来，对他的崇拜在贵族阶层中也不太流行，倒是在中下层平民百姓中，酒神享有广泛的崇拜，尤其是在广大平民妇女当中。只是到了民主雅典时代，葡萄种植业已成为农业的重要支柱之一，对他的崇拜才日益盛行起来。参加酒神庆典游行队伍的几乎全是女性，她们常常头戴常春藤冠，身披兽皮，手里拿着酒神的圣物酒神杖。由于她们高声喧哗，狂歌乱舞，因此被称为"酒神的狂女"（迈那得斯）。正是这些"狂女"在酒神周游希腊各地时对他的追随和崇拜，才使得后来对狄奥尼索斯的崇拜传遍希腊全境，他由此也成为奥林匹斯神祇中最晚加入的一个。据说又由于他的影响，他的母亲塞墨勒也成为天上的神祇。

幼时的狄奥尼索斯居住在尼莎山的山洞里，洞壁四周是葡萄树和常春藤。随着酒神渐渐长大，他周围的植物也在繁茂地生长。有一天，他无意中将摘下的葡萄汁挤到金杯里，便酿出了红葡萄酒。山林神仙闻讯后都赶来举杯欢庆。而生性豪放的酒神却决定离开尼莎山去周游世界，将这样一种造福于民的技艺（种植葡萄和酿造葡萄酒）传遍四面八方。

当酒神走遍希腊全境传播技艺的时候，他曾和希腊境内的若干国王和豪强势力发生冲突，可能也反映了酒神崇拜传入希腊之初，在当地所受到的顽强抵抗。而其中较著名的便是色雷西亚国王吕枯耳戈斯和忒拜国王彭透斯的故事。

传说当酒神及其随从步入色雷西亚国境以后，国王吕枯耳戈斯下令将他们驱逐出境，因为这扰乱了当地居民安宁的生活。由于受到这样不公正的待遇，酒神（一说为宙斯）施展法力使得吕枯耳戈斯的国土成为不毛之地。同时使得国王本人也丧失了理智。在一次疯病发作时，他亲手杀死自己的儿子并由此而遭流放。当他被流放到潘该俄斯山后，被马群肢解而死。

另一则彭透斯的故事情节也大体相似。这位忒拜国王对于表弟狄奥尼索斯的光临深表不满，下令当地妇女（包括他的母亲阿高厄在内）禁止参加酒神的庆典，并派人将酒神抓获关入监牢。

在成功地逃脱之后，酒神使得彭透斯意乱神迷。当他步入山林之中试图窥探酒神庆典的礼仪时，被一群疯狂的妇女（在其母阿高厄率领下）捕获，撕得粉碎。

酒神虽然对于那些仇视他的人深恶痛绝并且给予严厉的惩罚，可对于他的朋友和随从，却非常和蔼可亲，充满人情味。在返回希腊的途中，当他从伊卡里亚岛去往那克索斯岛时，船上的海盗凶神恶煞般地给他戴上镣铐，打算将他作为奴隶卖掉。只有善良的舵手表达了对他的同情。后来酒神变为狂暴的狮子向众盗扑去，惊恐万状的海盗纷纷落入大海，全部变为海豚。而好心的舵手，在被酒神救起以后则成为酒神忠实的侍从和伴侣。

到达阿提卡地区后，酒神受到当地居民伊卡里俄斯的热情接待。为了感谢他的热忱，临行前酒神向他赠送一皮囊酒，并教给他酿造葡萄酒的技术。后来有几个牧人在品尝他的酒后大醉不醒，其他人误以为牧人被伊卡里俄斯谋杀，便将其杀死并埋于树下。伊卡里俄斯的女儿在一条狗的带领下找到父亲的尸体，万分悲痛，自缢身死。狄奥尼索斯闻讯后，立刻降下鼠疫惩罚阿提卡，直到当地人们尊崇伊卡里俄斯父女为英雄，酒神的愤怒才得以平息。

另外一位名叫安珀罗斯的青年也是酒神的伴侣和朋友，很受酒神的宠爱。据说狄奥尼索斯曾经赠给他一串葡萄，并将它挂在一株大榆树上。当安珀罗斯上树去摘取时，却不幸失足而摔死。酒神为了哀悼他，后来将他变为一个星座。由于安珀罗斯一字意为"葡萄藤"，于是产生了另一则神话，说酒神的宠人安珀罗斯不幸被公牛吞吃以后，酒神极度哀伤，他的眼泪滴落在安珀罗斯身上便化成了葡萄藤。

酒神虽然四处游历纵情狂欢，但关于他的爱情，流传的故事却不很多（也许是他经常大醉酩酊，不省人事的缘故吧）。其中最著名的一则发生在他抵达那克索斯岛以后，在那里他遇到被英雄忒修斯遗弃的姑娘阿里阿德涅。他将终日以泪洗面的姑娘救起，而阿里阿德涅也被酒神英俊的面容和热忱的态度所打动。在他们结婚的日子里，酒神的随从和伴侣全都赶到这里庆贺。而在一番狂欢以后，据说酒神便和他新婚的爱人乘坐金色的马车去往遥远的国度欢度蜜月，与他的游荡生涯永久告别。

在酒神的伴侣中，除了大名鼎鼎的牧神潘以外，还有一大群森林之神萨提尔（或萨堤洛斯）。他们往往是半人半羊的形状，在喝得半醉以后纵情狂舞，或在森林中游荡，追逐神女。这些鬼怪精灵身上所表现出的惰性和淫荡之性，也许正是酒神狂放不羁的特性的一种写照。

此外，酒神身边还有一位极其可爱的人物，即他的朋友和老师西勒诺斯。据说西勒诺斯是赫尔墨斯的儿子，是个充满快乐、心地善良的人。由于酗酒，他的身体肥胖，已无法走动，只能在萨堤洛斯的搀扶下，以毛驴代步。他的特长在于可以预言未来，荷马史诗中常有英雄因此而绑架西勒诺斯令他占卜未来的故事。关于西勒诺斯最著名的传说，则与克里特国王弥达斯有关——这位富甲一方的国王释放了被俘的大腹便便的西勒诺斯，作为回报，他从酒神处得到了点金术——结果触手成金的法术却差点使他饥饿而死，只好请求酒神解除这一法术。

和歌手俄耳甫斯一样，酒神也曾经深入冥府，并成功地解救他的母亲塞墨勒。酒神既被视为植物神，也就成为自然界死而复生之神。在纪念酒神重生的庆典上，其祭祀仪式与古代的魔法化装仪式紧密相连——由此也产生出希腊的戏剧（由羊人剧演化而来）：悲剧和喜剧。这似乎也从另一个侧面说明所谓狄奥尼索斯教的原始性和民间性。

另外，后起的俄耳甫斯教也有一则关于酒神重生的传说。他们认为酒神的原名为扎格柔斯，是宙斯与冥后珀耳塞福涅所生。扎格柔斯后来被仇视宙斯的提坦众神设计杀死并肢解。幸而智慧女神雅典娜及时抢出他的心脏。宙斯后来将它交给塞墨涅，于是由她重新分娩，并改名为狄奥尼索斯。愤怒的宙斯则当场用雷电将提坦众神化为灰烬——据说人类便由此灰烬中产生。这则神话似乎可以解释为什么今日人性当中既有恶魔（提坦）般的邪恶，又有天使般的善良——而二者显然又是相互依存，连为一体的。

阿波罗

太阳神阿波罗是奥林匹斯教最重要的神祇之一，是众神之父宙斯和黑夜女神勒托的儿子，月亮女神阿尔忒弥斯的兄弟。虽然阿波罗被认为是最具希腊精神和特质的神祇，然而考古学家却证明对他的崇拜事实上并非起源于希腊诸岛，而是起源于小亚细亚。阿波罗许多主要的神庙都建在小亚细亚，而他的名字据说也来自那里，其词根的意义是"门户"，他的别名之一——阿波罗·透赖俄斯（意即门户）可以为证。同时他也被认为最初是保佑家宅或城市平安的门神（相当于罗马神话中的门神雅努斯）。对他的崇拜发源于远古时代的图腾崇拜，因为在他的若干别名中，既有吕刻俄斯（狼的），又有斯明透斯（鼠的）这些名称。后来又因为他和医神阿斯克勒庇俄斯有血统关系的神话，他成为祛灾之神。据说他发射出的神箭既可以使凡人生病（古人认为人的暴卒是因为被阿波罗之箭射中），又可以治愈他们的疾病。在荷马史诗中，阿波罗还有一个名字福玻斯，意为光明灿烂的，这显然是奥林匹斯教的地位确立以后，阿波罗取代了当地的提坦女神——福柏（一说福柏是阿波罗的外祖母）的崇拜而成为新的太阳神。旧一代的神祇赫利俄斯（职司光明）后来也让位于阿波罗。这样他就成为集多种职能于一身并在诸神中占据重要地位的神祇。

阿波罗出生于得洛斯岛。勒托怀孕后，受到好妒成性的天后赫拉残酷地迫害，禁止大地给予她分娩的地方，于是宙斯下令在大海中隆起得洛斯这座岛屿，让勒托生产下狩猎女神阿尔忒弥斯，并在早熟的阿尔忒弥斯的帮助下，顺利地产下太阳神。而该岛后来也成为阿波罗的圣地。

出生不久的太阳神最光辉的业绩，便是他赤手空拳斩杀毒龙的故事。巴那斯山洞里的毒龙皮同是地母盖亚（后为正义女神忒弥斯）神庙的守护神，横行霸道为害一方。因此阿波罗决定为民除害，并在一番搏斗以后，成功地斩杀了毒龙。这样，阿波罗也就顺理成章地成为发布神谕的新主人，而原先的女神只能在他的德尔菲神庙中保留一席之地以志纪念。这一则神话似乎反映出男性之神在取代女神功能的过程中所遭遇到的抵抗和斗争。后来，当地人为了铭记阿波罗的这一功绩，便举办著名的皮提亚竞技会，每三年一次，胜者将戴上月桂树枝编织的桂冠（在希腊时代皮提亚竞技会的重要性仅次于奥林匹斯竞技会）。

在和毒龙做殊死搏斗的过程中，毒龙的污血泼溅到阿波罗身上，因此根据习俗，他必须进行洗礼方能净罪。阿波罗选择自我流放到特萨利亚地方，成为当地国王阿德墨托斯的奴仆，为之服役长达九年时间。这样阿波罗神庙除了发布神谕以外，日后也成为净罪避难的场所。在索福克勒斯悲剧《俄瑞斯特斯》当中，同名主人公在为父（阿伽门农）报仇杀母以后，为逃避复仇女神的惩罚而躲入阿波罗神庙中，并且最后得到宽恕和保护。

也许是神庙原先由女神掌管的缘故，阿波罗神庙的祭司最初都由处女担当。女祭司在净手以后，步入位于地面之下的宝座并端坐于三角凳之上。或许由于深层地下所散发的地气的影响，或许是由于她口中所咀嚼的月桂树叶所产生的力量，她将很快进入沉迷状态，并在此状态下喃喃自语，发出一些含糊不清模棱两可的音节。这些音节由旁人记录下来后再加以阐释，就成了所谓的神谕，而这样的神谕往往被相信是不可改变而且是不可避免的。著名的悲剧人物俄狄浦斯就是在听到他将要杀父娶母的神谕以后才决定逃离家乡浪迹天涯的。他想逃脱这恐怖的命运。然而事实证明他最后还是像神谕所说的那样杀死父亲拉俄斯并娶了自己的母亲伊奥卡斯特。这则故事的教训，正如在该剧的结局部分歌队所咏唱的那样："凡人在未死之前，皆不可妄称幸福。"——翻云覆雨的命运，本来就是可能连神祇也无能为力的事情。

阿波罗神庙的祭司，到了后来往往也有由男性来担当的。如在荷马史诗《伊利亚特》中就提到阿波罗的祭司克律塞斯。当希腊人进攻并洗劫克律塞城后，他的女儿克律塞伊斯作为女俘，后来成为联军统帅阿伽门农的战利品。悲痛欲绝的克律塞斯带着赎金向阿伽门农哀告请求归还他的女儿，结果却遭到粗暴拒绝。阿波罗在倾听了克律塞斯的祷告以后，在希腊军中降下瘟疫，阿伽门农最后只好归还克律塞伊斯。同时在特洛伊城内还有另一位女祭司，便是特洛伊国王普里阿摩的女儿卡桑德拉。据说她曾一度燃起阿波罗的爱火，于是太阳神便赋予她预言的才能，可是后来由于她不肯顺从阿波罗的意志，恼火的太阳神又下令使她的预言不为人所信。结果卡桑德拉虽然预见了特洛伊城的陷落，却被当作疯子关押起来。城陷以后她被迫成为阿伽门农的女奴，并在王宫内与国王一道惨遭杀害。

神话中的阿波罗通常是一位长相英俊的美男子，同时也是多才多艺，魅力四射。可这样一位近乎完美的神祇在爱情方面却屡遭挫折，很有些造化弄人的味道。以上阿波罗与卡桑德拉的爱情故事，只不过是他诸多不幸遭遇中的一件而已。

太阳神最初的恋人据说是神女达芙涅。她是河神珀伊斯的女儿，阿波罗被小爱神丘比特金箭射中以后，疯狂地爱上这位神女，可与此同时达芙涅却被丘比特的铅箭射中，因此对太阳神的求爱不仅无动于衷，而且感到厌恶和恐惧。当阿波罗紧追不舍之际，神女向众神求援，变为一株月桂树。太阳神哀伤不已，此后便将月桂树叶编成桂冠（日后这桂冠便成为勇士的冠冕以及诗人和凯旋者的象征），并将此树作为自己的圣树来纪念这一段不幸的爱情。

有一位名叫克吕提的女子迷恋太阳神英俊的面容，可在高天巡游的太阳神却视而不见，于是女孩子由于思念日益憔悴而死。死后化为太阳花（向日葵），每天向着太阳的运行方向转动，直到太阳落山。

另一位俊美的少年雅辛托斯（许阿铿托斯）也曾经激起太阳神的爱恋。后来二人的关系迅速发展到形影不离的地步，据说阿波罗甚至曾因为贪图和他玩耍而几乎遗忘了自己驱赶太阳车的职责。有一天当他们在美丽的湖畔练习掷铁饼游戏时，太阳神掷出的铁饼偏离了正常的轨道而将少年砸死（另外的神话则说是西风神仄托斯由于嫉妒太阳神得到了少年的欢心而故意将铁饼吹离原来的方向）。失手的太阳神痛不欲生（虽然他很想陪伴少年去死，可命运却注定神必须永生不能死亡），他的泪水洒落在少年的身上，开出风信子小花——每当冬去春来，这种花便会绽放出艳丽的花朵。

阿波罗所爱恋的美少年还有一位名叫库帕里索斯。有一次他误杀自己心爱的小鹿，忧伤不已，憔悴而死。同样哀伤的阿波罗便将他变为柏树，后来这柏树便成了墓园四周栽种的丧树——阿波罗以此来寄托他的哀思。

在阿波罗的众多情人中，有一位阿尔戈斯公主普萨玛忒，也遭遇极其悲惨的命运。太阳神与公主相恋，遭到众人的反对。公主忍痛将生下来的儿子利诺斯抛弃，后由牧人将其抚养成人。可在一次打猎时，利诺斯却被发狂的群狗撕咬得粉身碎骨。公主也因此受到牵连被判处死刑。阿波罗闻讯后勃然大怒，在阿尔戈斯全境降下大灾。当地人民为了平息太阳神的愤怒，便创办象征旱灾的"夏节"以纪念利诺斯。另外的一则神话则说，利诺斯继承了太阳神的音乐天赋，是一名出色的音乐家，后来接受延请成为英雄赫拉克勒斯的音乐教师，教他弹奏竖琴。有一次当他处罚这位顽劣的学生时，却不幸被暴怒的赫拉克勒斯用竖琴砸死。

阿波罗的另一次爱情发生在他和大洋神女克吕墨涅之间。在生下儿子法厄同（希腊语"熊熊燃烧"的，在荷马史诗中是旧太阳神赫利俄斯的别号）之后，阿波罗重返天上。长大以后的青年法厄同上天与太阳神会面，并恳请太阳神立誓让他驾驶太阳车在太空巡游一圈。由于天神也无法反悔对着斯塔克斯冥河立下的誓言，太阳神只好同意让儿子冒险驾车。太阳车在稚嫩的少年的驾驶下很快偏离轨道，向着下界疾驶而去。地面山川顷刻间便熊熊点燃，由于极度的炽热，甚至连江河大海也开始燃烧起来。为了拯救大地上的人民，宙斯用雷电击落太阳车，法厄同也坠入大海而死。据说法厄同的姊妹——赫利阿得斯姊妹由于亲眼目睹兄弟的惨死而哀号不已，结果都变为白杨树，而她们的眼泪也都化为琥珀。阿波罗在悲愤之中，决定向主神宙斯复仇，将为主神提供作案工具——雷电棒的锻造者巨人库克罗普斯全部杀光。

被宙斯杀死的还有阿波罗的另一个儿子医神阿斯克勒庇俄斯。这是太阳神和国王佛勒古阿斯的女儿科洛尼斯结合的产物。科洛尼斯在阿波罗上天以后，和一个凡人伊斯库斯产生私情。由于一只多嘴的乌鸦向太阳神报告这一隐私，太阳神决定对变心的科洛尼斯实施惩罚——不忍心亲手射杀过去的恋人，他向姐姐阿尔忒弥斯求助，并由后者将科洛尼斯射死。

在科洛尼斯死后，阿波罗将年幼的阿斯克勒庇俄斯交由马人喀戎抚养。聪慧的导师喀戎传授了学生关于各种野生植物神奇的功能和治病救人的方法，而同样聪慧的学生也很快学会并掌握了这些方法。他开始四处巡游，救死扶伤。据说他曾救助若干猎取金羊毛的阿尔戈斯英雄的生命，并曾经将已经死去的凡人从死神手中抢夺回来。宙斯害怕这样会扰乱世界正常的秩序，便下令巨人库克罗普斯锻造雷电棒将他劈死（也有神话说阿波罗此时才将巨人杀死，而不是在法厄同死后）。阿斯克勒庇俄斯虽然惨死，却被怀念他的人们尊称为医神，和阿波罗一道享受祭祀。后来的神话说他还在世上留下一位健壮美丽的女儿许革亚（健康女神），成为健康的象征。

一生遭受无数打击的太阳神对待他的敌人同样也是残酷打击，严惩不贷。他曾和其姊阿尔忒弥斯一道射杀企图侮辱女神勒托的巨人提坦俄斯。对敢于嘲笑勒托的尼俄柏，也将其众多子女一一射杀。而其中最令人发指的一件，莫过于将河神玛耳绪阿斯残杀并剥皮的故事。

阿波罗曾经用他牧养的牛群换取了神使赫尔墨斯所发明的七

弦琴，凭着他的聪明才智，由此他也成为音乐之神。可是河神在拾到雅典娜扔掉的长笛后，却自不量力，竟想与阿波罗较量一番吹笛的技巧。结果多数裁判判定太阳神获胜，于是按照事先的约定，阿波罗便将他的皮剥去，悬挂在佛律葵亚地方的一株树上以示惩罚。而那一位胆敢判定玛耳绪阿斯为胜者的国王弥达斯，也遭到严惩——太阳神为了惩戒国王缺乏鉴赏力，让他长出一对驴耳朵。另外，作为掌管音乐的神祇，阿波罗还和缪斯九女神之一的卡利俄珀结合生下歌唱家俄耳甫斯。

与热情狂放的酒神狄奥尼索斯不同，太阳神经常以一副沉静庄严的形象出现在世人面前。如果说前者代表了人性中非理性的放纵的本性的话，后者却恰恰相反——代表了人性中极富理性的善于在静默中反思（观照）自我的本性。也许这一点正好投合了希腊人理想的人（和神）的标准。据说每年冬季，阿波罗总会去遥远的北方度假，而这时他的神庙及其他职能便交由酒神代管——在绝大部分时间的自我约束和反思以后，太阳神可能也像普通人一样，需要找一个地方休闲放纵一番——这似乎也可以解释为什么人的一生中总是充满着理性与非理性的冲突和斗争。

珀耳修斯

珀耳修斯是阿尔戈斯传说中的英雄。与后起的英雄忒修斯或赫拉克勒斯等一样，他也有神的血统（宙斯之子），因而具有常人所不具备的勇气、力量和技艺，同时也具有很强的冒险精神，敢于面对任何几乎是"不可能的"挑战，并且凭借智慧和胆识（通常也有天神的帮助）克服困难取得最后的胜利。作为人类杰出代表的英雄，他们的业绩也受到众神的赞赏和褒扬（通常在死后升天成为某个星座，从而可以永久地享受人类的瞻仰和崇拜）。然而作为早期英雄的代表人物，珀耳修斯身上又体现出一些与后起的英雄不同的特点，而所有这些特点，都可以从他的斩杀女怪美杜莎及其他一些冒险传奇故事中反映出来。

珀耳修斯的母亲达娜厄是阿尔戈斯国的公主。国王阿克里西俄斯由于没有王子继位，赶到德尔菲神庙请求神谕。可神谕却给了他更为沉重的打击：他不仅命中注定没有王子，而且将被他女儿生出的儿子（即外孙）杀死。作为一国之君，他不能亲手杀死自己的女儿（否则将遭到复仇女神严厉的惩罚）。于是下令将达娜厄关在一座严严实实的铜塔之中，以为这样就没有人可以接近她。

可是时刻关注人间美色的主神宙斯却被达娜厄的美貌所打动，他化作一团金雨进入铜塔之中。公主因而怀孕并秘密地产下珀耳修斯。国王获悉外孙的诞生，不仅没有欣喜之情，反而感到心情沉重。同样他也不能杀害自己的外孙。于是国王下令将女儿和外孙一道装进一只箱子并扔到大海里，以为这样就可以逃脱神谕中那可怕的结局。可是主神宙斯不会坐视达娜厄母子在海中淹没而不管，他使大海中的波涛平息下来，将装在箱子中的母子俩平安地送到了爱琴海西部的塞里福斯岛，并让好心的渔夫狄克提斯将他们救起。渔夫收留了母子二人，可是不久这消息就被他的哥哥、当地国王波吕得克忒斯听到。国王对达娜厄的美色垂涎不已，开始了对她近乎狂热地追求，可是迅速长大的（极其神异的）珀耳修斯却成为国王求婚最坚决的反对者和最大的障碍。

为了去除这一障碍，狡猾的国王假意倡议年轻人应当干出一番惊天动地的事迹来名垂青史：去获取著名的女妖戈耳工三姐妹之一——美杜莎的头颅。而根据神话，任何人只要一看到美杜莎的头颅，就一定会变成一块石头。可是立下誓言的珀耳修斯现在已没有退路，他毅然决然地踏上危难重重杀机四伏的冒险旅程。正如神话中众多英雄的遭遇一样，每当出现这样不可思议的巨大困难之时，总有时刻关注人类命运的上天神祇现身并提供帮助。这一次帮助英雄排忧解难的是神使赫尔墨斯和智慧女神雅典娜。

在天神的启示和引导下，珀耳修斯首先抵达预言老妪——格赖埃姊妹的居处。这是一片荒无人烟的地带，三姐妹一出生就跟她们现在一样老，长着满头白发。她们三人共用一只眼睛和一颗牙齿。珀耳修斯潜伏着，等其中的一个在用完后将眼和牙齿交给另外一人时，出其不意将它们抢夺过来，并以此为代价，胁迫她们说出戈耳工姐妹的住处并获得制服三姐妹所必需的武器——一双飞行鞋，一只可以装盛头颅的皮囊，以及一只据说是冥王哈得斯用作王冠的隐身帽。同时神使还赠予他一柄无坚不摧的青铜宝剑，智慧女神则赠给他一面可以反光的神盾。

三姐妹中只有凡人美杜莎的头颅可以被砍下。当珀耳修斯到达她们居住的山洞以后，三姐妹正在沉睡。他以光亮的神盾为镜反照出美杜莎的形象，并以神使的青铜剑将她的头颅斩下。从美杜莎体内迸出的黑血升上天空，变成一匹腾空而起的神马珀伽索斯（后来被另一位后起的英雄柏勒洛丰制服）。另外又靠着神奇的隐身帽的帮助，他才逃脱愤怒的戈耳工姐妹的追赶。带着美杜莎的头颅，他脚蹬飞行鞋在太空飞行，所过之处，洒落的黑血据说后来都变成地上的毒蛇。

在珀耳修斯停止飞行以后，他发觉自己来到赫斯珀里得斯圣园附近的阿特拉斯王国。提坦神阿特拉斯在被宙斯打败后被迫以自己的双肩支撑宇宙大地，同时还负责看管长满金苹果的圣园。

他将贸然闯入的珀耳修斯视为盗贼并且呵斥他离开，后者被逼无奈只好高举起美杜莎的头颅，于是巨人阿特拉斯顷刻间化为一座山脉——他的胡须毛发变为森林，骨头则化为岩石。此后不再是巨人的双肩托举苍穹，而是阿特拉斯山顶着苍天。

后来，珀耳修斯又来到东方国度埃塞俄比亚，刻甫斯是那里的国王。王后卡西俄珀亚骄傲地声称自己比海中的任何一位神女都更加漂亮，这使得海神波塞冬大为生气。他派遣海怪骚扰当地的居民。神谕说只有将国王美貌的女儿安德洛美达绑在海边的峭壁上让海怪吞食，才可能消解这一场灾难。富于正义感的珀耳修斯决定暂时停留和海怪搏斗，救出无辜的姑娘，并为民除害。在搏斗中，英雄将海怪击沉入海底，从而成功地解救出姑娘。国王刻甫斯满怀感激，决定成就二人的美满婚姻。可是在成婚的当晚公主的叔父菲纽斯却带人闯入王宫，试图以武力夺取安德洛美达，结果英雄将美杜莎头颅扬起，将他们全部化作石头。

珀耳修斯终于安全地返回到塞里福斯岛，并同为躲避国王波吕得克忒斯的纠缠而在神庙中避难的母亲达娜厄相聚。凶残的国王设计欲加害珀耳修斯，结果却被神奇的美杜莎的头颅变为一尊石头塑像。在和母亲团聚以后，英雄将借来斩妖的宝物归还给神使，同时将美杜莎的头颅奉献给雅典娜（成为她盾牌上的装饰品）。

由于长期在外漂泊，珀耳修斯和母亲以及妻子一道决定返回阿尔戈斯去探望年迈的国王。老王阿克里西俄斯仍记着先知的预言，闻讯后躲避到拉里萨地区，珀耳修斯也化装跟到那里。在当地的一次竞技会上，珀耳修斯无意中扔出的铁饼砸死一位老人，那正是他的外祖父——神谕至此终于应验。

珀耳修斯不忍继承外祖父的王位，同时，为了净化自己弑亲的罪孽，他决定和表弟提任斯的国王墨伽彭忒交换王位。若干年后，他才重新回到阿尔戈斯，在那里发展出一套深得人心的民主制度——后来推广到雅典城邦——他本人也成为受人拥戴的贤明君主。他和安德洛美达生有众多子女，其中的佩耳斯据说是后来波斯人的祖先，另一个儿子厄勒克特律翁则是阿尔克墨涅之父，即大英雄赫拉克勒斯的外祖父。

和后起的英雄不同，珀耳修斯在年青时完成他的冒险经历以后，安然返回故里，并在那里和妻子生儿育女，享受平静的家庭生活。无论是斩妖救母，还是救助落难的少女安德洛美达，都反映出他对女性的尊重和友好态度——这从雅典娜女神对他的帮助中可以看出。这和日后终身征战漂泊毫无家庭观念的英雄形象截然不同。据说在珀耳修斯死后，众神为了表彰他的业绩，分别将他和安德洛美达变成天上的英仙星座和仙女星座，让他们享有永生的天神一样的荣耀。

赫拉克勒斯

赫拉克勒斯是希腊最伟大的英雄，在雅典以外的希腊诸岛受到广泛崇拜（雅典人心目中的英雄则是智勇双全的忒修斯）。远在荷马史诗《伊利亚特》和《奥德赛》之前出现的诗歌，已经在歌颂他的业绩。品达洛斯则讲述了这位希腊最负盛名的英雄婴儿时代和少年时代的故事。他是主神宙斯和提任斯王后阿尔克墨涅所生的儿子。宙斯乘国王安菲特律翁外出征战之机，乔装成国王的模样与王后交欢，生下赫拉克勒斯。在王后即将分娩之际，宙斯决定让即将诞生的英雄成为王后所在的珀耳修斯族人和其他凡人的统治者。可是善嫉的赫拉却强行推迟王后的分娩，她使得珀耳修斯的孙子欧律斯透斯提前出世，这样也就注定赫拉克勒斯必须听从欧律斯透斯的号令。

在阿尔克墨涅的孪生子赫拉克勒斯和伊菲克勒斯（安菲特律翁之子）降生之际，赫拉派遣两条巨蛇去到婴儿身边（一说为安菲特律翁所遣，为测试谁是他真正的儿子）。伊菲克勒斯被吓得号啕大哭，而赫拉克勒斯则勇敢地与巨蛇搏斗并将它们扼死。这也是英雄一生无数业绩中最早的一件。宙斯想让他的这个儿子获得不朽的天赋和无穷的力量，便让神使赫尔墨斯将孩子领到天上，在天后赫拉熟睡之际，将孩子安放在她身畔。年幼的英雄拼命吮吸天后的乳汁，直到天后从梦中惊醒，愤怒地将他一把推开。据说天后的乳汁泼溅出来，洒满天空，便成了银河。而洒落在地面上的则成为纯净洁白的百合花。

少年英雄渐渐长大。安菲特律翁除了亲自教他驾车的技艺以外，还为他延请当时的名师卡斯托尔教他武艺，欧律托斯教他箭术，奥托吕科斯教他角斗，另外还有利诺斯教他音乐（这些技艺在日后英雄的冒险历程中都发挥出巨大的作用）。后来他还被送到善良正直而聪慧过人的马人喀戎那里学习各种自然科学知识。然而英雄暴躁的天性很快就暴露出来。当音乐教师因为他学习偷懒（或说让他挑选一本好书，他却选择了一本《烹调大全》）而责骂并威胁要处罚他时，赫拉克勒斯一时冲动，挥起竖琴将老师砸死。

提任斯国王安菲特律翁因为杀死叔父迈锡尼国王被赶出迈锡尼王国，后来逃往忒拜投奔国王克瑞翁。赫拉克拉斯从马人喀戎那里学成归来，也返回到忒拜，刚好遇见俄耳科墨诺斯国王的使者向忒拜索取侮辱性的岁贡。富于正义感的英雄决定向俄耳科墨诺斯人开战，一举歼灭来犯大军，并迫使他们加倍偿还巨额的贡品。为了感谢英雄的光辉业绩和功勋，克瑞翁将女儿墨伽拉嫁与赫拉克勒斯为妻。婚后他们生育一子一女，过着幸福而安宁的生活。

可是在天上的赫拉却不会轻易地放过她情敌的儿子。她使赫拉克勒斯发疯进入狂迷状态，并在狂乱之中将妻儿全部杀死。清醒以后，英雄赫拉克勒斯追悔不已，无地自容，想通过自杀来净罪。关键时刻他的伟大的朋友，英雄忒修斯及时赶到并成功地劝阻了他的自杀。他们来到德尔菲神庙——神谕说赫拉克勒斯必须去往提任斯王国，替他的表兄、国王欧律斯透斯服役十年，才能完全净化这一深重的罪恶。于是便有了后来赫拉克勒斯的"十二件业绩"。

英雄的第一项业绩是铲除涅墨亚的猛狮，它在阿尔戈里德山区祸害已久。赫拉克勒斯在使用武器攻击失败以后，徒手与之格斗并最终将其扼杀。为了纪念这一次出征，他剥下狮皮，制成胸甲穿戴在自己身上。

第二项业绩是斩杀勒耳那地方的水蛇。这只九头巨蛇生命力极强，砍下一头又会重新冒出一头。最后在朋友伊俄拉俄斯的帮助下，英雄终于将蛇杀死，并将巨蛇的毒液涂抹在箭锋上使之成为毒箭。

他的第三项业绩是去活捉刻律涅亚山的赤牡鹿。这本是狩猎女神阿尔忒弥斯的贡品，善于奔跑，不知疲倦。英雄用了一年多的时间穷追不舍，最后才在北极附近的水边将它擒获。

第四项业绩是去生擒扰害阿尔卡狄亚地方的厄律曼托斯山野猪。野猪凶猛异常，赫拉克勒斯将它追赶到山谷中，乘野猪精疲力竭时一举将其擒拿。可是在这次捕猎行动中，英雄却被迫与山间的马人发生冲突。他强行吞吃马人福洛斯的陈年佳酿，射杀了一些马人，并无意中伤害了他的老师喀戎，从而留下终生的遗憾。

英雄的第五项业绩是将斯廷法洛斯湖上的怪鸟赶尽杀绝。这些怪鸟是战神阿瑞斯的弟子，它们都长着铜翼、铜嘴和铜爪，专食人肉。英雄先用力敲打铜铙将怪鸟惊起，然后用毒箭将其一一射落。

第六项业绩是清扫奥吉亚斯国王的马厩。马厩已三十年未清扫，厩中马粪堆积如山。英雄在墙上打洞，引来阿尔菲斯河水在一天之内将它清洗干净。

接下来的第七项业绩则是驯服克里特岛上的公牛。这本是克里特国王弥诺斯答应海神波塞冬的祭品，由于国王食言，海神使公牛变得异常凶猛，为害一方。英雄与公牛展开角斗，并成功地将公牛装入事先备好的网袋中，扛回到欧律斯透斯面前。

第八项业绩是战胜喷火的牡马。马的主人是凶残的阿瑞斯的儿子、野蛮部落的国王狄奥墨得斯。他经常杀死色雷斯附近海上的船员以之喂马。赫拉克勒斯只身来到色雷斯，杀死国王并将他投向马厩，然后将众马赶到欧律斯透斯的宫殿前。

英雄的第九项业绩是获取阿玛宗女王希波吕忒的金腰带。这是国王欧律斯透斯的女儿阿得墨托斯提出的要求，据说腰带本是爱神阿芙洛狄特赠给战神阿瑞斯的信物，战神又将它转赠给自己的情人希波吕忒。女王对英雄一见钟情，慷慨答应他的请求。可是赫拉却在阿玛宗女斗士中间散播谣言，她们纷纷起来和英雄搏斗。结果无辜的女王也在混战中丧身。

他的第十项业绩是提拿革律翁放牧在厄律提亚岛的牛群。革律翁住在极西处（英雄后来在这里立起两座石柱，即"赫拉克勒斯之柱"），是三头六臂的巨人，他的牛群由双头狗看守。在去往该岛的路途中，英雄遭遇海神与地母所生的巨灵神安泰俄斯——他只要双脚一落地，就可以获得无穷的力量——英雄将巨灵提升到空中并将它杀死。借助太阳神的金碗，他又得以渡过茫茫大海，最后终于成功抵达厄律提亚，杀死守卫的巨人和双头狗，射死革律翁，并将赶来助战的赫拉射伤，然后成功地执牛角渡海回到希腊。

赫拉克勒斯的第十一项业绩是获取赫斯珀里得斯姊妹的金苹果。夜神的女儿赫斯珀里得斯四姐妹看守着终年果实累累的金苹果圣园。英雄为了找到圣园，首先捉住海中老人、预言家涅柔斯，获悉圣园坐落在日落的西方世界边沿。在途经高加索山时他释放了被缚的普罗米修斯并得到后者的指点，顺利到达金苹果圣园。圣园由喷火的巨龙把守，常人根本无法进入。英雄恳请提坦神阿特拉斯替他盗取金苹果，自己则代替巨人肩顶苍穹。在提坦神获取猎物后，赫拉克勒斯采用普罗米修斯的计策，声称肩上要再放置一个垫肩，将任务重新交给提坦神，然后手拿金苹果扬长而去。

他的最后一项业绩就是深入地狱，将凶恶的三头看门狗刻耳柏洛斯带回到地上。在神使赫尔墨斯的帮助下，英雄渡过冥河来到守卫森严的冥府，并成功地解救阿得墨托斯的妻子阿尔刻提斯，以及另一位英雄忒修斯。他赤手空拳和冥狗展开搏斗最终将其制服。据说在步出冥国之际，他还和冥王哈得斯交手并打伤冥王。

完成上述十二项业绩共用去八年零一个月的时间。此后英雄便离开忒拜四处游历，后来到俄卡利亚王国向国王欧律托斯的女儿俄伊勒求婚。当他和俄伊勒的兄弟伊菲托斯同行时，赫拉又一次使他丧失理智，一怒之下将伊菲托斯从城墙上推下而将其杀害。英雄再一次自我流放以求赎罪——这一次，他成了吕狄亚女王翁法勒的奴隶。在此期间，他曾捕获一群矮人——刻耳科珀斯人，并肃清了在当地为非作歹的大盗绪琉斯。女王翁法勒很快与英雄坠入情网，二人过起幸福甜蜜的家庭生活。可是很快赫拉克勒斯便对这种卿卿我我的日子感到厌倦，并毅然离开这温柔之乡而继续他的征途。

据说此后他还参加了阿尔戈斯船英雄们的远航和卡吕冬狩猎。在猎取金羊毛的途中，由于他的宠人许拉斯中途走散，他离开队伍去追寻，结果却被其他船员抛诸荒岛之上。后来他又出征特洛伊国王拉俄墨冬，攻破特洛伊城并将国王和他的儿子全部杀死。同样，他出征皮罗斯国王涅琉斯，战胜以后也将国王及其众子（除了涅斯托耳外）全都杀死。最后他来到国王俄纽斯的国境，并爱上国王的女儿得伊阿尼拉。这时他遭遇到一个名叫阿刻罗俄斯的情敌——河神阿刻罗俄斯在和英雄的角斗中自认失败而退出。于是英雄与得伊阿尼拉结婚。

婚后他和妻子一起前去看望住在特剌喀斯的朋友刻宇克斯。途中马人涅索斯背负得伊阿尼拉过河时忽然生出歹念想将她抱走，被赫拉克勒斯用毒箭射中。临终前马人建议得伊阿尼拉将他流出的毒血收集起来制成魔衣——它的魔力可以重新挽回失去的爱情。

不久赫拉克勒斯出征欧律托斯国王并俘获国王的女儿伊俄勒。得伊阿尼拉生恐这一对旧情人死灰复燃，便派人将具有魔力的衣服送给丈夫穿，指望能重燃他对自己的爱火。英雄穿上毒袍，浑身如火燎般疼痛，毒汁已浸入他的骨髓。英雄知道死神不敢来找他，并命令手下人架起火堆，自己跳入熊熊烈火中就死。

在赫拉克勒斯死后，众神为了表彰他在人间的不朽业绩，将他接到奥林匹斯山，成为永生的神祇的一员。在那里据说他还和赫拉达成和解，娶了赫拉的女儿青春女神赫柏——而这时赫拉克勒斯的名字的含义也由"受赫拉迫害者"而变为"因受赫拉迫害而建立功绩者"。

忒修斯

忒修斯是阿提卡的英雄，是雅典国王埃勾斯和特洛曾公主埃特拉的儿子。与其他几位英雄不同，在古希腊罗马时代，忒修斯被认为是一位历史人物而非神话人物——著名历史学家普鲁塔克甚至为他书写了传记。大英雄赫拉克勒斯虽然在希腊地区受到普遍崇拜，而雅典人却更愿意造就出一位与赫拉克勒斯相提并论的雅典式英雄。忒修斯后来被公认为是雅典城（国家）的缔造者和整个阿提卡地区的英雄，作为神话人物长期受到人们顶礼膜拜。

忒修斯的父亲埃勾斯因为婚后无子而前往德尔菲神庙请求神谕。在途经特洛曾王国时，依照神谕与当地的公主埃特拉秘密结婚。埃勾斯在返回雅典前将他的宝剑和绊鞋埋葬在一块巨石下面，吩咐妻子假若生下儿子，等他力气大到可以搬动这一块石头，就可以打发他去雅典继承王位。

忒修斯在特洛曾国王的王宫中长大，跟随马人喀戎等名师学得一身武艺。长大后，他从母亲那里了解到自己的身世，便来到巨石面前，凭借天生的气力和勇敢，轻而易举地取出宝剑和绊鞋。他拒绝了外祖父准备的船只和母亲的建议，孤身一人从危机四伏困难重重的陆路去雅典寻找他的父亲，一路上降妖伏魔，立下卓著的功勋。而他制服敌手最常见的办法便是以其人之道还治其人之身。

在厄庇道洛斯附近，他首先遭遇的是绰号"铁棒匪"的巨人珀里斐忒斯——他是火神赫淮斯托斯的儿子，专门用手中的铁棒袭击并杀害过路之人。忒修斯徒手与巨人搏斗，夺得铁棒后将他打死。而此后这根铁棒（正如赫拉克勒斯的木棒一样）便成为他的随身兵器。

紧接着，在通过伊斯特摩斯地峡时，他又遇到外号"扳松贼"的强盗辛尼斯——他在捉住路人以后，就将他们绑在两棵松树中间，松树的树梢在此之前已被他扳弯，这样只要他一松手，树便重新伸直，路人就会被强大的牵引力撕成两半。结果忒修斯捉住辛尼斯，也将他绑在树上肢解而死。

英雄遇到的第三个匪徒是盘踞在墨伽拉和阿提卡交界处劫掠路人的斯喀戎。他在将路人身上的财物洗劫一空后，就会强迫路人替他洗脚，然后一脚将其踢下悬崖。忒修斯在制服斯喀戎后也一脚将他踢下万丈深渊。

在厄琉西斯战胜恶贯满盈的匪徒刻耳库翁以后，忒修斯又来到刻菲索斯河畔，遭遇"铁床匪"普罗克鲁斯特。他将捉到的路人放置在铁床上，长度不够的就把他拉长，长度超过的就把他的脚砍掉。最后忒修斯也如法炮制，为当地人民除去一大祸害。

历经艰辛以后，忒修斯终于抵达雅典，这时老王埃勾斯已和被伊阿宋遗弃的美狄亚结婚。精通巫术的美狄亚担心忒修斯的到来会影响她的儿子墨多斯继承王位。于是在老王尚未认出自己的儿子以前，她骗取埃勾斯的同意打算用毒酒将这名冒称国王之子的年轻人毒死。

在宴席上，忒修斯用父亲留赠的宝剑割肉时被埃勾斯认出。

年迈的父亲立刻宣布将诡计多端的妇人美狄亚逐出王宫，并宣布由忒修斯王子执掌权力。忒修斯帮助老王整理并巩固混乱不堪的雅典政权。在美狄亚带着儿子逃亡科尔喀斯以后，一直觊觎王位的国王之弟帕拉斯以及他的儿子们对忒修斯被立为王位继承人深为不满，发动叛乱。结果忒修斯将他们全部杀死，从而维护了国家的稳定。

内乱虽然得以平叛，可外患依然没有消除。国势强盛的克里特岛国王弥诺斯曾派他的儿子安德洛革俄斯到雅典参加雅典娜·帕拉斯女神生日的庆典。在一次竞技大会上，王子安德洛革俄斯囊括所有冠军引起其他人的嫉妒而惨遭杀害。弥诺斯大举进兵为王子之死兴师问罪，结果雅典老王埃勾斯被迫同意弥诺斯提出的无理要求，每年向克里特岛进贡童男童女各七人以供牛首人身的怪物弥诺陶洛斯食用。忒修斯决定为国为民排忧解难除去这一怪物，他挺身而出，与充当祭品的少年男女一同前往克里特岛。临行前，埃勾斯对儿子的安危非常担心，再三告诫他如果得胜返航，一定记住悬挂白帆以安慰父亲的悬想，反之则挂黑帆以示哀悼。

弥诺陶洛斯是弥诺斯之妻帕西福厄与克里特神牛生下的怪物。弥诺斯不敢将他杀死，便请求著名的工匠代达罗斯建造一座迷宫，将怪物关在迷宫中，任何人不得与之接近。英雄忒修斯进入克里特岛后，国王的女儿阿里阿德涅公主对英雄的外表和豪气一见倾心。她向代达罗斯询问迷宫的秘密，在忒修斯步入迷宫之前将一团线球交到他手中。在阿里阿德涅的指点和帮助下，英雄毫不费力地找到怪物将它杀死，并成功地携阿里阿德涅返回雅典。然而在返乡途中路经那克索斯岛时，公主因身体不适被迫上岛休息，突然一阵狂风刮起，将船只吹走，于是阿里阿德涅便孤零零地留在那克索斯岛上——一直要等到周游世界的酒神狄奥尼索斯经过将她救起并使之成为酒神的女祭司（一说为酒神之妻）。

也许因为痛失伴侣，或许是因为被巨大的胜利冲昏了头脑，在航船临近雅典海岸的时候，忒修斯居然忘记老父的嘱咐将船帆更换成白色。而早已守候在海边的老王埃勾斯辨别出了帆船上悬挂的黑帆，以为儿子已经葬身牛腹。埃勾斯痛不欲生，在绝望中投海自杀。后来为了纪念他，此海便更名为埃勾斯海（现通译爱琴海）。

忒修斯在雅典登基为王，完成一系列民主政体和法律制度的创立和改革，发动将阿提卡地区居民迁入一座城邦的"统一行动"，并最终促成该地区的统一。他将城邦居民分为贵族和平民、工匠三个阶级并使之各司其职，同时削减自己作为国王的权力。另外一些像"雅典娜节"这样的风俗习惯和宗教仪式的制度，雅典人也归功于忒修斯。阿提卡中的爱奥尼亚人为了本族的英雄能超过多里亚人的英雄赫拉克勒斯，又编造出忒修斯参与阿尔戈船远航及卡吕冬狩猎等重大活动的英雄业绩，并使得这位出生后于赫拉克勒斯的英雄在赫氏发疯狂迷之际成功地劝阻了他的自杀行为。

为了使得他的行为足以和赫拉克勒斯媲美，忒修斯也发动了一次对阿玛宗女儿国的战争，并劫掠阿玛宗女王希波吕忒（一说或为阿提俄珀）为妻。二人生有一子希波吕托斯。当王后在捍卫雅典的战斗中牺牲后，忒修斯又迎娶阿里阿德涅的姐妹淮德拉为妻。在忒修斯外出之际，爱神使得淮德拉发狂地爱上她的继子，而希波吕托斯却不为所动，因为他只钟情于狩猎女神阿尔忒弥斯。害怕出丑的淮德拉向忒修斯诬告希波吕托斯对她图谋不轨，年迈昏聩的忒修斯听信谗言，请求海神波塞冬将希波吕托斯击杀。淮德拉闻讯后向国王吐露实情，而忒修斯也为之悔恨不已。

作为伟大的英雄，忒修斯不仅富于正义感，而且也很重朋友义气。除了与赫拉克勒斯的友谊以外，他和另一位英雄庇里托俄斯也曾经联手做过一番惊天动地的事业。拉庇泰人的首领庇里托俄斯听说忒修斯的赫赫威名，曾经赶到阿提卡想与之较量一番。结果战斗不分胜负，二人惺惺相惜，反倒结义成为最好的朋友。当好友庇里托俄斯同希波达弥亚公主成婚时，由于赴宴的马人欧律提翁酒后乱性试图抢夺新娘，忒修斯拔剑而起，与新郎一道将闹事的马人击溃，而二人的友谊从此也越发深厚。不久两位英雄做出一项更为大胆惊人的决定——他们各自试图与宙斯的一个女儿结婚。忒修斯前此已经绑架年仅十二岁的海伦，后来被她的兄弟救回，而这一次他更下决心要帮助好友劫夺冥后珀耳塞福涅。冥王哈得斯对两人的轻率行动非常恼火，将他们钉在地狱的铁椅上。后来直到赫拉克勒斯闯入地狱才将忒修斯救走（庇里托俄斯则被永久地禁锢在地狱，与冥后为邻）。

据说正当忒修斯被关押在冥府的时候，当初被埃勾斯放逐的珀透斯的儿子墨涅斯特斯乘机夺取了雅典政权。雅典人支持墨涅斯特斯的统治，这使得忒修斯大为不满。在愤怒和极度的失望之中，他向背叛他的城邦和国人发出诅咒。忒修斯后来游历到斯库洛斯岛。可是该岛的国王却对他的来访非常恐惧，害怕他的威望会动摇国王本人在岛国的统治。国王将暮路穷途的英雄带到山顶，乘其不备将其推下山崖（一说忒修斯失足坠海）而死。后来，忒修斯的儿子得摩福翁赶走墨涅斯透斯，收回雅典的统治权。而根据德尔菲的神示，死在异国他乡的忒修斯的遗骸也被运回到雅典。宏伟的忒修斯庙在他的陵墓上建起，另外还设立盛大的"忒修斯节"——使得这位英雄享受到永久的天神一样的崇拜和纪念。

伊阿宋

和其他众位英雄一样，伊阿宋也是神祇的后代——风神埃俄罗斯的孙子。伊阿宋的父亲是伊俄耳科斯国王埃宋，母亲是波吕墨得。然而伊阿宋出生不久，埃宋的王位很快被他的兄弟、凶残狡诈的珀利阿斯篡夺。为了使得幼年的伊阿宋免遭其毒手，家人偷偷地将他交由马人喀戎教养。如同赫拉克勒斯和忒修斯那样，伊阿宋不仅从喀戎那里习得精湛的武艺，同时也学得了马人独具的高明医术，从此他便拥有伊阿宋这一别名（真名为狄奥墨得斯）——意为"治病者"。于是，在离开王宫二十年后，伊阿宋重返伊俄耳科斯王国，向他的叔父珀利阿斯索要他的王位继承权。

在途中，伊阿宋需要经过一条宽阔的河流，正巧有一位老妇人请求他将她高举过河，这是天后赫拉。因为珀利阿斯国王对她的蔑视，天后希望借伊阿宋之手来报复这位狂傲的国王。由于在半道上一只鞋陷入淤泥之中，伊阿宋便光脚徒步来到王宫门前。国王已从神谕中获悉，他将要被穿一只鞋的人推翻，因此对伊阿宋的到来非常恐慌。国王想出一条阴险的计策除去这个威胁他王位的人——让他去遥远的埃厄忒斯的王国去获取金羊毛。

传说金羊毛是由佛里克索斯带到科尔喀斯国的。他和姐姐赫勒是云女神涅斐勒的女儿，后来却遭到后母伊诺的迫害。云女神让姐弟俩骑上长着金羊毛的公羊飞上天空逃走。途中赫勒从羊背上掉入欧亚之间的赫勒海峡（后人以此命名来纪念她），而佛里克索斯则成功地抵达埃厄忒斯国王的国土。他在那里将神羊宰杀作为祭品奉献给宙斯，并将金羊毛悬挂在埃亚的圣林中，由喷火的毒龙看守。

勇敢的伊阿宋毫不犹豫地接受了这一挑战。在阿尔戈斯船竣工以后，他便和闻风而来的希腊全境的著名英雄如俄耳甫斯、提丢斯、安菲阿利俄斯、玻瑞阿代兄弟等一同踏上这漫漫的征程（后来的神话中还加入赫拉克勒斯、忒修斯等人）。与其他英雄的个人冒险事迹不同，伊阿宋为首的金羊毛之旅是一次集体冒险；而且更让人惊异的是，作为领袖的伊阿宋这次得到奥林匹斯三位女神赫拉、雅典娜和阿芙洛狄特一致的支持帮助：赫拉一次又一次在危难中鼓舞起他的信念和勇气，雅典娜帮助建造了航海的工具阿尔戈斯船，而阿芙洛狄特则使得埃厄忒斯国王的女儿美狄亚爱上伊阿宋并协助他完成这一艰巨的任务。

伊阿宋的船队首先停靠的是女儿国楞诺斯岛。岛上的女王许普西皮勒对伊阿宋一见钟情，其他众英雄也找到各自的归宿，沉醉在美人的怀抱而忘记了自己的职责。后来幸亏不近女色的赫拉克勒斯一番责骂，才将他们从温柔乡里唤醒，赶紧回到阿尔戈斯船上继续他们的航程。

接着阿尔戈斯船队又来到多利俄涅人的国土并受到国王库最科斯的热情接待。在喀俄斯城附近，赫拉克勒斯的宠人许拉斯因迷恋水中的仙子而走失，赫拉克勒斯便和众人分手，独自留下追寻他的密友，阿尔戈斯号则继续前行。

此后在比提尼亚，英雄波吕丢刻斯在拳击中打败了国王阿密科斯，使船队顺利通过。在萨尔密得索斯城，英雄玻瑞阿代兄弟则使可怜的预言家菲纽斯老人摆脱了那些弄脏他的食物的怪鸟的折磨。出于感谢，老人告诉他们通过释放一只鸽子从撞岩中飞过，然后便可以安全地逃过它的袭击。

在顺利地经过阿玛宗女人国后，他们抵达阿瑞斯岛并成功赶走岛上斯廷法利斯湖的怪鸟。在历尽艰险后，伊阿宋所率领的阿尔戈斯航船终于来到科尔喀斯。他向国王埃厄忒斯提出索取金羊毛的要求，而国王也假意应允，同时却提出苛刻的条件，让伊阿宋驾驭喷火的铜蹄神牛，在阿瑞斯圣田里播种毒龙的牙齿。

正当伊阿宋彷徨无奈之际，命运之神让他遇上埃厄忒斯国王的公主、女巫师美狄亚。美狄亚是地狱女神赫卡忒的女祭司，善用植物调制出草药来施展魔法，爱神使她不顾一切地爱上了伊阿宋，而这一次轰轰烈烈的爱情也改变了两人各自的命运。

凭借美狄亚的魔药，伊阿宋成功地制服神牛并播下龙齿，当更多的巨人战士从地里冒出来以后，他又按照美狄亚的吩咐在他们中间投掷下一块巨石，于是巨人们纷纷开始自相残杀，剩余的巨人最终也被伊阿宋全部肃清。

此后，神通广大的美狄亚似乎取代伊阿宋成为猎取金羊毛行动的指挥者和执行者，而伊阿宋从前的英雄气概也渐渐消磨殆尽。也许是美狄亚崇拜地狱女神赫卡忒的缘故，高高在上的天神们（包括三位女神）对此深为不满，伊阿宋遭到众神的遗弃。虽然他可以依靠美狄亚之力获得金羊毛，但已无法改变他悲剧的命运。

美狄亚决定帮助伊阿宋夺取金羊毛然后一起逃跑。她施展法术使得看守的毒龙安睡从而顺利地取得金羊毛。当国王命令她的兄弟阿普绪耳托斯率兵追赶时，她又以计策诱杀了兄弟并将其尸体肢解抛入海中，从而延缓了对方追赶的速度。在逃亡的途中，他们还遭遇撒丁岛水中女妖塞壬。凭借俄耳甫斯美妙动听的歌声，船队顺利地通过，而塞壬则因失败而羞愧自杀，跳入海中成为岩石。

在数月的航程后，伊阿宋携美狄亚和众位英雄一起终于返回到伊俄耳科斯王国。此后，甚至连伊阿宋的复仇也由美狄亚来完成。她谎称自己有妙手回春之术，可以让衰老的珀利阿斯恢复青春。国王的女儿们按照美狄亚所说将老王杀死肢解后，投入事先调制好魔药的煮沸的铝锅里——当然奇迹并没有出现。

虽然如愿以偿夺回王位，然而伊阿宋作为巫师美狄亚的影子，根本无法获得当地人民的爱戴和认同。几年后，珀利阿斯的儿子又杀回来为父报仇将伊阿宋赶下王位。于是他只好和美狄亚一道四处流亡，最后到达科林斯王国，才暂时安定下来。值得一提的是，与迈锡尼的珀耳修斯、提任斯的赫拉克勒斯或雅典的英雄忒修斯不同，伊阿宋从未在他自己的国家受到真正的崇拜，因此永远只能是一个没有祖国的浪人。

在科林斯他和美狄亚生下一子一女，生活也算平静。可是对财富与权力始终恋恋不舍的伊阿宋不久便爱上科林斯国王克瑞恩的公主，打算抛弃年长色衰的美狄亚去和公主结婚，重新拥有富贵荣华。被伊阿宋的忘恩负义寡廉鲜耻所激怒，在苦苦哀求也不能使之回心转意以后，美狄亚决定铤而走险，开始了她疯狂的复仇计划。她使用带有毒汁的长袍作为礼物送给新婚的公主，从而将公主及赶来救助的国王父女二人一同杀害，然后又亲手扼杀了她和伊阿宋所生的一双儿女，最后自己坐上龙车，按照事先的协定飞往雅典投奔雅典国王埃勾斯。

被天神和凡人一同抛弃的伊阿宋已是日暮穷途，昔日的英雄气概与风采如今已荡然无存，他的死亡自然也是众位英雄中最卑微而毫无意义的。一则神话说在他目睹两个孩子被杀后便拔剑自刜而死。而更广泛的说法则是无路可走的伊阿宋独自乘船在外游荡，结果船上的横木倒下将他砸死。自然，他也不能像其他英雄一样在死后成为人们顶礼膜拜的神明或享受祭祀的民族英雄——因为他没有属于自己的民族和国家——或许，将伊阿宋视为混杂在英雄行列中的一个"伪"英雄，可能更为适合一些。

哈得斯和冥府

根据协定，宙斯与其兄弟在战胜提坦诸神取得宇宙统治权后重新划分了势力范围。宙斯掌管天空和人世，波塞冬主管海洋，而冥府则由哈得斯管辖。冥府据说在极远的西方，大洋河的彼岸。它由三部分组成：一是地层深处的塔尔塔洛斯，众鬼魂的居住地（荷马认为这里是与宙斯战斗的提坦众神被囚禁的地方），由百臂巨人负责看管。一是厄瑞波斯岛，这是去往冥府的魂灵短暂停留的地方。另有一处为厄琉西斯岛，则是诸神青睐的英雄永远居住的福地。荷马说宙斯在人间的儿子剌达曼提斯以及宙斯所宠爱的希腊英雄墨涅拉俄斯都生活在那里。赫西俄德则认为英雄卡德摩斯、阿喀琉斯及珀琉斯等都在福岛上过着永远幸福的生活。

冥王哈得斯是冥府最高的统治者。与他一同统治的还有被他劫掠来的农神得墨忒尔的女儿，后来成为冥后的珀耳塞福涅。哈得斯虽然被视为掌管地下财富（他的别名普鲁同，即财富），并主管丰产和人间收成的神祇，可他那阴森可怕的冥国却是任何女神或仙子不愿前往的，于是哈得斯在宙斯的默许下采取抢亲的举措。虽然后来经过宙斯的调停，冥王答应让得墨忒尔母女会面，可是在此之前已吞吃石榴子的珀耳塞福涅却只能将小部分的时间陪伴农神度过，而其余大部分的时间都无法离开冥府。天真烂漫的少女在经历这一次事后便成为与冥王一样威严赫赫的冥后。

围绕冥府有五条著名的河流。最著名的自然是众神以之起誓的斯提克斯河，河神斯提克斯是提坦神大洋神女的女儿，与普罗米修斯一样，在宙斯与提坦众神的战斗中她却站在宙斯一方。战后，宙斯为了表彰她的功绩，便号令提坦众神向着河流起誓。此后诸神（包括宙斯本人）都不能违反誓言，否则将遭到重罚。冥府的另一条河流勒忒河也称忘川，据说由此经过的魂灵饮过忘川之水后便可以将前生的种种事迹全部遗忘（后来但丁在《神曲》中将它置于炼狱的最高层，显然是受希腊神话的影响）。此外还有其他三条河流科库托斯河（即哀悼之河），皮里佛勒革河（即流火之河）以及阿喀戎河（即忧伤之河，据说也是冥王和冥后处理事务的场所）。

协同冥王一道处理冥府事务的还有众神任命的三位判官——他们分别是宙斯与欧罗巴的儿子，克里岛的国王弥诺斯；弥诺斯的兄弟，以公平正直而著称的剌达曼提斯；以及宙斯之子，富于同情心的埃阿科斯。他们根据亡灵生前的善恶表现，对其进行量刑定罪。那些生前亵渎神灵臭名昭著的罪人，便是经由他们审判而被判处在冥府经受永恒的折磨。

在冥府受难的罪人包括臭名昭著的坦塔罗斯——他本来是诸神的宠人，可是由于他的虚荣，竟将从餐桌上偷听到的众神的秘密向人间传布，又窃取众神餐桌上的仙酒和仙丹供自己享用。为了测试众神是否像人们想象的那样无所不知，他在一次宴请诸神时，竟残酷地杀害自己的儿子珀罗普斯，让诸神共食——结果只有丧女之痛而心烦意乱的得墨忒尔吞食一块肩胛骨。众神将珀罗普斯复活，同时将恶贯满盈的坦塔罗斯打入冥府，承受酷刑的惩罚：他的身体淹没在水中，可每当他口干舌燥想要喝水时，湖水便自动退去。他的身旁是果实累累的果树，可每当他饥饿难忍想要采摘时，果树也自动退去。另外在他的头顶还悬挂着一块巨石，使他时刻提心吊胆，承受着死亡的恐惧。

另一名罪人，科林斯王国的缔造者西绪弗斯由于泄露宙斯的秘密并使用诡计愚弄死神而在死后遭到惩罚。每天他必须将一块巨石由平地推到山顶，可刚到山顶巨石便会坠下来。这样循环往复，永无止休，便成为他永恒的劳作。

和他们一同受罚的还有忘恩负义的伊克西翁。他蒙受宙斯的恩典来到奥林匹斯山，在那里竟然企图勾引天后赫拉。在他死后，他的四肢被绑在烈火熊熊的车轮上。车轮一刻不停地旋转，他的身体也不断受到烈焰炙烤。

巨人提提俄斯因为受到赫拉的唆使，竟在神女勒达去往神庙的途中想实施强奸，后来被勒达的一双儿女——太阳神阿波罗和狩猎女神阿尔忒弥斯——用箭射杀。他死后在冥府被绑在一块灼热的岩石上，秃鹰不停地啄食他的肝脏。

还有达那伊得斯姐妹们，她们由于在新婚之夜听从父亲的命令将新婚丈夫杀死而遭到严惩。她们被迫往一只无底桶中灌水，一刻也不得停息。

冥府中除冥王、冥后和判官以外，还有一些具有专门职能的神祇如死神塔那托斯，以及死神之弟、睡神许普诺斯，和睡神之子、梦神摩耳甫斯，等等。负责看守冥府大门的是三头狗刻耳柏洛斯（赫拉克勒斯将其带回人世是英雄十二业绩中最后也是最艰巨的一件），以及负责将亡灵摆渡过斯提克斯河的卡戎。据说他每次摆渡的费用是一枚小钱，因此古希腊人的葬礼中必须在死者口中放置一枚小钱，否则被卡戎拒绝渡过冥河的亡灵则要在世间游荡百年以后才能找到安息之处。

此外，长期居住在冥府的还有不计其数的精灵鬼怪和凶神恶魔，如幽冥女神擅长巫术的赫卡忒，由乌拉诺斯污血中生出的复仇女神厄里倪厄斯姐妹，白发女妖戈耳工姐妹，污损预言者菲纽斯食物的有翼女怪哈耳庇厄姐妹，后被英雄柏勒洛丰斩杀的三怪兽卡迈拉，人面蛇身的精灵厄喀那德，后被赫拉克勒斯斩杀的九头水蛇许德拉，以及赫卡忒的伙伴，夜精灵恩浦萨等。也许正是羞于与这类鬼怪恶魔为伍的缘故，英雄阿喀琉斯才发出了"宁在阳世为奴，不愿在冥府称王"的感慨。

头戴隐身帽的冥王哈得斯据说极其威严，不近人情，可算是严酷命运的化身。任何人一旦来到冥府，落入他的掌握之中，也就踏上了一条不归之路，几乎没有生还的希望。诸神之中也只有身为亡灵引导者的神使赫尔墨斯可以自由出入。另外酒神狄奥尼索斯有一次为拯救母亲塞墨涅而下到冥府。因为冥府的阴森严酷可能使诸神也心存疑忌，望而生畏。

然而人间的英雄却没有诸神的那种犹疑和忌讳。为了高尚的友情、爱情或亲情，他们往往凭借极大的勇气，独自深入冥府与冥王周旋并且往往能够安然返回人世。这些孤胆英雄包括赫拉克勒斯、奥德修斯、埃涅阿斯和俄耳甫斯。

赫拉克勒斯为完成十二业绩中最后一项业绩，在雅典娜和赫尔墨斯帮助下，只身前往冥府，在和冥王一番搏斗后（其箭射中冥王肩膀），终于使冥王答应他的要求，将三头狗带回人世。其间他还顺便解救出被冥王锁住的另一位英雄忒修斯。

奥德修斯在魔女喀耳刻的指点下也曾下到冥府，与特洛伊战争中的各位英雄如阿伽门农、阿喀琉斯以及阿贾克斯等一一相见，从他们那里接受若干劝告并了解到他本人未来的结局。

罗马英雄埃涅阿斯凭借手杖的金枝也成功地登上卡戎的渡船来到冥府。他在冥府中见到女王狄多和他父亲安奇塞斯，从而了解关于罗马帝国创立的预言。

在深入冥府的英雄中最感人的无过于歌唱家俄耳甫斯的故事。在他的妻子欧律狄刻被蛇咬死后，为了挽回爱妻的生命，他毅然下到冥府，凭借美妙的歌声打动了冥后，准许他们夫妇二人返回阳世。可是在临出冥府的一刹那，俄耳甫斯忍不住回望了妻子一眼，结果再一次，并且是永远地失去了欧律狄刻。此后这位歌者在忧伤和怀念之中抑郁而终，直到他死后才得以与爱妻团圆。

俄耳甫斯虽然没有获得最后的成功，但和另外一个英雄相比，他应当还算比较幸运。被赫拉克勒斯解救出的英雄忒修斯是为了帮助朋友庇里托俄斯实现那狂妄的计划而下到冥府的。他们的目的是绑架冥后珀耳塞福涅。结果被愤怒的冥王略施小计紧锁在石凳之上。后来忒修斯被救出，而不幸的庇里托俄斯，则被永久地留在了冥府——也算是部分实现了他愚妄的梦想。

柏勒洛丰

正如希腊地区的各个民族都有自己崇拜的英雄，柏勒洛丰便是科林斯人最为崇拜的英雄。他是以驯马而著称的科林斯国王格劳科斯的儿子，是以狡黠多智而著称的科林斯的缔造者西绪弗斯的孙子。据说他的原名是西波诺俄斯，在杀死他的同胞柏勒洛斯之后，才被人们称为柏勒洛丰（希腊语意为"杀害柏勒洛斯的凶手"——这也如同阿玛宗女斗士或赫拉克勒斯的名字一样，都是典型的推原论神话）。

柏勒洛丰的祖父西绪弗斯由于泄露主神宙斯诱拐阿索甫斯之女埃癸娜的秘密而受到惩罚。可是当死神塔那托斯前去捉拿他时，却落入西绪弗斯事先布置的陷阱，死神无法挣脱，更无法返回冥府。于是连续几年，世上都没有人去世，引发冥王哈得斯的抱怨和不满。宙斯派出战神阿瑞斯将死神从西绪弗斯手中解救出来，同时将这个胆大妄为的国王投入冥府。然而狡诈的国王这次竟凭借花言巧语骗过冥王和冥后——他谎称妻子在阳世没有为他举行安葬礼仪和祭奠，要求返回人间惩罚他的妻子，然后重返冥府。可是在成功地重返人间之后，他摇身一变，又成为权势熏天的科林斯国王，拒绝再回到冥府。直到若干年后，他年老体弱，才由神使赫尔墨斯又一次将他带到冥王哈得斯面前。而这一次他所面对的，便是将巨石推上山顶，然后再眼睁睁看着它落下——这样一个周而复始永无止境的苦役。

西绪弗斯死后由他的儿子格劳科斯继位，这位国王热衷于养马和驯马——传说他对马的重视程度远远超过他对人的重视。为了使他的马匹更为强健、威武，他居然想出用人肉喂养他的马匹。这一令人发指的行径激怒了上天的众神。在一次赛马比赛中，众神让他的马匹发疯似的狂奔起来——格劳科斯从马背上摔下被踏成肉酱，最后用他自己的身体喂养了他最心爱的马匹。

格劳科斯生下的儿子柏勒洛丰是科林斯历史上最伟大的英雄。和他的父亲一样，他对骏马天然地有一种亲密的感情。而他最负盛名的故事，传说便与飞马珀伽索斯有极大的关系。在柏勒洛丰无意中杀害自己的同胞后，他被迫流亡到由普洛托斯国王统治的提任斯国去净罪。普洛托斯因为与兄弟阿克里西俄斯争夺阿尔戈斯的王位失败而被迫转投吕喀亚国王伊俄巴忒斯，——在那里他娶了国王的女儿安忒亚。普洛托斯在国王的帮助下重新领军与其兄弟开战，最后达成协议阿尔戈斯仍由其兄弟统治，而普洛托斯本人则取得提任斯的统治权（这则神话显然可以反映出迈锡尼时代希腊各种部落首领之间激烈的权力竞争和角逐）。

普洛托斯的王后安忒亚对外貌英俊威武强健的英雄柏勒洛丰一见钟情。她向英雄表达爱慕之情，不料却遭到英雄义正辞严的拒绝。恼羞成怒的王后向国王诬陷柏勒洛丰图谋不轨，并请求国王将他处死——考虑到柏勒洛丰此时的身份是他的宾客，而希腊的风俗恶意杀害宾客的人将遭到众神的严惩，普洛托斯国王决定借刀杀人。他假意要求英雄给他的岳父、吕喀亚国王伊俄巴忒斯送信，而在信中则要求国王接信后立刻将送信者处死（莎士比亚在《哈姆雷特》中对此有所借鉴）。

伊俄巴忒斯得知女儿遭到柏勒洛丰的侮辱，也非常生气。他设计出一系列的诡计，让柏勒洛丰进行一些在一般人看来必死无疑的冒险行动，希望假妖魔精怪之手将其除去。其中最著名的一次，便是要求柏勒洛丰去斩杀危害吕喀亚地方的喷火怪物喀迈拉。

喀迈拉是巨人堤丰和厄喀德所生的三头怪物，有狮子头、羊身和蟒尾，它喷吐出的烈焰可以将庄稼烧毁，任何接近它的人都会在顷刻间化为灰烬。柏勒洛丰的境遇引起奥林匹斯山诸神的密切关注，因为俊秀英武的英雄本来就是诸神的宠人，诸神派遣波塞冬与美杜莎所生的珀伽索斯来到柏勒洛丰面前。这匹飞马是美杜莎被英雄珀耳修斯斩首以后从她的身体中飞腾上空的。可是由于这永生的飞马从来没有让凡人驾驭过，因此柏勒洛丰虽然经过种种努力，终究无法将他驯服。由于疲倦，柏勒洛丰沉沉睡去，此时英雄的保护神雅典娜手持一副金辔头，来到他面前，告诉他在献祭海神波塞冬后，只要套上金辔头就可以驯服这匹神马。

柏勒洛丰依计而行，轻而易举地驯服了这匹神马。珀伽索斯载着他腾空而起来到喀迈拉所在的克剌顾斯山洞中，骑在飞马上的柏勒洛丰在空中用箭将怪物射杀，并成功地返回到吕喀亚王宫。

俄伊巴忒斯对英雄的凯旋非常意外。紧接着又派他去征服居住在吕喀亚边地的索吕摩人，得胜以后又派他去远征女斗士们所在的阿玛宗国。然而英雄还是顺利地完成任务并安然无恙地回到吕喀亚王国。甚至在他的归途中，被国王差遣去伏击英雄的众多勇士也被他一一诛杀，无一幸免。国王最后终于明白眼前的这位英俊青年并非普洛托斯所说的罪人或不义之徒，而实在是众神所眷顾并护佑的英雄。他恳求英雄留在他的王国，与他一道分享王位，并将女儿菲罗诺厄嫁给柏勒洛丰。

成为吕喀亚国王的柏勒洛丰和王后菲罗诺厄生有子女伊姗得耳、西波罗科斯和拉俄达弥亚（拉俄达弥亚后来与宙斯生下特洛伊战争中的英雄萨耳珀冬）。可是他的这一种幸福状态并未维系很长的时间。因为不久他就变得骄傲自大起来，以为凭自己的功绩和才干，完全可以与天上的众神平起平坐。以前对他青睐有加的众神终于对他不再眷顾，他的大儿子伊姗得耳虽然也是著名的英雄，却在与索吕摩人的战斗中不幸阵亡。他的女儿拉俄达弥亚后来因为得罪狩猎女神阿尔忒弥斯而被一箭射死。他的外孙萨耳珀冬也没能逃脱命运的安排——被希腊英雄帕特洛克罗斯杀死。

至于他本人的命运也相当悲惨。据说由于过分的骄矜，有一次他全然不顾自己仅是个凡人，而萌生野心凭借神马想去奥林匹斯山参加诸神的会饮。他驾驭神马向奥林匹斯山顶飞奔而去，可是他的神马却不让他实现这样愚妄的野心（一说是由于宙斯派出的牛虻使得神马发狂）。柏勒洛丰像他可怜的父亲一样从马背上掉下来，虽然没有摔死，却成了瞎子和瘸子，此后越发遭到众神的唾弃。他赖以成名的神马珀伽索斯自此也离他远去，飞上太空，后来成为天上的飞马星座。柏勒洛丰本人则离开他的国家和人民，开始孤苦伶仃的流浪生涯，在耻辱和忧虑中了却了他的余生。他的经历再次证明了希腊圣哲的遗训——除非天神赐予，凡人不可妄称幸福。

较次要的神祇

除了以天父宙斯为首的奥林匹斯主要神祇以外，神话传说中还有一些次要的神祇，他们的出身和世系，往往不似十二主神那样清晰，其功能也仅限于某个特定的方面。不像主神那样有着丰满的形象和鲜明的个性，大多数次要神祇的形象都是模糊不清，苍白无力。关于他们的生平事迹，一般没有完整的体系，而只有零星的片段。但是作为奥林匹斯神话体系的一个组成部分，了解这些次要神祇显然有助于我们获取希腊神话较为完备和全面的知识。

灶神赫斯提亚是天神克洛诺斯和瑞亚的女儿，也是宙斯、赫拉等新一代奥林匹斯神祇的姐妹。在她的神庙，保存着不灭之火——据说火种起源于远古时代，或许与普罗米修斯盗火的故事有关。总之说明对赫斯提亚的崇拜，一直延伸到罗马时代（罗马人称之为维斯塔）。赫斯提亚是老一辈的处女神，因此也没有任何有趣的故事流传下来。

正义女神忒弥斯也是老一辈的提坦女神，后来的神话将她视为宙斯的七个妻子之一，并和宙斯生育时序女神和命运女神。忒弥斯本来也是职司预言的女神。据说她从母亲——地母盖亚那里继承了德尔菲神庙，准备以后移交给她的姊妹福柏，不料以后竟为太阳神阿波罗所夺取。这则神话可能表明人类社会由母系向父系社会转化过程中所发生的激烈对抗和斗争。后来忒弥斯虽然不再是宙斯的妻子，她仍和女儿、时序女神之一的狄刻一起，充当这位最高神祇的谋士和顾问。忒弥斯的形象一般是一手持丰饶之角，一手执天平，并且用布紧蒙双眼，正是不偏不倚的正义的化身。

　　爱神厄洛斯原本也是希腊神话中最古老的神祇之一，甚至同卡俄斯和盖亚等一样，被认为是自然力创造本原的化身——由此也可以看出希腊人对爱的力量的推崇。到了后来的神话中，厄洛斯降格为战神阿瑞斯和爱神阿芙洛狄特所生的儿子。和阿芙洛狄特一样，作为爱情的使者和化身，他的威力不仅可使凡人屈服，就连天神也无法逃躲。太阳神阿波罗因为嘲笑厄洛斯的箭术而遭到报复。后者使得太阳神疯狂地爱上仙子达芙涅，仙子坚执不从最后化为月桂树。厄洛斯的箭有催发人爱情之火的金箭和浇灭人爱情之火的铅箭——也许正象征着爱情既可以给人带来美好情感的享受，同时又不免于忧愁烦恼的折磨。

　　到了罗马时代，厄洛斯的崇拜与丘比特的崇拜融合，变成生有金翅手执金箭、整天调皮玩耍的小爱神的形象。关于小爱神与普绪刻仙子恋爱的故事，则更成为历代诗人吟咏不绝的话题。普绪刻作为灵魂的化身，与爱神的结合自然象征着人类灵与肉统一的梦想，其结果便是生出名为"愉悦"的女儿。据传爱神厄洛斯另有一弟名为安忒洛斯，则为爱而不得之人的保护神。

青春女神赫柏是宙斯与赫拉的女儿，她的职责是在奥林匹斯山众神欢宴之时为众神献食斟酒。后来她的职能被美少年伽倪默德所替代，因为她在英雄赫拉克勒斯升天以后被嫁作英雄之妻，并且育有阿勒克西阿洛斯和阿尼刻托斯两个孩子。

　　和青春女神欢快愉悦的天性恰恰相反，不和女神厄里斯的形象永远让人感到恐怖和憎恨。她被认为是凶残暴烈的战神阿瑞斯的姊妹，荷马说她在战斗中经常与其兄弟一道并肩作战。到了罗马神话中，厄里斯成了狄斯科耳狄亚，是女战神柏隆娜的伙伴。史诗中著名的特洛伊战争据说便由厄里斯不怀好意的赠品所引起——在大洋神女忒提斯与国王帕琉斯的婚宴上，众神都应邀赴宴。不速之客厄里斯最后闯入并在婚宴上投下引起争议的金苹果。史诗中说此前宙斯已料到邀请厄里斯将会引起很大的麻烦，然而最后终于未能避免这一场人间的浩劫——可见宙斯虽然可以在人间发号施令，但他却无力控制整个世界，尤其是对于纷争、嫉妒、不和这一类的邪恶，他也无法将它们驱逐出他主管的这个世界。

　　惩罚女神涅墨西斯是夜神倪克斯的女儿，也是古希腊最古老最受崇拜的女神之一。起初她被认为是因果报应或命运的化身，后来则成为惩治破坏正常秩序的惩罚女神，她既惩罚那些过于享福者，也惩罚那些过于傲慢者。如在尼俄柏的故事中，这位竟敢嘲笑阿波罗之母神女勒托的王后最终受到严厉的惩罚——她的众多子女被太阳神和月亮女神射杀，她本人则化为一座石像。

　　具备专门职能的还有另外一些神祇，如专门传达神旨的彩虹女神伊里斯。据赫西俄德说伊里斯是大洋神女之一的厄勒克特拉的女儿，与有翼的怪鸟哈耳庇厄本是姐妹。根据古代人的观点，彩虹是连接天空和大地的桥梁，因此在奥林匹斯神教的体系完备之后，伊里斯也就被视为神和人之间的中介，职司向凡人传达神旨（主要是宙斯和赫拉）。同时，与另一位神使赫尔墨斯不同，伊里斯只负责传达，却不像赫尔墨斯那样神通广大可以主动地贯彻执行并最终实现神的旨意。

晨光女神（罗马人称之为奥罗拉或厄俄斯）是提坦神许珀里翁的女儿，是老一辈太阳神赫利俄斯和月亮女神塞墨涅的姊妹。它的居所在大洋河之东，每天清晨坐上马车预告太阳神即将出现的消息。据说地上的美少年都逃不脱她的眼光——神话中被她拐走的就有猎手俄里翁、刻法罗斯和提托诺斯等。俄里翁被射杀死后，厄俄斯向宙斯求情将他变为天上的猎户星座。刻法罗斯后来也由于误杀妻子而遭到流放客死他乡的命运。然而其中命运最悲惨的是青年提托诺斯。他是特洛伊国王普里阿摩的兄弟，老王拉俄墨冬的儿子。他被厄俄斯看中，带到她的住处，并且与之成婚。主神宙斯应厄俄斯之请赐予提托洛斯凡人渴求的永生。可是晨光女神却忘了向宙斯请求让他永葆青春，容颜永驻。于是年轻的提托洛斯日渐衰老下去，他的身影日益憔悴，最后变为一只蝉。特洛伊战争中作为特洛伊人同盟军的勇士门农，便是厄俄斯和提托洛斯所生的儿子，后来不幸死于希腊第一勇将阿喀琉斯之手。厄俄斯在安葬儿子的时候，她的泪水纷纷落到地上，据说便化为清晨的露水。还有的神话说厄俄斯还和阿斯特赖俄斯生下四位风神，分别是南风神诺托斯、北风神波瑞阿斯、东风神阿耳革斯特和西风神仄费洛斯。

此外还有一些神祇如婚姻之神许门、分娩女神厄勒提亚、睡神许普诺斯等等。其职能都可由称谓中见出，似乎也没有什么独特的故事流传下来。神话中比她们名气更大的，还有一些以团队形式出现的女性神祇如命运女神、复仇女神、美惠女神、缪斯女神等。命运女神摩伊赖原本为夜神倪克斯的女儿，随着奥林匹斯教的发展和兴盛，在后来的神话中，她们便成了宙斯和正义女神忒弥斯的女儿。命运三女神也各有其职责：克罗托纺生命线，拉刻西斯衡量人生命线的长短，最后则由阿特洛波斯（其义为不可避免）将生命线剪断。命运女神在罗马被称为帕耳开三姐妹。

　　相对于以纺线的老太婆的形象出现的命运女神，复仇女神厄里倪厄斯的形象要恐怖得多。据说她们是从天神乌拉诺斯滴落在土里的血中产生出来的，因而也被认为是地母盖亚的女儿。和其他神祇不太相同，她们的居所是在阴森恐怖的冥府。作为母系族血统关系的维护者，她们对违背誓约的行为，特别是血亲之间的凶杀行为决不姑息，严惩不贷。她们往往将罪犯追赶到无处可逃，直至发疯进入冥府以后，才会善罢甘休。欧里庇得斯悲剧《俄瑞斯特斯》当中，同名主人公就因为弑母替父报仇而受复仇女神的追赶，最后由于阿波罗和雅典那的调停才获得一条生路。复仇女神也有三个，分别是提西福涅、阿勒克托和墨该拉。到了后来，由于人们对复仇女神的观点发生了根本的变化——随着国家政权机器的强化，惩罚罪犯的职能便由政府代替——于是可怕的复仇女神就成了洗净人罪恶的善良女神（由此也可见希腊神话中某些观念和希伯来宗教观念的相互渗透和相互影响）。

　　与狰狞恐怖的复仇女神形象截然相反的，是作为女性优美典雅的形象化身的美惠女神，她们分别是阿格莱亚，代表光辉与灿烂；塔利亚，代表如花的容颜；和欧佛洛绪涅，代表欢愉与快乐。她们是宙斯与大洋神女欧律诺墨的儿女，起初是丰饶之神，后来则成为专司美丽和快乐的女神。

　　主管文艺的缪斯女神是史诗和剧作家心目中最重要的神祇。她们是宙斯和大洋神女、记忆女神谟涅摩绪涅的女儿。她们共有九人，各有不同职责——卡利俄珀掌管史诗，克利俄主管历史，波吕许谟尼亚掌管人物形象，摩尔波墨涅悲剧，塔利亚喜剧，厄拉托掌管有伴奏的抒情诗，厄忒厄耳珀掌管竖笛，忒耳普西科瑞主管舞蹈，最后还有乌拉尼亚掌管天文学。最初她们只是歌唱和舞蹈女神，后来随着艺术门类的日益齐备，缪斯的作用便扩展到文艺与科学的各个领域。她们不仅是奥林匹斯神祇中主管艺术的太阳神阿波罗的伴侣，后来也成为酒神狄奥尼索斯的同伴。最早的戏剧据说就是在酒神节期间由她们首先上演的。

另外，缪斯还有预言的功能。古希腊诗人赫西俄德在《神谱》开篇便向她们乞求关于众神谱系的秘密。其他史诗诗人或悲剧家在作品开头也时常向她们祈祷以获取灵感。在整个希腊时代，对缪斯的崇拜遍及希腊全境，甚至她们所居住的赫利孔山、帕耳那索斯山等也成为诗人们向往的地方。到了罗马时代，缪斯女神被称为卡墨娜姐妹。在几乎所有的艺术作品中，缪斯总是以气质高雅而容貌美丽的少女形象出现。对缪斯女神的崇拜，明显反映出希腊人对于文学艺术的尊崇和热爱。

帕里斯

与伊阿宋相似，特洛伊王子帕里斯也是神话中较为"另类"的英雄。和其他传说中英雄一样，帕里斯拥有可以上溯到神祇的高贵血统：他的远祖达尔达诺斯是宙斯与海洋神女所生的儿子，他的祖父拉俄墨冬并曾役使海神波塞冬和太阳神阿波罗修筑高大巍峨的特洛伊城墙。像英雄俄狄浦斯一样，早年他也由于神谕（或预言）被父母抛弃，后来经过自己的勤学苦练，努力奋斗，方始赢得人们的尊敬并重新回到宫廷。像英雄赫拉克勒斯一样，他的武艺高强，膂力超群。在伊得山放牧时，他常常凭借自己的勇敢保护畜群免受强盗的侵袭，因而获得"阿勒克珊德洛斯"的美誉（《伊利亚特》中就时常以此称呼帕里斯，意为"击败好汉的人"）。

和伊阿宋率领的阿尔戈船英雄一样，帕里斯也曾统领特洛伊庞大的舰队渡海远航，抵达遥远的斯巴达王国——伊阿宋猎取神奇的金羊毛，而帕里斯则俘获美艳的海伦。甚至在随之而来长达十年的特洛伊战争中，他的表现也可圈可点。他时常凭借精湛的箭术将对方胆敢耀武扬威在阵前挑衅的将领射落马下，也曾经鼓足勇气，和希腊军中著名的勇士，斯巴达国王墨涅拉俄斯进行一对一的决斗。到了战争的决定性阶段（当阿喀琉斯杀害赫克托耳使得特洛伊一方群龙无首之际），又是他果敢出手，射中阿喀琉斯脚踵，使得这位不可一世的希腊将领殒命于特洛伊的城墙之下。

可是尽管如此，神话里帕里斯的形象却始终显得胆怯懦弱，缺乏所谓的英雄气概，连他最为光辉的业绩也被说成完全是太阳神的功劳。他的兄长赫克托耳责怪他"宁肯做爱，不肯作战，像个女人"——则将他的英雄身份全然消解，而他本人也几乎成为一无所能的花花公子的代名词。

帕里斯是特洛伊国王普里阿摩和王后赫卡柏的次子。在他出生之前，赫卡柏做了个奇怪的梦，梦见她生下一团烈火，将特洛伊城烧成一片废墟。负责圆梦的预言家解释说，这便昭示着王后生下的这个儿子将毁灭这座由神祇参与建造的城市。帕里斯出生后，老王普里阿摩不敢亲手杀害他的儿子（因为害怕复仇女神的报复），因而下令将新生儿抛到特洛伊王国郊外的伊得山，让他去喂野兽。

然而正如神话中那些肩负众神委托的英雄一样，帕里斯也不会在完成神谕之前丧命于山野之间。相反，一只母熊用乳汁抚养了他（这也是帕里斯王子所特有的经历，此后在他的一生中与女性千丝万缕的联系，似乎都隐约发端于此）。后来他又被一位名叫阿革拉俄斯的牧人发现并抱回家中领养。这样，王子帕里斯就在不知身世的情况下在伊得山脚下度过他愉快的童年和少年时代，每天放牧砍柴，日子过得逍遥自在。另外他还勤习武艺，加上天生神力，很快就成为远近闻名的一条好汉。

更加引人注目的是，虽然身为牧童，帕里斯的长相却极其英俊秀美（神话中说他俊美的面庞酷似太阳神阿波罗，荷马史诗中说美女海伦一见帕里斯，也惊为天人，以为是太阳神的兄弟、酒神狄奥尼索斯临世）。在崇尚体格健壮、体态优雅的希腊人眼中，帕里斯正是受众神宠爱的英雄的典型形象，自然而然地，也受到当地神女的青睐。不久，河神刻布壬的女儿，身为女预言家同时又是女药剂师（如美狄亚一样善于调制草药）的神女俄诺涅便爱上年轻俊秀的帕里斯，并不顾门第的差距毅然与牧人帕里斯结婚。

婚后他们度过几年平静闲适无忧无虑的幸福生活。假如不是后来著名的"金苹果事件"，也许帕里斯只是个幸福平庸、终老于伊得山间的神女的伴侣而已。

当然，天上的众神并没有忘记王子帕里斯肩负重任（因为那时诸神对人间的事务还很有兴趣，也许只是在特洛伊战争以后，诸神发现凡人的智慧足以解决人世的纷争，他们才放心地返回奥林匹斯山，不再干涉凡人的事务）。机会终于到来，在海神之女忒提斯与珀琉斯国王举行盛大婚礼的婚宴上，因为没有受到邀请而怀恨在心的不和女神投下一个意在制造麻烦的金苹果，上面有一行字：献给最美丽的女神。据说主神宙斯此前已经预料到不和女神将要带来的灾难——可是身为众神之王，对于这样的罪恶他也和凡人一样无力防范。

由于不愿得罪天后赫拉、智慧女神雅典娜和美神阿芙洛狄特当中的任何一位，宙斯便巧妙地将这一场裁决交由伊得山下放牧的帕里斯王子去执行。于是这一场灾难便由天上转移到了人间。也许宙斯的这一决定本身便已预示金苹果的结局。三位女神为了"最美"的称号竞相向帕里斯提出了贿赂：赫拉的许诺是让他成为亚洲所有国家和人民的统治者，权势煊赫，名垂青史。可是在一个年轻人眼里，权势、功名和富贵这一类东西显然并没有太大的诱惑力。雅典娜的承诺是让他掌握战争的艺术，成为天下无敌的勇士，可以帮助特洛伊人民抵御强敌。可是对于武艺精湛，而又自视甚高的帕里斯来说，这样的回报显然也无法使之动心。只有阿芙洛狄特的条件才最让这位王子血气方刚热血沸腾，因为她所应许的不是亚洲各国的财富，也不是战争的艺术，而是一个姿色迷人的妻子。美神让帕里斯登上的不是任何王权的宝座，而是绝世佳人海伦的床笫。

倘若进行裁判的牧人帕里斯当时再年轻一些，或许他便会接受雅典娜的馈赠；倘若他再年老一些，则完全可能接受赫拉的利诱。然而那一刻，像所有年轻人一样，他轻易地成为美色的俘虏。这一场判决，不仅改变他本人的命运，也改变了特洛伊城和无数王子英雄的命运。

同时，在特洛伊城内，王后赫卡柏无比思念不幸的王子帕里斯。在他生日那天，宫廷准备举办一场盛大的竞技会来纪念这位命运悲惨的王子。国王派人来到帕里斯养父家中索要一头公牛，以充作竞技会优胜者的奖品。闻讯后，年轻好胜的帕里斯便随公牛来到他的出生地——特洛伊王宫。在竞技会上，他施展武艺，战胜了全部对手，却引起他的另一名兄弟得伊福玻斯王子的嫉妒和愤怒。后者一阵冲动拔剑向帕里斯砍去。情急之下帕里斯跳到祭坛旁，抱住宙斯神像，才侥幸逃过这一劫。

幸而此刻他的姐姐、女祭司（也是女预言家）卡桑德拉认出这位失散多年的兄弟。于是一家人喜极而泣，重新团聚。而神女俄诺涅也许因为惯于山野恬静自在生活，并没有随帕里斯来到王宫——神话使她一直待在伊得山间，直到帕里斯的生命临近终结之际，才让她重新露面。

聪明能干而富有才智的帕里斯很快赢得老王普里阿摩的信任。他力排众议，坚持让帕里斯统领庞大的特洛伊船队，出访位于希腊半岛的斯巴达王国。统治王国的墨涅拉俄斯是阿特柔斯之子，迈锡尼大国王阿伽门农之弟。他的妻子海伦则是宙斯与勒达所生的女儿。

据传海伦的美貌只有阿芙洛狄特本人才能与之相比。帕里斯来访时，恰逢国王墨涅拉俄斯外出，便由王后海伦负责接待。年轻的王后对王子一见钟情，当然她也听说了美神许诺之事，于是便顺水推舟，答应了和王子一同私奔的请求。

帕里斯诱拐海伦一事激起了墨涅拉俄斯兄弟和希腊半岛众王子的愤怒。因为当初择婿之时，海伦名义上的父亲斯巴达王廷达瑞俄斯便根据智士奥德修斯的建议，让前来求婚的众王子立誓尊重海伦的选择并将团结一致，和胆敢强抢海伦的人战斗到底。现在正是众王子履行他们誓约的时机。于是浩浩荡荡的希腊联军在迈锡尼大国王阿伽门农的统帅下便开到特洛伊城下。

掳得美女（当然也有财宝）而归的帕里斯王子并没有像他出

行时那样受到国人的热烈欢迎。国中的有识之士都担心预言会变成现实。王子将会给王国和他的臣民带来灭顶之灾。可是昏庸独断的老王普里阿摩却相信海伦的行为是自发自愿，决定为捍卫特洛伊的尊严而选择与强大的希腊联军开战。

双方的攻守之战持续十年之久，以阿喀琉斯为主将的联军和以赫克托耳为首领的特洛伊军队互有胜负，但伤亡惨重。在最后一年，双方都有了倦意，打算停止这一场旷日持久的战争。在双方谋士（或神祇）的调停下，决定由战争的罪魁祸首帕里斯王子和墨涅拉俄斯国王二人展开一场较量来判定双方战争的胜负。王子胜则希腊人无条件撤军，国王胜则特洛伊人须交出海伦并且偿付战争费用。受太阳神垂青的帕里斯在面对面的决斗中没能使他的箭术派上用场，因而落败。可在危急关头，一直暗中护佑眷顾他的美神阿芙洛狄特却兴起一片迷雾，将他救回到特洛伊城内。这样一来，特洛伊人自然也拒不认输，双方事先的协定被毁——按诸神的意旨，战争重新开始。

当阿喀琉斯与阿伽门农的争吵和解以后，希腊军队势如破竹，再一次攻打到特洛伊城下。特洛伊首领赫克托耳不敌阿喀琉斯，为国捐躯。帕里斯在太阳神的帮助下，乘阿喀琉斯不备，一箭射中其致命的脚踵，阿喀琉斯很快倒地身亡。战争又一次陷入僵局。

一直要等到希腊方面神箭手菲罗克忒忒斯的到来，才完全结束帕里斯所独擅的声名和荣誉。在二人的箭术比赛中，帕里斯被后者的毒箭所射中，创痛难忍，生命垂危。在朦胧之中他记起神谕说，只有他的前妻、伊得山的神女俄诺涅才能用草药止住他的创痛并治愈他的创伤。帕里斯在阔别多年后重新回到伊得山，当面向神女谢罪，请求她的谅解。可是负气的神女当时不肯原谅他的背信弃义，反而冷酷地将他赶下伊得山。

在回城的路上，帕里斯王子毒疮发作倒地身亡。回心转意后匆匆赶到的俄诺涅看到山林间的仙子围坐在火堆旁哀悼哭泣，感到羞愧难当，也一头扎进火堆里，自焚而死。

阿喀琉斯

关于阿喀琉斯其人，最著名的莫过于他的脚踵。这位特洛伊战争中希腊联军一方的头号战士，是佛提亚地方密耳弥多涅人的国王珀琉斯与海洋神女忒提斯所生的儿子。在他出生以后，母亲忒提斯为了让他像天上众神一样长生不死，每天用仙浆玉露涂抹他的身体，到了夜晚，则将他浸泡在斯提克斯冥河之中。这样他就做到浑身上下刀箭不入，除了母亲浸泡他时握捏住的脚跟——由于珀琉斯的突然闯入而来不及浸泡——成了日后他最致命的弱点。也许只有天上的神祇才完美无缺，神女忒提斯无论如何努力，终究无力改变阿喀琉斯作为凡人的命运。

海洋神女对于这一桩由主神宙斯所安排的婚姻并不满意。因为宙斯是出于自私的目的才这样做的。根据天神普罗米修斯的预言，忒提斯倘若与主神结合，便将产下一个强大无比的儿子，他的力量足以推翻主神宙斯在天上人间的统治（正如当初宙斯凭借武力推翻其父克洛诺斯一样）。出于对这则预言的恐惧，宙斯决定将忒提斯嫁给密耳弥多涅的国王、凡人珀琉斯，这样他们生下的儿子便无法威胁他在宇宙间的统治权。忒提斯由于将儿子塑造为不死之神的计划被珀琉斯破坏，一怒之下，便将儿子抱出王宫交给著名的马人喀戎教养，自己则回到海洋深处的宫殿——凡人与神的结合通常只能保持短暂的幸福时光。

在喀戎的精心抚育和教导下，阿喀琉斯学得各种武艺和马人所独擅的医术。另有一位长者，即后来陪伴他一同出征特洛伊的福尼克斯，则教给他论辩的技巧和健身之道。加上天生的神力和迅速奔跑的能力，据说他到了六岁时就可以独自杀死一头野猪和狮子，并轻易追赶上善跑的麋鹿。和他一同接受教育的还有他终生不渝的好友和伴侣帕特洛克罗斯，这是一位著名的射手，日后他的死亡导致特洛伊战争的重大转折。

珀琉斯与忒提斯婚宴上的金苹果事件，直接引发希腊军队与特洛伊人之间的那场战争。到了阿喀琉斯九岁的时候，他已学成技艺回到珀琉斯身边。忒提斯听说了希腊预言家卡尔卡斯所发布的神谕：如果没有珀琉斯之子的参战，浩大的希腊军队依然无法攻占特洛伊城。同时神谕还说，英雄阿喀琉斯本人也将在战争中丧命。和赫拉克勒斯一样，阿喀琉斯早年也面临过这样的抉择：在庸碌的长命与短暂的荣耀之间，他只能选择其中的一种生活。幸或不幸，阿喀琉斯选择的是后者，而这一预言似乎也昭示他的选择早已是冥冥中注定。然而忒提斯依然不愿轻易屈服于命运的安排。她从海底破浪而出，来到珀琉斯的宫殿，给阿喀琉斯穿上女孩的衣服，然后将他带到斯库洛斯岛交由国王吕科墨得斯抚养，试图以此来逃避那凶险可怖的厄运。

男扮女装的阿喀琉斯在王宫里迅速成长，与公主伊达弥亚相爱并生下儿子涅俄普托摩斯，过着凡人平静而幸福的家庭生活。可是很快，希腊方面派出的智士奥德修斯和另两位英雄便闻风而来。狡黠的奥德修斯假扮作商人，将众多的首饰和一矛一盾陈列在公主们面前。随着旁边传出一声战斗的呼喊，公主们惊慌而逃，只有阿喀琉斯习惯性地操起武器准备迎战来犯之敌。真相立刻大白，而英雄也并非不情愿地加入奥德修斯战队，率领英勇的密耳弥多涅战士分乘五十只大船来到特洛伊城下。

在战争开始的头九年当中，阿喀琉斯凭借他高超的技艺和勇敢的精神，帮助希腊人攻城略地，立下赫赫战功。他先是攻入密西亚的盟国科罗奈，并杀死其国王，海神波塞冬之子库克诺斯。后来又攻入密西亚，劫取阿波罗神庙祭司克律塞斯之女克律塞伊斯（后来归主帅阿伽门农所有）。并入侵吕耳涅索斯，杀死国王布里修斯并劫得其女布里塞伊斯（后成为他最宠爱的女奴）。在与特洛伊国王普里阿摩的亲家、忒拜国王厄厄提翁的战斗中，阿喀琉斯在攻破其城门后，将国王和他的七个儿子全部杀害。然而随着功劳的日渐增加，他和联军统帅阿伽门农之间的分歧也越来越大。

最初，由于阿伽门农得罪狩猎女神阿尔忒弥斯，神谕要求他将女儿伊菲革涅亚献祭才能平息女神的愤怒。于是阿伽门农谎称让女儿与阿喀琉斯订婚将她召到军营。阿喀琉斯在获悉这一图谋后怒不可遏。虽然伊菲革涅亚在最后一刻被女神赦免，但阿喀琉斯对阿伽门农的愤怒却始终没有消除。二人之间最大的一次争吵是因俘获的女奴而起，这也构成荷马史诗《伊利亚特》开篇的主要内容。

阿伽门农迫于太阳神方面的压力，归还了他的女奴克律塞伊斯，同时却要求夺取阿喀琉斯的女奴布里塞伊斯以作补偿。这一举动导致阿喀琉斯愤然退出战斗，并立誓再也不会帮助希腊人和特洛伊人进行战斗。他来到海边，向母亲哭诉自己的不幸遭遇（这是英雄的另一面），并请求忒提斯向宙斯求情向希腊人降下灾难，惩罚阿伽门农的自私和傲慢。如此一来，特洛伊方面的领袖人物赫克托耳便势不可当，他率领特洛伊军队乘胜追击，攻取希腊人的军营，将希腊人全部逼回到他们的舰船上。包括统帅阿伽门农在内的联军将领大多负伤在身，无法参战，大量的战舰被焚烧，希腊军队的命运岌岌可危。

在这关键时刻，陪同阿喀琉斯一道出征特洛伊的射手帕特洛克罗斯又一次恳求他捐弃前嫌，帮助希腊人挽救危局。可是阿喀琉斯的怨愤却终究难以释怀。他只是同意让他的好友穿上他的盔甲，拿起他的武器，上阵去和特洛伊人战斗。英勇的帕特洛克罗斯不负众望，杀退特洛伊人凶猛的进攻，保全了希腊军队。可是他本人，在和赫克托耳的遭遇战中，却不幸身亡——后者剥夺了他身披的阿喀琉斯的铠甲，扬扬自得地准备下一次更大规模的进攻。

阿喀琉斯听说好友不幸惨死，悲切不已，对自己从前自私冷酷的行为也有所反省。而这时，阿伽门农也主动向他讲和，并向他赠送大量贵重的礼物以示诚意。阿喀琉斯终于决定再度披挂上阵，并立誓斩杀赫克托耳，为亡友祭奠。忒提斯也无法劝阻儿子的决心，只好重回奥林匹斯山，请求火神赫淮斯托斯重新为阿喀琉斯打造一副铠甲和兵器，帮助他战胜勇猛的赫克托耳。而火神由于当初被宙斯抛向大地时受到过海洋女神的热心救助，因此也欣然答应她的请求，连夜为阿喀琉斯赶造了一副尽善尽美的盔甲和神盾。于是重新武装的阿喀琉斯来到了阔别已久的战阵之前。

阿喀琉斯追逐赫克托耳围着特洛伊城墙跑了整整三圈，终于在后者精疲力竭时将这位特洛伊人的头号勇士（也是他们的精神支柱）杀死，并剥下其铠甲，将他的尸身缚在战车上巡行示众，以实践对亡友许下的诺言。特洛伊国王普里阿摩对儿子的惨死哀伤欲绝。深夜，他只身潜入阿喀琉斯营帐中，恳求英雄同意将儿子的尸体赎回以便安葬。平生杀人如麻铁石心肠的阿喀琉斯对白发苍苍的老王产生了哀怜之心，同意他的请求。于是双方休战数日，各自隆重安葬赫克托耳和帕特洛克罗斯。

虽然阿喀琉斯此后还战败并杀死特洛伊人的援军阿玛宗女王彭忒西勒亚和埃塞俄比亚国王门农，可是他终究无法逃脱自己覆亡的命运。在特洛伊陷落前的争夺战中，受着太阳神指点的帕里斯躲在城门后一箭洞穿他的脚踵，使得这位不可一世的英雄轰然倒地。

还有的版本说特洛伊方面设下美人计谎称让公主波吕克塞娜与之成婚，诱骗他独自进入阿波罗神庙，并由埋伏在那里的帕里斯将其射杀。阿喀琉斯死后，据荷马说，成了冥府的统治者之一（应验了"生作人杰，死为鬼雄"的说法）。在奥德修斯游历冥府时，两位昔日的战友再度重逢——"我宁愿在世间为奴，也不愿在冥府称王"，英雄感慨不已地对奥德修斯说，其内心的怅惘和遗恨可想而知。

阿伽门农

阿伽门农是特洛伊战争中希腊联军的统帅，迈锡尼大国王。这一名声显赫的家族由于祖先犯下的严重罪过，遭到神祇的惩罚，因此也成为神话传说中承受最多不幸，命运最为悲惨的家族之一。

这一族的祖先是坦塔罗斯，阿尔戈斯国王。他本是众神的宠儿，包括主神宙斯在内的奥林匹斯众神曾经让他享受了其他任何世人都无法享受的荣耀：他被邀请到奥林匹斯山参加众神的宴会。可是神的恩宠却让这位国王变得狂妄自大起来，而误以为自己很可以与众神平起平坐。据说他不仅从众神享用的餐桌上偷取仙浆玉露和神食带到人间与凡人分享，并且胆敢将在餐桌上窃听到的诸神的秘密和隐私拿到人间散播卖弄。更有甚者，为了试探诸神是否如一般人所说无所不知，无所不晓，丧心病狂的坦塔罗斯居然杀害他的亲生儿子珀罗普斯，以其人肉宴请众神。奥林匹斯众神中除农神得墨忒尔因为亲生女儿被冥王绑架，心不在焉而误食一口以外，其余神祇都洞穿他的阴谋，并且感到异常愤怒，决定拿走赐予这个家族的恩宠。

坦塔罗斯死后被打入地狱受着无穷无尽的折磨。他的女儿尼俄柏由于侮辱神女勒托，七双儿女全部被射死，她本人也化作一块巨石。

坦塔罗斯的儿子珀罗普斯被诸神复活以后并没有吸取他父亲的教训，反而变本加厉。为了娶得厄利斯国王俄诺玛俄斯的女儿希波达弥亚，珀罗普斯答应和国王赛车——而此前他已买通国王的御手密耳提罗斯在国王的车上做了手脚。结果珀罗普斯如愿以偿取得胜利。可是当御手向他提出事先允诺的贿赂时，珀罗普斯却凶残地将密耳提罗斯这位神使赫尔墨斯的儿子，推到海里。神使立誓要让珀罗普斯和他的子孙偿还这一笔血债。

珀罗普斯的两个儿子阿特柔斯和提厄斯忒斯一道绵延了他们家族的灾难和罪孽。兄弟俩先是合谋杀害同父异母的兄弟克律西波斯，然后一同逃往别国。等到阿特柔斯继位做了国王，兄弟俩发生内讧，提厄斯忒斯私通阿特柔斯的妻子埃洛珀，企图夺取王位。被流放后又唆使他收养的阿特柔斯之子普勒斯忒涅斯反对他父亲的统治。阴谋败露后，阿特柔斯处死自己的儿子，将妻子埃洛珀投入大海，同时决定对他的弟弟实施更加残酷的报复。

像他的祖父一样，阿特柔斯杀死他兄弟提厄斯忒斯所有的儿子，并邀请他的兄弟一同享用这人肉的盛宴。这样令人发指的恶劣行径显然是众神无法容忍的，他们决定让这一家族的人遭殃，无一幸免。

被迫逃亡的提厄斯忒斯无意中与自己的女儿珀罗庇亚亲近，并生下儿子埃癸斯托斯。埃癸斯托斯长大后了解自己的身世，成功刺杀阿特柔斯，其王位也被释放出狱的提厄斯忒斯所篡夺。然而不久，阿特柔斯的长子阿伽门农也如法炮制，成功刺杀提厄斯忒斯，夺回王位，成为威震希腊半岛的大国王，而埃癸斯托斯则遭到流放。

阿伽门农与斯巴达国王廷达瑞俄斯的长女克吕泰涅斯特拉结婚，婚后生有三女：伊菲革涅亚、克律索忒弥斯和厄勒克特拉以及一子：俄瑞斯特斯。阿伽门农的兄弟墨涅拉俄斯则娶了斯巴达国王的幼女海伦。海伦是主神宙斯化为天鹅与国王之妻勒达所生的女儿，是世间第一美女。她被特洛伊王子帕里斯诱拐则直接导致其后长达十年的特洛伊战争。墨涅拉俄斯本人和其他若干希腊王子一同征战，而阿伽门农则是浩浩荡荡的希腊联军的最高统帅。

当希腊大军的舰队停泊在奥利斯港口等待乘风起航时，阿伽门农却在一次狩猎中无意冒犯了狩猎女神阿尔忒弥斯，因为他射杀了献给女神的祭物——一头赤牝鹿。女神对这样鲁莽的行径感到非常恼火，于是下令不让海面上兴起哪怕一丝丝的风浪。随军出征的高级顾问、预言家卡尔卡斯在占卜后向众人传达神的旨意：除非统帅阿伽门农王将他的爱女伊菲革涅亚献给狩猎女神，平息她的怒火，否则联军永远不可能起帆远征特洛伊。

阿伽门农遭遇个人利益和集体利益的矛盾冲突。起初他想辞去联军统帅之职，因为不忍心杀害自己的女儿，可是又害怕引起军队的哗变。后来经不住兄弟一番恳求劝说，终于答应给妻子写信，谎称让伊菲革涅亚与珀琉斯之子阿喀琉斯订婚，将女儿骗入军营。

伊菲革涅亚在母亲克吕泰涅斯特拉的陪伴下很快赶到大军驻扎的地方。和阿喀琉斯的一次邂逅则将她们的美梦击得粉碎。克吕泰涅斯特拉狂怒地责骂并诅咒阿伽门农，而伊菲革涅亚却从容不迫地向父亲坦言为了全体希腊人的利益，宁愿牺牲自己的性命。虽然在走上祭坛即将行刑的最后一刻，女神阿尔忒弥斯用一头赤牝鹿替换下少女伊菲革涅亚，可是阿伽门农的这一次欺骗行为却使得英雄阿喀琉斯怒火中烧，为后来二人的公开不和埋下伏笔，而二人的不和又极大地影响了这一场战争的进程和结局。

更为严重的是，王后克吕泰涅斯特拉在经历这一事件后，对丈夫产生极端的仇恨，视之为杀害自己亲生女儿的罪魁祸首——让她永远地失去了自己的女儿，也葬送了她一生的幸福。果然，她一回到国中，就和流放归来的埃癸斯托斯勾搭成奸，并时刻寻找机会谋杀阿伽门农。

总体而言，特洛伊战争中阿伽门农作为联军统帅显示出高超的指挥技巧和英勇无畏的气概，甚至时常在危难时刻冲锋陷阵，身先士卒，深得众人的钦佩和爱戴。然而有时他的专横和自私也给希腊军队带来重大的灾难。其中最为显著的，便是他和军中第一勇将阿喀琉斯之间因为女俘而发生的争吵。

在围攻特洛伊城之前的外围战斗中，阿喀琉斯掠得阿波罗神庙祭司克律塞斯的女儿克律塞伊斯，后来归阿伽门农所有，成为他宠爱的女奴。而阿喀琉斯本人则夺得布里塞伊斯并将她据为己有。当阿波罗的祭司携带重金宝物向阿伽门农求情，要求赎回女儿时，高傲的联军统帅却不顾众位将领的反对，在一番羞辱后将克律塞斯赶走。克律塞斯转而向太阳神求助，祈求降下瘟疫，惩罚目无神明的阿尔戈斯人。

在瘟疫盛行九天以后，又是祭司卡尔卡斯向众人传达神谕：阿伽门农必须将克律塞伊斯无条件地送回到她父亲那里，并附以百倍的赎罪礼品。阿喀琉斯带头赞成这一提议，却遭到阿伽门农的猜忌，以为卡尔卡斯是受阿喀琉斯指使。双方当众发生激烈争吵。结果阿伽门农虽然被迫交还了克律塞伊斯，却又蛮横无礼地从阿喀琉斯那里抢得布里塞伊斯作为补偿。阿喀琉斯在羞愧与愤懑中，立誓退出战斗，不再帮助希腊人攻打特洛伊。

接下来，阵前的形势发生逆转。由于阿喀琉斯的退出，特洛伊方面的主将，英勇无比的赫克托耳便所向无敌，率领特洛伊取得一次又一次反击的胜利，并一直将希腊人逼回到他们的舰船之上。

阿喀琉斯最要好的朋友帕特洛克罗斯的阵亡使他决意重新披挂上阵，而阿伽门农也不失时机地向他献上礼物，表达自己的忏悔之意，于是统帅和将领很快达成和解。而重新出战的阿喀琉斯也不负众望，成功地斩杀赫克托耳，为不久后联军攻陷特洛伊城取得最后胜利奠定了基础。

由于以阿伽门农为首的希腊主将领一致同意采用奥德修斯的"木马计"，联军很快攻破特洛伊城。阿伽门农俘获特洛伊国王普里阿摩的女儿，女祭司卡桑德拉。满载掠夺来的宝物和女俘，阿伽门农的船只扬帆渡海，在十年征战结束后盼望返回家乡，享受平静安宁的美好生活——却没想到等待他的倒是更为残酷的命运。

在国中，埃癸斯托斯与克吕泰涅斯特拉已设下圈套准备杀害凯旋的阿伽门农。在欢迎仪式上，克吕泰涅斯特拉先是花言巧语使国王全然放松戒备，然后又乘国王除去甲胄洗澡之际，用金属的丝网将他套住，并用短刀将他刺死。这位威名远播的统帅，没有死在血腥的疆场，反而死在自己的户牖之中，也可说是对戎马一生的英雄最大的讽刺。而女俘卡桑德拉，虽然预见了自己的不幸，终究也未能逃脱被绞杀的命运。

正如他的祖父辈一样，俄瑞斯特斯——阿伽门农最小的儿子——若干年后也悄然返回国中，将埃癸斯托斯和克吕泰涅斯特拉全部杀死，为父亲阿伽门农报了仇。而他本人，则由于弑母的罪孽而受到复仇女神的追逐，直到阿波罗和雅典娜两位神祇出面替他求情和调解，最终才使得他洗净这个家族绵延数代的灾祸之源，从此过上常人平凡而宁静的生活。

海　伦

爱美之心，人皆有之，尤其对于女性而言。世间的女子，谁都愿望自己有一副如花似玉的美丽容颜，甚至为此而不惜一切代价。可是有一位女子，却希望自己美艳绝伦的容貌，"像一个画像似的可以涂去了，再换回丑的容貌来代替"（欧里庇得斯《海伦》）——这就是希腊神话中鼎鼎有名的海伦。

海伦本是古代弥诺斯地方的植物神，同时也是伯罗奔尼撒的丰产和光明之神。奥林匹斯神教统一希腊半岛以后，和其他地方神祇一样，她也不可避免地遭遇降格的命运——宙斯爱上斯巴达国王廷达瑞俄斯的王后勒达，便化为天鹅与之交欢。后来产下二卵，海伦及其兄弟波吕丢刻斯便由此中化出。这一奇异的身世，即使在神话中也是极不寻常的——也许正因为如此，海伦日后所遭受命运的拨弄也就顺理成章，毫不奇怪了。

据说早在少女时代，海伦的美艳之名便已远播希腊半岛，引得无数英雄竞折腰——其中一位大大的英雄，便是雅典国王埃勾斯的王子忒修斯。这位王子结交拉庇泰人国王珀里托俄斯后，两位青年豪俊夸下海口，各自要掠得一名宙斯的女儿为伴，方能不负一世英名。他们的目标，一个指向宙斯与农神得墨忒尔所生、时为冥后的珀耳塞福涅，另一个则为其时仍为花季少女，不谙世故的海伦。

绑架海伦的计策侥幸成功，可是斯巴达国王一发觉，便派出海伦的两个兄弟，以骁勇善战而著称的卡斯托耳和波吕丢刻斯，在海伦尚未遭受忒修斯凌辱前（一说英雄以其年幼而生性怜香惜玉之情，不忍摧折）便迅速将其解救，并在此后对海伦益发严加看管（绑架冥后的计策则因冥王哈得斯的警觉而以失败告终：二人被禁锢于幽冥之中，忒修斯后被友人赫拉克勒斯解救而出；珀里托俄斯则没有那么幸运，只有永久地囚禁于地狱的心脏，接受因大胆愚妄而招致的严厉惩罚）。

随着海伦渐渐长大，国王廷达瑞俄斯的烦恼也愈发深重。希腊诸岛国王及王子派来求亲的队伍络绎不绝，而其中任何一位，他也不能轻易得罪。虽然那时他的长女克吕泰涅斯特拉已成功地嫁给迈锡尼大国王的长子阿伽门农，然而单凭大国王一人之力，他仍旧无法与众人抗衡。无奈之下，廷达瑞俄斯只好向希腊众邦之中最富于智谋的伊塔刻国王俄底修斯求助。在后者的建议下，斯巴达王主持召开一个包括所有求婚王子（连同阿伽门农之弟墨涅拉俄斯在内）共同参加的大会，会议决定由众位王子立誓，采用抓阄的办法产生出海伦的如意郎君。海伦的夫君一经选出，他人不得再有异议，且一旦此后海伦夫妇有难，众人必须立刻集结，赴汤蹈火，不可推辞（这就为日后的特洛伊战争做好了思想上和组织上的准备——神话传说在这一事件上，表现出惊人的逻辑性）。

抓阄的结果是迈锡尼大国王的次子、阿伽门农之弟墨涅拉俄斯胜出。二人结婚不久，阿伽门农便在大国王病逝以后顺利地继承王位。而斯巴达王国，由于两位王子热衷于征战杀伐，常年不归（死后化为天上的双子星座），便由国王的快婿墨涅拉俄斯继承王位，与海伦一道统治强劲的斯巴达王国。

海伦与墨涅拉俄斯婚后生有一女赫耳弥俄涅，日子过得和和美美。然而发生在千里之外，特洛伊城郊伊得山下的一场选美风波，却彻底改变了她的命运。主神宙斯要求特洛伊王子、时为牧羊人的帕里斯评判天后赫拉，智慧女神雅典娜及爱神阿芙洛狄特三人中孰为最美。三位女神为了贿赂裁判，各自提出不同的报酬，而爱神的价码最直接明了——可以让帕里斯拥有世上最美的女人。

于是就跟当初她无权选择自己合法的丈夫一样，现在海伦也无法拒绝自己神赐的情人。仿佛一件商品，由墨涅拉俄斯易手帕里斯，其间的过程似乎与她本人无关——就在爱神不经意的一诺之间，海伦的命运已发生了致命的逆转。

乘着斯巴达国王墨涅拉俄斯因公外出，特洛伊王子帕里斯率领庞大的舰队突然造访斯巴达王国并受到王后海伦热切的欢迎。而客人为了回报主人的盛情，便在返航之际将依依不舍的女主人一道捎回特洛伊城邦——这便是著名的帕里斯"诱拐"事件。

身为斯巴达王后，竟然轻率地与别国王子私奔（据说还携带大量珠宝财物，或许是作为陪嫁），海伦的责任显然无法推卸。但想到冥冥之中神的意旨难以抗拒，则当事者本人的罪状自然也可以减轻不少。只是自此之后她所背负的淫妇、私奔的罪名便如影随形，再也挥之不去。

此后便是希腊联军千帆竞发，对背信弃义的特洛伊人的愤怒讨伐。十年征战期间海伦本人的情状如何，神话中鲜有提及。荷马史诗《伊利亚特》中有三五处提及海伦，只是说她深自悔责，对自己的轻率行径引发的这一场死伤惨重的战争内疚不已（"我这不要脸的女人""我真该死去"并"为自己的厄运举哀"，等等）。

在帕里斯与墨涅拉俄斯的单打独斗中临阵逃脱返回寝宫时，海伦曾对他的卑劣行径当面予以痛斥。而在特洛伊的柱石赫拉托耳英勇战死后，她更是涕泪涟涟，哀号不绝。一方面是为了特洛伊人失去依靠将不免亡国之厄运，另一方面也为自己痛失一位忠厚长者的呵护，此后的运命越发难以预测——故而不免悲从中来，悯人亦复伤己，悼人亦复自哀（史诗中这类细腻激越的情感描写，并不多见。似乎唯有安德洛玛刻在城头与赫克托耳告别的场面方能与之媲美）。

帕里斯在射杀希腊军中第一号英雄人物阿喀琉斯（射中其脚跟，即"阿喀琉斯之踵"）以后，遭到对方报复，被神箭手菲罗克忒斯射死。无依无靠的海伦立时成为普里阿摩诸王子争抢的对象。

后来在老王的主持下，海伦又一次改嫁帕里斯之弟得伊福玻斯——据说这也是神意的安排——海伦的父亲，廷达瑞俄斯在一次献祭时，向所有的神祇祭祀，单单遗忘了爱神阿芙洛狄特。女神大怒，立誓使得他的女儿们必至再嫁三嫁，且背弃她们的丈夫（海伦之姊克吕泰涅斯特拉便于其夫阿伽门农凯旋之后，与奸夫埃癸斯托斯合谋将其绞杀）。这样也就不难解释特洛伊战争之后海伦的结局：在特洛伊城沦陷之际，海伦出卖现任的丈夫得伊福玻斯，并将其交与前夫墨涅拉俄斯——以此取得前夫的宽恕，带她重返斯巴达。

然而上述故事只是神话传说中关于海伦的一个较为流行的版本。此外还有一些别的说法，如悲剧家欧里庇得斯便认为跟随帕里斯去往特洛伊的并非海伦本人——由于天后赫拉在选美比赛中的失利，大为恼怒，立誓要让帕里斯娶得海伦这一计策落空，于是便用天空中的云气，造出海伦的影像，让帕里斯自以为得计。其实帕里斯所得的，只是他自己空虚的幻想罢了。真正的海伦，却被神使赫尔墨斯带入空中隐藏在云层里，并在适当的时候（按照宙斯的指令），放在埃及国王普洛透斯的家中，并受到善待。等到特洛伊战争结束，墨涅拉俄斯历经漂泊来到埃及领土，才找到海伦，并运用计策，成功回到斯巴达。

另外与欧里庇得斯几乎同时的历史学家希罗多德也在《历史》的第二卷中记载了海伦之事——海伦并非由神使偷运到埃及，而是在与帕里斯私奔返回特洛伊途中突遇暴风，被吹到埃及。国王普洛透斯审理此事，判令帕里斯三天内必须离境，海伦及其携带宝物则被扣留，留待希腊人日后前来认领云云。但总而言之，后来墨涅拉俄斯是在埃及找到海伦并与之偕返。可见，到公元前五世纪前后，这已成为当时通行的见解，而与古代的神话版本稍有不同。

至于海伦最终的结局，神话中似乎也没有确切的记载。普遍的说法是墨涅拉俄斯死后，孤苦伶仃的海伦被逐出斯巴达城邦（因为她曾经给城邦带来巨大的浩劫和灾难）。她出逃罗得斯岛，并在那里惨遭杀害。一代名媛，香消玉殒，自然会让人嗟叹不已。更由于她是宙斯所生，天生异禀，于是便有好事者编排出这样的结局：海伦死后，众神使之复活，并成为死后凭借其不朽业绩获得永生的阿喀琉斯的妻子。英雄美人，至此功德圆满，皆大欢喜。传说虽然荒诞不经，但也反映出普通民众淳厚善良的美好愿望。

文学作品中的海伦，作为美的化身，长期以来一直是诗人们吟咏的对象。英国十六世纪著名剧作家诗人马娄咏叹海伦的两行诗"竟是此脸催千帆，巍峨伊城化废墟"已成英诗中千古名句，流传至今。诗风深受马娄影响的莎士比亚在《特洛伊罗斯和克瑞西达》中也惊呼："她是一颗珍珠/她的价值催动千帆竞发/将冠冕的国王都变了觅宝的商人。"——极言其美艳绝伦，光彩照人。使得"美丽的海伦"一词几乎成为英语语言中的通用语。至于她生平的瑕疵，倒渐渐为人所淡忘而变得无关紧要。悲剧中的女主人公海伦曾经哀叹，"不是我，是我的名字，成了希腊人的武功奖品"。她已明知自己不过是某种借口，某种符号，而她本人的真实状况及其感受，或许人们并不真正在意——那只不过是个虚幻的影子。

或许每个神话人物，或历史人物，在亘古历史长河中，最多也都只能算是某种符号——像赫拉克勒斯作为盖世英雄，或海伦作为绝色美人。

美狄亚

在奥林匹斯神教一统希腊半岛的过程中，遭遇各地方神教顽强的抵抗，而最终都被瓦解降伏。其最常见的整合方法，便是将地方神教中的主要神祇降格为奥林匹斯神教中的次要神祇（或主神的配偶及子女），或干脆去除其神性，使之与普通人无异（如阿伽门农或海伦）。以美貌智慧著称的美狄亚——本来也是一位神祇，因为她不仅可以驾驭飞龙车飞行，而且有起死回生的神奇法术——其命运则最为悲惨。在正统的奥林匹斯神话体系中，她非但失掉神的身份，甚至连做人的资格都成问题。她只能去做巫师，妖魔化了的巫师：残杀亲生的一双儿女，并肢解自己的同胞兄弟，而且可以神奇地逃脱天上或人间律法的制裁。

美狄亚是传说中科尔喀斯国王埃厄忒斯的女儿，埃厄忒斯国王则出自显赫的老一辈奥林匹斯神祇、太阳神赫利俄斯的家族。国王本人在希腊半岛大大有名并非由于他过人的智慧或超强的法术，而是由于他的国土上生长着众人艳羡的神奇的金羊毛。

金羊毛的来历与云女神涅斐勒有关。女神与国王阿塔玛斯婚后生有一子一女，儿子佛里克索斯和女儿赫勒。涅斐勒后来被迫返回天上，阿塔玛斯又娶伊诺为妻。伊诺嫉妒心很强，对前妻的一双儿女横加凌辱。云女神恐子女不堪其虐待，便从主神那里借得神奇的金羊毛让子女出逃——途中赫勒仓皇失措，由羊背上跌落到欧亚之间的赫勒海峡淹死；弟弟佛里克索斯则顺利抵达埃厄忒斯国王统治的科尔喀斯。埃厄忒斯养育了佛里克索斯，到他成年后，将女儿卡尔基奥嫁给他。神奇的金毛羊此后奉神谕被宰杀（向宙斯献祭），金羊毛则被悬挂在战神阿瑞斯的圣林中，由口喷火焰，不知疲倦的毒龙把守。

为了获取金羊毛，一群希腊的青年豪杰在伊阿宋的率领下，乘坐巨舰"阿尔戈斯号"开始史上最具挑战性的冒险历程。并在历经艰辛之后成功抵达埃厄忒斯的国土。在招待远方客人的王宫宴会上，美狄亚公主第一次见到英俊潇洒，风度翩翩的伊阿宋王子，爱神的金箭也立刻洞穿她的心房（据说是一直在暗中护佑伊阿宋的天后赫拉向爱神求助才使得美狄亚对伊阿宋产生狂热的爱情，否则单凭伊阿宋的力量无论如何也完不成猎取金羊毛这一艰巨的任务）。

老奸巨猾的埃厄忒斯国王对众英雄的造访心存疑虑，决定伺机将伊阿宋除去。虽然他口头答应他们的请求，同时却又提出更为苛刻的条件：要伊阿宋套上铜蹄喷火的神牛去耕阿瑞斯的神田，然后播种龙齿，当龙齿生长出武士时必须与之搏斗并将其杀死。伊阿宋被迫接受这样的条件，因为他已没有退路。而要完成这一系列的艰巨任务，没有精通巫术的美狄亚相助显然是不可能的。

可怜的美狄亚也处在进退两难的矛盾之中：一方面她很想帮助自己心爱的人战胜困难，取得最后的胜利；而另一方面，又害怕违背父亲的意志而遭受严惩。最终还是爱情的力量占据上风。她备好魔膏（使得伊阿宋刀枪不入），并向伊阿宋泄露制服土生武士的秘密，使得英雄轻而易举地完成了国王交给的任务。

当然，这一切都逃不过国王的眼睛，他已下定决心采取武力消灭伊阿宋和阿尔戈英雄。关键时刻，又是美狄亚挺身而出，帮助英雄们降伏看护圣林的毒龙，取得金羊毛并成功逃离科尔喀斯国境。埃厄忒斯对美狄亚的背叛行为大为震怒，派其子阿布叙尔托斯前往拦截，务必要将逃犯擒拿归案。

面对气势汹汹的追兵，一心梦想着陪伴情郎走遍天涯海角的美狄亚再一次决定牺牲自己的亲情：她和伊阿宋设计将她的兄弟阿布叙尔托斯残忍杀害。更为令人发指的是他们又将尸体肢解投入水中，从而延缓对方的追赶。

返航途中美狄亚一路上给阿尔戈斯英雄巨大的帮助，如制服克里特岛的青铜巨人塔罗斯。巨人是宙斯赐给欧罗巴守卫克里特岛的卫士，如有外敌入侵，他便会跳入火中，将自己的铜身烧得通红，然后将入侵者抱住烧死。塔罗斯身上唯一的弱点在踵部，那里有钉子塞住的小孔，美狄亚使塔罗斯入睡，拔去他脚踵的钉子——于是巨人失血而死，英雄们得以继续前行。

最后，伊阿宋和美狄亚一道返回他的家乡伊奥尔科斯城。统治该城邦的是伊阿宋奸邪的叔父佩利阿斯，他篡夺伊阿宋之父埃宋的王位并将伊阿宋的母亲囚禁，以此胁迫伊阿宋猎取金羊毛。虽然伊阿宋凯旋，佩利阿斯并不打算承兑自己的诺言将王位交还给他，相反仍千方百计想要置英雄于死地。在这危难时刻，美狄亚又一次施展魔法，不仅保全了伊阿宋的性命，而且帮助他成功复仇。

美狄亚先用魔液使得年迈的埃宋返老还童。当这个奇迹传开以后，佩利阿斯的女儿们也来向她请求让她们的父亲也能重返青春。美狄亚让她们切开佩利阿斯的喉管，可是这一次，她所调制的魔液却不具有任何魔力。美狄亚借佩利阿斯女儿之手为自己的情郎复仇成功。可是伊阿宋却并未能因此而获得梦寐以求的王位，因为这一惨烈的复仇手段激起国人的义愤。二人遭到流放，被迫远走遥远的科林斯王国，并在那里驻留下来。伊阿宋未能如愿以偿夺回王位，这也为日后美狄亚的悲剧埋下了伏笔。

科林斯国王克瑞翁收容了落魄的伊阿宋夫妇。二人相亲相爱，生二子墨耳墨修斯和斐瑞斯，也曾度过一段短暂的幸福时光。然而好景不长，他们先前犯下的深重罪孽很快地遭到命运的严惩。先是不甘寂寞热衷于功名利禄的伊阿宋移情别恋，爱上国王克瑞翁的女儿格劳刻，决定与之成婚而将美狄亚驱赶出科林斯，并谎称这是为了将来两个儿子的幸福前程。心高气傲的美狄亚不甘心接受这样的凌辱，决心奋起反抗。然而这一种反抗，由于超出它应有的限度，已近乎暴戾与疯狂，便使得这一原本极为合理的抗争变成惨无人道的屠戮。

美狄亚先以贺喜为名，向新娘赠送一件魔衣。格劳刻一旦穿上便被紧紧缠住无法动弹，同时周身焚烧的烈焰更使她无法忍受。国王克瑞翁上前救助，也被烈焰焚身，于是在婚礼上父女二人一同被活活烧死。然而这似乎还不足以平息美狄亚的怒气。她又设计骗来她和伊阿宋所生的两个儿子，并残忍地将他们杀害。当闻讯而来的伊阿宋匆匆赶到时，美狄亚已经坐上她祖父赫利俄斯派来的龙车飞离科林斯国境。

万念俱灰的伊阿宋在这个世界上已找不到自己的栖身之地。最终一次偶然的机会，他漂泊到曾经使他威名远扬的"阿尔戈斯号"船边。精疲力竭的英雄在船尾的阴影里沉沉睡去。结果久遭侵蚀的船尾坍塌，结束了他可哀可叹的一生。

然而美狄亚的故事并未到此结束。她乘坐飞龙车来到了雅典，因为在她恶毒的计策实施之前，她和雅典的国王埃勾斯便订下口头协定：她答应使用法术让埃勾斯生育众多后代，不再为后嗣乏人而哀愁；而作为回报，埃勾斯也答应为她提供栖身之地，决不将她出卖给她的敌人。这样美狄亚安然无恙地进入雅典并以自己的美貌（虽历经沧桑巨变而风采依然，也许这样的理想只有在神话中才能存在）俘获了国王埃勾斯，又成为雅典的王后。

可是命中注定像美狄亚这样的女子是不可能安守宁静幸福的婚姻生活的。很快，埃勾斯的法定继承人、英雄忒修斯回到雅典，美狄亚害怕他继承王位后于自己不利，企图用毒酒杀害忒修斯。她的计策被识破后引起老王的震怒和国人的愤慨，美狄亚本人遭到放逐。于是又一次开始她亡命天涯的漫漫历程。

以上是悲剧家欧里庇得斯对美狄亚的描述和记载。当然还有另外的神话版本谈到美狄亚日后的命运——她历经磨难，又重回到祖国科尔喀斯，与年迈的父亲埃厄忒斯相见，一笑泯恩仇。父亲最终宽恕了女儿，而女儿也再一次施展出魔法帮助父亲收回被他人篡夺的王权，等等。

美狄亚的形象，可谓神话中"始乱终弃"的妇女悲惨命运的真实典型。她的不幸，不是在于她爱上一个英雄（如安德洛玛刻之于赫克托耳，或珀涅罗珀之于奥德修斯），而在于她爱上了一个"伪英雄"。伊阿宋徒有英雄的外表，可是名利之心砭入肌骨。他的忘恩负义的薄幸行径，甚至连普通人的标准也达不到。美狄亚却为了这样一个无耻小人而牺牲自己的一切，这是很让人同情的。她的暴戾行为固然为人所不齿，但联系到她所处的困境以及她为伊阿宋所付出的昂贵代价，则也可说是伊阿宋的咎由自取，罪有应得。美狄亚最大的特点在于她的反抗精神，而且破釜沉舟，决不妥协，一旦决定实施报复，便不会给对方留下哪怕一丝丝暗淡的希望。也许这和近代社会的宽容精神或"恕"道相去甚远，然而这也确是特定时代特定环境的产物。美狄亚以其残暴行径长期背负"女巫师"的恶谥，甚至遭到妖魔化，仿佛海伦之等同于淫奔，或克吕泰涅斯特拉之等同于淫邪，其实都不够全面，且有欠公允。任何神话或历史人物，显然不像他/她所代表的符号那样平板而简单。

克吕泰涅斯特拉

克吕泰涅斯特拉在容貌方面和其姊妹海伦相比，可能要稍逊一筹。可是在对丈夫不忠这一方面，二人却是惊人的相似（这又一次证明神谕的不可颠覆性）。海伦与其夫墨涅拉俄斯最终皆大欢喜，重归于好；而克吕泰涅斯特拉却和情夫合谋绞杀了阿伽门农。

克吕泰涅斯特拉和海伦是同母异父的姊妹。由于海伦的奇异出身，早在幼年时期她便艳名远播，引来众多追求者，而身为长姊的克吕泰涅斯特拉却乏人问津。在这样一种心理阴影之下，她心中的愤懑可想而知。但同时这一段经历也培养了她的性格：工于心计，引而不发，深沉内敛，坚韧刚强。她对凯旋的希腊联军统帅阿伽门农施以致命一击，也可以说是这一系列性格特征的集中体现。

姊妹二人的父亲，斯巴达国王廷达瑞俄斯长期以来一直为女儿的貌若天仙而困惑苦恼，因为希腊诸岛各国的王子几乎都送来聘礼，而其中任何一人他也不能轻易得罪。老王为了应付这一局面，采取了两手举措：一方面是派人去延请全希腊最负盛名的智士奥德修斯，向他征求良策；一方面则通过大女儿克吕泰涅斯特拉与迈锡尼大国王的嗣位王子阿伽门农的联姻，来巩固和壮大自己政治和军事力量。可以说，这一场政治联姻，一开始就注定了失败的命运，因为这种纯粹利益的结合，其中毫无真正的爱情可言。而作为大国王的嗣位王子（后来如愿以偿顺利继承王位），阿伽门农一贯倨傲无礼、独断专行的作风更加剧了这一场婚姻的危机并最终导致它的覆亡。

阿伽门农在其父死后继任迈锡尼大国王，克吕泰涅斯特拉的政治地位也相应提高，但距离她所预期的与国王共同统治（如斯巴达王国便由墨涅拉俄斯与王后海伦共同管理）的目标显然相去甚远。然而，不久之后，举世震惊的帕里斯"诱拐"事件发生，使得克吕泰涅斯特拉的政治抱负终有崭露头角的机会。

因为奥德修斯的妙计，希腊诸岛众王子都曾立下誓词，一旦海伦夫妇有难，众人当赴汤蹈火，匍匐救之。于是，在特洛伊王子帕里斯诱拐斯巴达王后海伦潜逃以后，怒不可遏的希腊人迅速集结数千舰船，十万大军，陈兵奥利斯港口，并推举阿伽门农为联军统帅，准备择日起程，讨伐背信弃义的特洛伊人。

　　当时的阿伽门农和克吕泰涅斯特拉已经生有三个子女：大女儿伊菲革涅亚，小女儿厄勒克特拉和幼子俄瑞斯特斯（或言另有一女克律索忒弥斯）。克吕泰涅斯特拉对她的姊妹海伦素无好感，因为她的放浪轻佻，如今又闯下这样的大祸，心里自然老大不满——可是丈夫的主意已定，她也无力改变，只好暂且牺牲自己的家庭生活。但她万万没有料到，这一场预计数月内便可以结束的战争，居然迁延长达十年之久。

　　克吕泰涅斯特拉的父亲廷达瑞俄斯曾经在一次献祭时疏忽大意，遗漏爱神阿芙洛狄特，女神因此立誓：要在他的女儿们身上实施报复，让她们历经再嫁以至三嫁，永远不能享受爱情的甜蜜生活。也许是命运使然，同样的疏忽也发生在阿伽门农身上（或许国王们因身居高位都会无可避免地犯下这一类低级错误）。阿伽门农曾在无意中射杀狩猎女神阿尔忒弥斯的一头麋鹿，虽然他当时答应赔偿，可事后却由于疏漏而将自己所立的誓言遗忘。然而神祇们的记忆力却是惊人的旺健，于是在关键时刻，此事又被重新提起。

　　十万大军集结在奥利斯港，但没有顺风都无法起航。神谕的结果很令人惊骇：除非统帅阿伽门农愿意拿他的女儿伊菲革涅亚献祭，以平息狩猎女神的怒气，否则大军永无进发之日。于是联军统帅被推入这样一种尴尬境地：一面是胞弟墨涅拉俄斯及全体希腊人的耻辱；一面却是亲生女儿的宝贵生命和自己的家庭幸福。他自己固然从不缺乏对荣耀和千古功业的渴望，然而这一种渴望还不足以让他痛下决心牺牲个人幸福（甚至是全部的个人幸福）。

事件的发展实际上已超出统帅本人所能掌管的范围。墨涅拉俄斯在给他施加压力，而营帐之外士气汹汹，群情激昂的将领和士兵则更使他丧失了退路：一旦退缩，首先是他自己，将遭到众人的唾弃，并且还将危及其家人。刹那间统帅的决心已下——为了拯救一个家庭的幸福，必先以牺牲另一个家庭为代价，神祇们的意志往往就是如此执着而诡秘，让人难以理解。可问题是，如何让远在国中的王后克吕泰涅斯特拉心甘情愿地将她视若掌上明珠的爱女送来？

王后克吕泰涅斯特拉很快得到女儿伊菲革涅亚将要与希腊头号英雄、女神忒提斯之子订婚的好消息。虽然对此重大事件丈夫并未与自己商量，王后有所不满，但想到这是大国王一贯的风格，而且这门亲事确实可以说是门当户对，她的心下也就释然了。王后兴冲冲地带着女儿赶赴希腊大营，无意中邂逅阿喀琉斯本人，才洞悉这一场骗局的内幕。爱女有来无回，在祭坛上充作无辜的刀下魂（一说为女神大发慈悲救起而改以牝鹿代替），加上自己所受的巨大耻辱，也许正是在此时此际，她已暗暗订下复仇的计划——因为杀害血亲（阿伽门农亲手葬送女儿的性命），照传统的见解，当是十恶不赦的重大罪孽。

返国的克吕泰涅斯特拉正因为丧女之痛无计排遣而又无法复仇之时，另外一个人的出现使她的眼前一亮，所有的问题似乎立时迎刃而解。出现在她面前的是国王的堂弟，曾遭流放的埃癸斯托斯。他和国王虽然是亲属，但由于其共同的祖先坦塔罗斯的厄运连绵延续，经过珀罗普斯和阿特柔斯，始终无法逃脱命运的诅咒，因而存在不共戴天的血海深仇。假埃癸斯托斯之手去除阿伽门农，不过是其家族复仇的另一段延续而已——而且埃癸斯托斯也可视为合法的王位继承人，并不会激起民众的强烈反抗。

为了一个共同的复仇的目的，克吕泰涅斯特拉与埃癸斯托斯一拍即合，二人勾搭成奸。克吕泰涅斯特拉如愿以偿，成了国中的女主人，号令一切，而埃癸斯托斯不过是她手中操控的一枚棋子。这位王后隐忍已久的权力欲此时完全释放出来，迈锡尼王国在此后很长的一段时间里也完全处于她的高压统治之下，任何人不得走漏风声。而远在千里之外的国王丝毫也不虞国中已然发生这样重大的变故，而国王本人的性命也已岌岌可危。

关于克吕泰涅斯特拉的统治才能，神话史诗中似乎没有提及。但长达十年的海外战争并未引发任何国内的叛乱或暴动，由此可见她还是颇有才能的。另外我们似乎也不应忘记，旷日持久的征战补给问题往往是战争胜负的决定因素，除了希腊将领阿喀琉斯或狄奥墨德斯可以通过海上的劫掠而获得少量给养外，大部分的补给还须依赖强大的迈锡尼王国及其他城邦。阿伽门农所以能够专意于前方战事而无后顾之忧，正是克吕泰涅斯特拉非凡管理统治能力的一个明证。

战争结束了，巍峨坚固的特洛伊城被攻克，人民遭到无情的洗劫和杀戮。阿伽门农在混战中俘获了特洛伊国王普里阿摩的女儿，阿波罗神庙的女祭司卡桑德拉。她的美貌曾使太阳神动容并为示求爱之心而赋予她预言的能力，她的容貌自然也是作为凡人的阿伽门农所无力抵挡的。他用车载卡桑德拉一同回国，并对她宠爱有加，礼逾常人。

阿伽门农的这一举动益发激起克吕泰涅斯特拉的妒火和强烈的复仇欲。因为她知道国王一回国，她就必须乖乖地交出权力，继续扮演从前夫唱妇随的角色——这是她难以忍受的。而她本人的命运，由于卡桑德拉的受宠，也将陷于一种悲惨的处境：日久情疏，迟早要遭到喜新厌旧的国王抛弃——这也是她无法忍受的。至于情夫埃癸斯托斯，即使免于杀身之祸，恐怕亦难逃再次流放的运命，所有这些新仇旧恨（加上十年前爱女无端丧命的切肤之痛，这是她时时刻刻难以忘怀的），使她决意谋杀丈夫阿伽门农。和天后赫拉一样，克吕泰涅斯特拉对于遭受丈夫凌辱的女性不仅不加以丝毫的同情，反而满腔仇恨，必欲将卡桑德拉置于死地而后快。

阿伽门农赤足踏上豪华地毯步入宫殿。因为远道跋涉，身心俱疲，他解下盔甲，放下兵器，进入内室沐浴。克吕泰涅斯特拉乘其不备，用预制的金属丝网将其全身笼罩，短刀刺入他的身体，埋伏在一旁的埃癸斯托斯也突然现身，二人合力将他刺杀。煊赫一时战功卓越的阿伽门农王在自己宫殿的地下密室中，就这样惨遭谋杀。随后，女俘卡桑德拉也被王后派人处死。

克吕泰涅斯特拉和埃癸斯托斯迅速重新攫取国中的统治权。厄勒克特拉公主被严加看管。年幼的王子俄瑞斯特斯仓皇出逃，等待时机回国为父报仇。正如王后事先预料的那样，国中长老及人民都噤不作声，追随阿伽门农征战的士兵们也早已解甲归田，失去了反抗的力量，只能屈从于王后的淫威。

若干年过去，俄瑞斯特斯长大成人，习得一身武艺并潜返回国。在当初王后谋杀丈夫的密室，他手举利刃，不顾王后的苦苦哀求，将克吕泰涅斯特拉刺死，为父复仇。外出归来的埃癸斯托斯也立刻被处死。斯巴达国王廷达瑞俄斯和勒达之女，迈锡尼王后克吕泰涅斯特拉就这样结束了她可哀可叹的一生。

伊菲革涅亚

伊菲革涅亚是阿伽门农和克吕泰涅斯特拉的长女，也是许多希腊神话故事中的女主人公。单是悲剧家欧里庇得斯一人，便有《伊菲革涅亚在奥利斯》及《伊菲革涅亚在陶洛人里》两部著名悲剧，吟诵这位少女机智勇敢的性格特征及其英勇事迹。当然在包括埃斯库罗斯在内的其他悲剧家、诗人，以及后代文学家的作品中，伊菲革涅亚作为深明大义纯洁善良的少女形象，也长久受到人们的讴歌和颂扬。

迈锡尼大国王阿伽门农与斯巴达公主克吕泰涅斯特拉结婚后共生有三女一子，长女伊菲革涅亚，次女厄勒克特拉和幼子俄瑞斯特斯（或言另有一女克律索忒弥斯）。有的神话版本称伊菲革涅亚本是雅典英雄忒修斯与海伦的女儿，假借克吕泰涅斯特拉之名寄养在阿伽门农宫中——但考虑到忒修斯劫掠海伦之时，后者尤为尚未成年的少女，因此这一传言显然难以令人信服（从神话史诗中所描绘的父女二人的深厚感情来看，也不似养父女的关系）。

当帕里斯诱拐海伦事件发生以后，阿伽门农被推举为联军统帅，千帆待发，陈列于奥利斯港口。此时伊菲革涅亚尚为天真烂漫的少女，终日与姊妹兄弟嬉戏追逐于迈锡尼王宫中，全然不知这一场战争跟她本人有何关系。

然而海面所以连日风平浪静的原因很快被军中预言家卡尔卡斯揭破：联军统帅获罪于狩猎与光明女神阿尔忒弥斯，必须向女神献祭，平息她的愤怒，十万大军才可以乘风破浪，顺利抵达伊利亚特。而这祭品，便是国王最宠爱的长女伊菲革涅亚。国王获罪于女神的原因，也有不同的说法。一般的说法认为在伊菲革涅亚出生以前，阿伽门农曾许愿向女神献祭，可是后来由于疏漏和遗忘，却一直迟迟未能实践这一诺言，惹得女神大为震怒（因为神祇于凡人的誓言最为看重，因为这可以见出他们对神祇虔诚和恭敬的程度，其实对于礼品本身的丰厚与否，神祇倒并不在意）。到了这样一个时刻，女神终于找到一个复仇的机会，可以让这位傲慢无礼的国王付出惨痛代价。

然而这一说法的问题在于，其时伊菲革涅亚已近婚嫁之龄，发生在她出生之前的这一献祭事件至少也须在十数年前，女神是否能迁就隐忍如此漫长的一段时间方来实施她的报复计划，大是疑问。

较为可信的倒是另外一种说法：大军驻扎以后，阿伽门农于万机之暇，至郊外射猎以为消遣，不幸而误中女神的圣物赤牝鹿。不仅如此，阿伽门农并口出狂言，声称即令狩猎女神本人的箭术亦不会比他高明多少，云云。如此倨傲，目中无神，显然是一贯特立独行的森林和狩猎女神阿尔忒弥斯所难以忍受的。对这位处女神而言，她对待圣物宠爱有加，一如凡人对待其小女，因此既然阿伽门农胆敢将其射杀，则女神要求他拿自己的爱女抵偿似乎也就顺理成章，合情合理。

面对这样残酷的现实，阿伽门农一度也曾想放弃功名富贵，交出权力退隐去过普通人的平凡而安宁的生活，以保全他的女儿。可是已被神谕煽动，群情激昂的士兵及心怀叵测的将领却极易乘机哗变，反而会危及军国大计和家族声誉。阿伽门农在痛苦中做出抉择，谎称将与海神忒提斯之子阿喀琉斯联姻，让王后急速将公主伊菲革涅亚送至驻军营地。

王后对于这一门突降的婚姻自然是满心欢喜,而伊菲革涅亚又以能尽快见到久别的父亲而愉悦非常。然而当满载嫁妆的车队进入营地,王后偶遇阿喀琉斯本人时,一切才真相大白。原来结婚不过是个借口,她亲手将女儿送到了死神面前。这一变故对于少女伊菲革涅亚而言不啻晴天霹雳。一开始她向父亲苦苦哀求,让她脱离幽暗死神的魔掌,在人间安享光明幸福的生活。同时王后克吕泰涅斯特拉也向女神高贵的儿子阿喀琉斯恳求,让他用宝剑和名誉捍卫女儿的生命。阿喀琉斯对阿伽门农的这一计策怒不可遏,以自己无端遭受耻辱而感到羞愧,并答应以自己的身躯护卫伊菲革涅亚的安全。

然而伊菲革涅亚在闻听阿伽门农一番痛苦的自责和解释以后却被父亲勇于自我牺牲的精神所打动。她毅然决定献出自己无辜的鲜血洗涤父亲曾经犯下的过恶,求得女神阿尔忒弥斯的宽容,保佑希腊人重获神祇的青睐,顺利进发直至攻占特洛伊城邦。

就在屠刀举起的一刹那,奇迹突然发生。祭坛面前卷起一阵狂风,狂风过后,等到众人睁开眼时,发觉洁白的少女伊菲革涅亚已消失得无影无踪,取而代之的是祭坛上横躺的一具赤牝鹿。原来生性仁慈的女神也不忍看见无辜的少女横遭屠戮,在最后一刻她施展法力,以自己的圣物替下了少女的性命(这和《圣经》中上帝命亚伯拉罕以爱子祭祀的传说极其相似,在最后一刹那,上帝也以一只洁白的羊羔替下男孩以撒的生命——因为上帝需要的只是亚伯拉罕对于上帝虔信的证明)。

就这样,阿伽门农的过恶已被女神宽恕。奥利斯港口,立时狂风大作,千艘战船得以顺风进发,驶向特洛伊城。艰苦卓绝的十年围城之战就此拉开序幕。

而伊菲革涅亚本人,则被女神兴起的大风吹入云端,而后安然降落在陶里斯，因为那里有女神享受人间祭祀的神庙，受到女神眷宠的少女便成了陶里斯地方阿尔忒弥斯神庙的女祭司。

陶里斯照希腊人的观点，是属于夷蛮的土地，这里的国王名叫托阿斯（意为"快"，以其双腿行动疾速而得名）。他极端仇视希腊人，因此不论哪个希腊人有意无意当中来到这个地方，总难免被杀戮献祭的命运。作为狩猎女神庙祭司的伊菲革涅亚，其主要职责之一就是在行刑之前，在被杀者的头顶洒上圣水，净化他们的罪恶，然后交由刽子手行刑。她虽然对试图杀害她的母邦希腊满怀悲愤，可是由她亲手将母邦的同胞交到蛮夷人手中任其杀戮，其心中的痛苦与苦闷可想而知。而对于远在他方生死未卜的家人，尤其是唯一的兄弟俄瑞斯特斯的担忧和思念，也就成为她日常生活中最主要的内容。

巧合的是，俄瑞斯特斯在杀死克吕泰涅斯特拉为父复仇后由于躲避复仇女神的追杀，不得已偕其友皮拉得斯一道流落到陶里斯地方。因为根据阿波罗的神谕，俄瑞斯特斯唯有从这里的神庙中偷走阿尔忒弥斯的神像并成功地将其运抵雅典，才能彻底净化自身的罪孽，并从此永久摆脱复仇女神无休止的追赶。

可是二人一踏上陶里斯人的土地便被守卫发觉，经过一阵搏斗，由于寡不敌众不得不束手就擒。国王传令将二人押赴神庙，准备由伊菲革涅亚为其洒水洗涤之后立即执行死刑。女祭司在为二人净罪之前照例要进行一番询问，从俄瑞斯特斯的口中，她获悉父亲阿伽门农已遭杀害，母亲克吕泰涅斯特拉也为此谋杀付出了生命的代价，而弑母者的俄瑞斯特斯已为此血亲之罪受复仇神追捕而亡命天涯时，不禁对自己家族的悲惨命运和同胞兄弟的坎坷遭遇而哀怨悲悯。

她的奇怪神情和举动自然引起俄瑞斯特斯二人的怀疑。当伊菲革涅亚决定释放其中一人，替她传信回希腊时，机智的皮拉得斯立刻要求女祭司首先口述一下信件的内容（这似乎也是古代的惯例，以长途跋涉，凶险异常，恐信件不慎脱落，故仍须由送信人默记于心）。由于寄送的对象便是近在咫尺的俄瑞斯特斯，于是立刻真相大白。失散多年的姐弟及皮拉得斯（已娶俄瑞斯特斯之姊厄勒克特拉）重新相认。下一步便是如何想出计策，携带神像，一同逃出阿托斯的国土，返回希腊。

伊菲革涅亚镇定自若地向前来质询的国王解释不能即刻为二人洒水净罪的原因：他们犯下弑亲的重罪，必先以海水涤净（包括已为其污染的神像），才能免除其血污。而且执行涤净仪式时，全城之人包括国王本人都应当远离现场，以免玷污。就这样，姐弟二人连同皮拉得斯成功地逃离陶里斯。

等到阿托斯如梦初醒，欲派出船队追赶拦截时，智慧女神雅典娜及时现身，宣布神谕：俄瑞斯特斯和伊菲革涅亚将回到雅典，在哈莱西南方的布饶戎山上建立一座新的阿尔忒弥斯神庙（故狩猎女神阿尔忒弥斯又有一别名，即伊菲革涅亚）；并由伊菲革涅亚担任神庙的女祭司。同时在那里制定一条新的法令，此后的献祭，只消把剑搁在一个人的脖子上做个样子流点血便可完成祭礼的礼仪（也许象征着以后活人献祭的方式自此遭到废弃）。

在另外的神话中，比如赫西俄德便认为，伊菲革涅亚，像赫卡忒一样，经历了死而复生的过程。还有神话认定赐予她永生的正是女神阿尔忒弥斯。女神后来将她的女祭司带至琉卡斯岛，并让她在岛上如愿以偿地和珀琉斯之子、神样的阿喀琉斯结为夫妇——只是这一次，和荷马史诗中的伊菲阿那萨不同，她的名字变为俄尔西罗喀亚。

赫卡柏

赫卡柏是佛律癸亚国王底马斯（或色雷斯国王卡修斯）的女儿，特洛伊国王普里阿摩的王后。普里阿摩妻妾成群，子嗣众多——但大部分寂寂无名。国王众多子女中稍有名气的几乎都是王后赫卡柏所生。

特洛伊战争爆发以前，特洛伊控制着达达尼尔海峡的海上通道。希腊诸岛和小亚细亚之间包括青铜在内的大量海上贸易都需要经过这一通道，因此普里阿摩便成为富甲一方的国王，特洛伊也长期享有富庶之名。赫卡柏作为与国王享有同等权力的王后，身居王宫，安享荣华富贵，并生下日后威震四方的王子赫克托耳——直到第二位王子帕里斯的降生，才使得王后的命运发生逆转。

在帕里斯诞生的前夜，国王和王后都做了相同的噩梦，梦见巍峨的特洛伊城堡被熊熊烈火所吞噬。咨询神谕的结果：真正的罪魁祸首便是帕里斯王子。不顾王后的苦苦哀求，国王下令将帕里斯交由仆人带到特洛伊城外的伊得山中处死。

然而帕里斯似乎命不该绝，他被山间的牧羊人救起并领养。长大后练就一身高强本领，并在一个偶然的机遇重返王宫，与失散多年的国王和王后相见。父母对自幼失散，饱经患难的儿子自然加倍疼爱。很快帕里斯便被委以重任——率领船队出使希腊。

紧接着，帕里斯诱拐斯巴达王后海伦的事件立刻成为积怨已深的希腊诸岛和特洛伊之间大战的导火线。希腊联军兵临城下，特洛伊一方在赫克托耳的统领下进行顽强的抗争。在长达十年之久的战争中，双方都付出惨重的代价。希腊一方若干英勇将领战死沙场，而特洛伊一方也有众多王子为国捐躯。

随着战事的加剧和局势的日益严峻，老王普里阿摩也变得越来独断专行。王后赫卡柏被剥夺了与国王并坐商讨军国大事的权力。若干重大决策的制定和实施，也不再采纳她的意见和建议。预言特洛伊一方终将战败的卡桑德拉公主被视为疯子关押在地下监牢。王后虽然满心悲愤，却也无能为力。每日她所能做的，只是在儿媳安德洛玛刻（赫克托耳之妻）及女儿波吕克塞娜等人的陪伴下，在宫中闲聊或去城楼观望，暗暗祈祷着神祇们能回心转意，让这一场灾难早日结束。

终于到了赫克托耳与希腊头号英雄阿喀琉斯决斗的日子。赫卡柏与安德洛玛刻一道走上城墙，竭力劝阻赫克托耳避免与之交战，因为神谕说赫克托耳必将死于其人之手，而在他身上，不仅寄托着母亲和妻子的全部希望，甚至也是整个特洛伊城邦全部的希望。然而王后的泪水并未能改变赫克托耳的决定。他毅然决然地走向战场，战败后被敌方残暴地杀害。而他的阵亡，也直接迅速导致特洛伊的溃败和陷落。

希腊人凭借俄底修斯的"木马计"一举攻破特洛伊城并开始大肆屠戮和劫掠。除了先前业已阵亡的王子，一直令国王和王后引以为豪的五十个王子到了战争结束之际几乎全部遭到了杀害。甚至连年迈的国王本人也无法幸免。城中的男子无论老幼少长，谁也无法逃脱这疯狂的杀戮，而女性无论高低贵贱，也毫无例外地都成了这些疯狂杀戮者的战利品。

赫卡柏王后，藏身在国王和王子们的墓碑中间，身后已是烈焰熊熊，特洛伊城堡在大火中轰然倒塌，那是她的家园、她的宫殿，也是全部的精神寄托。她自己的生命意志，似乎也都在那一刻彻底崩塌，此时她所乞求的，只是速死，尽早结束这无尽的厄运和梦魇。

然而王后的藏身之处还是很快被狡猾的俄底修斯所发现，她被带到扬帆待发的希腊军队的船舷边，和其他众多的特洛伊妇女一样，即将开始被奴役的命运。在这里更让她伤心欲绝的消息一个接一个地传来：她自己被俄底修斯选中将要被带到伊卡塔王国，做王后珀涅罗珀的仆人，因为俄底修斯对勇猛的赫克托耳王子一直耿耿于怀，王后的蒙羞可使他得到一种恶意的快感；卡桑德拉公主，以其曾获神祇（阿波罗）青睐的容颜，被联军统帅阿伽门农看中，收作小妾，将被运回迈锡尼，成为恶毒的王后克吕泰涅斯特拉迫害的对象（后者果然将迈锡尼大国王阿伽门农与卡桑德拉一同谋杀）；安德洛玛刻被阿喀琉斯的儿子涅俄普托勒摩斯（也是杀害普里阿摩的凶手）所俘获，而她和赫克托耳所生的儿子阿提斯阿那克斯则被希腊士兵凶狠地由城头推下落地而死——因为害怕他继承乃父的神勇，将来或向希腊人复仇，因此必须斩草除根。

最可怖的是，由于阿喀琉斯托梦显灵，公主波吕克塞那已被带到阿喀琉斯的墓地，在那里她将惨遭屠杀，以鲜血祭祀这位武功盖世的大英雄。结果，不肯屈服的波吕克塞那在阿喀琉斯墓前夺剑自刎。为了给惨死的女儿沐浴身体，洗涤创伤，赫卡柏来到斯卡曼德洛斯河畔（或说在色雷西亚海滨），却不料在这里目睹从上游漂来的他的幼子波吕多洛斯的尸体。

原来当初在战事岌岌可危之际，国王为了保存后嗣，让幼子波吕多洛斯前往色雷西亚王国，投奔他多年的好友波吕墨斯托耳国王。然而孩子随身携带的大批财宝却引起波吕墨斯托耳的贪欲。在获悉特洛伊城被攻陷毁灭之后，这位国王立刻劫夺孩子身边的宝物，凶残地将其杀害，并将其尸体推入汹涌的波涛之中——不仅谋财害命，而且毁尸灭迹，其卑劣手段确实令人发指。目睹爱子惨死之状，赫卡柏王后强忍悲愤之情，决意复仇。

王后以献宝为名来到色雷西亚国王的宫殿，声称有一秘密藏宝之处要请国王转告他的儿子。波吕墨斯托耳信以为真，跟随赫卡柏来到她指定的隐秘之处，埋伏在这里的特洛伊妇女一拥而上。赫卡柏将凶手本人的眼睛挖出，又将他的子女悉数杀害。在悲愤交加绝望疯狂的状态下，完成她人生的最后一项任务。

闻知国王被异邦妇女杀害，色雷西亚人立刻将她们团团围住，并向她们投掷石块。赫卡柏王后想要开口辩解，可突然间——依据奥维德《变形记》的说法——却只能发出一连串的哀号，仿佛为自己后半生无端的不幸运命而哀鸣。也有神话说，她正是在那里被众人的石块所砸死，后来众神——出于怜悯或愤怒——将她化为一条狗。

关于赫卡柏王后变狗的传说，显然是后来将她与幽冥女神赫卡忒相混淆的缘故（赫西俄德认为她是提坦神的女儿，另外的神话则以为是宙斯与得墨忒尔或干脆就是冥王哈得斯的女儿），她是冥界魂魄的总管，也是专司幽灵、魔法和咒语的女神——美狄亚公主实施的魔法据说便由她传授（《麦克白》中的三女巫作法之前也要向她祷告，可见其影响之深远）。而赫卡忒的灵兽，据说正是一条狗。

王后赫卡柏的悲惨命运，仅仅是残酷战争中众多女性家破人亡、夫死子散的悲惨遭遇的一个典型和缩影。在欧里庇得斯悲剧《特洛伊妇女》中，她曾经哀叹："当一个有福的人还没有死的时候，切不要说他是幸福的。"这不仅是她个人身世的慨叹，可能也是古希腊时代人们的一般见解，如索福克勒斯在《俄狄浦斯王》结尾的感慨："凡人未死之前不可妄称幸福（a mortal man… can have no happiness till he pass the bond of life）。"稍后的罗马诗人奥维德对她的不幸命运也深表同情，借天后朱诺之口，诗人宣称："赫卡柏显然不应当承受如此（凄惨）的结局（Hecuba had not descended to meet with such an end）。"——神祇也会被打动，这倒是神话中不太常见的事例。

安提戈涅

安提戈涅是神话传说中为数不多的正面女性形象之一。她是忒拜国王俄狄浦斯和王后伊俄卡斯忒的女儿。国王和王后共生有二子二女：儿子厄特俄克勒斯和波吕尼刻斯，女儿安提戈涅和伊斯墨涅。作为忠孝仁爱而又不乏刚毅果敢的女性，她一直受到自索福克勒斯以后历代诗人的讴歌和吟诵，到今天已成为骨肉情深，恪尽天职的女性化身。

当俄狄浦斯王查明自己弑父娶母的真相后，他自抉其目并决定自我流放以洗净犯下的深重罪孽。王后伊俄卡斯忒此时已自缢而亡，两个儿子尚年幼，因此俄狄浦斯决定将政权交由王后之弟克瑞翁掌管——他自己则选择离开忒拜，遵从神的旨意流浪四方，在无尽的灾难之中希冀获得神的宽恕和救赎。

虽然俄狄浦斯也一度想自杀了结自己可悲而可厌的生命，这对他而言倒是一种解脱，可是神意似乎不愿让他如此轻易地逃离苦海。在离别故土的一刹那深深的眷念之情又使他生出一丝侥幸的心理：他去向克瑞翁求情，允许他仍然居留在忒拜的土地上洗刷自己的罪恶。克瑞翁冷淡地拒绝了他的吁请，甚至他的两个儿子也默不作声，害怕受到父亲的牵连。只有安提戈涅挺身而出，愿意陪伴遭受命运严厉打击的盲目的父亲，向着异国他乡去度过他凄凉悲惨的余生。

曾经身为公主的安提戈涅现在已沦落为不折不扣的乞儿，而且身边还有一位饱经沧桑身心俱疲的年迈的老父。更可怕的是，由于俄狄浦斯骇人听闻的事迹已传遍四方，他们走到哪里，那里的人民都唯恐避之不及（在古代希腊人的眼里，弑亲一类的罪孽是具有传染性的）。除了旅途跋涉的艰辛，安提戈涅更要同父亲一样，忍受世人的冷眼和讥诮，甚至侮辱与欺凌。

然而这一切丝毫没有改变安提戈涅当初伴随父亲度过余生的决定。除了天然的孝心，此刻她已一无所有。然而正是这一种发自天性的孝心，使得她甘冒天下大不韪，毅然决然地守护在父亲的身畔，加以无微不至的关怀和安慰。无论风吹雨打，不顾自己忍饥受寒，只要看到年老体弱的父亲能够得到一顿饱餐，她也就感到心满意足，无怨无悔。

当初俄狄浦斯曾计划在喀泰戎山间寻死，可阿波罗的神谕却制止了他的行为，并且告诉他在长期流浪之后，会到达复仇女神的居所，而在那里复仇女神（希腊人为讨好她们，或称为慈悲女神）将给他最终的解脱。现在在女儿的陪护下，这位昔日煊赫一时的君王，充满绝望地开始向着神谕指定的地方出发。

经过荒野山村长久的流亡，父女二人终于来到一片树荫茂密安详静谧的土地。安提戈涅经过打探，回来向父亲报告了一个令人欣喜的消息：原来他们已经来到神谕所说的复仇女神的住所，雅典郊外的科罗诺斯"圣林"。可几乎与此同时，路人却拦截了他们的去路，因为圣境显然是不容人迹玷污的，更何况是这样一位名震遐迩的"罪人"。

国中长老们闻讯赶到，因为到达自己人生历程的尽头而感到精神振奋的俄狄浦斯似乎又恢复了往日风采和自信。他要求长老们去请雅典的国王忒修斯，只要后者答应他在此了结生命，他必有丰厚的馈赠给雅典作为回报。安提戈涅此时也向他们苦苦哀求，让长老们看在她这样一个纯洁无辜的年轻女子的分上，允许他的父亲在这里平静地跨过他生命的终点。

　　在忒修斯国王到来之前，安提戈涅的妹妹伊斯墨涅已抢先一步赶到，报告两位兄长厄特俄克勒斯和波吕尼刻斯为了争夺忒拜王位已准备做殊死决斗的消息。并且根据新神谕：任何一方假如没有父亲的帮助都终将无所作为。正因为如此，他的儿子及克瑞翁很快都会赶来，要将他这个"废物"请回忒拜城，重新加以利用。

　　俄狄浦斯闻讯，对热爱权力胜过热爱父亲的两个儿子发出悲愤的诅咒，同时乞请神祇护佑并赐福给两位忠实孝顺的女儿。他也向随后赶到的忒修斯国王发出同样的请求，后者出于对一位国王和神谕的敬重，也发誓答应他的请求。

　　克瑞翁率领人马侵入科罗诺斯，劫走安提戈涅和伊斯墨涅并打算用武力将俄狄浦斯带走。忒修斯闻听后迅速赶到制止了克瑞翁的暴行并成功地将安提戈涅姊妹解救。她们重新回到俄狄浦斯身边，而克瑞翁也只好带着人马悻悻离去。

　　然而俄狄浦斯的心意仍然难以平静。因为很快地，他的儿子波吕尼刻斯又向"圣林"走来，乞求父亲的帮助。安提戈涅以温言细语开导父亲同意会见波吕尼刻斯。波吕尼刻斯虚情假意地声称只要能够战胜他可恶的兄弟，他宁愿将王权再度交还给他的父亲。俄狄浦斯洞穿他的诡计，声称假若他信赖两个儿子的帮助，自己早就不免一死了。并且又一次发出诅咒（或临终的预言）：

兄弟二人必将倒在自己的血泊之中。安提戈涅也深明大义地劝说兄弟为了邦国的利益，避免这一场战争。而波吕尼刻斯则坚持宁愿两败俱伤，也不愿与之和好。并在离别之际恳求在他死后，安提戈涅能出于兄妹情义给他一个体面的安葬。安提戈涅做出承诺，而正是这一个诺言，很快地，也使得她本人付出了生命的代价。

俄狄浦斯死后，雅典国王忒修斯遵从他的意愿，愿意给安提戈涅和伊斯墨涅提供帮助和保护，让她们长期生活在雅典。可是由于担忧两位兄长及城邦的安危，安提戈涅谢绝国王的好意，带领妹妹重返阔别多年的故国忒拜。

而此时的城邦已处在波吕尼刻斯所集结的大军包围之中。安提戈涅登上城墙，观望交战双方的队列，心中感到极端的矛盾和无奈，因为任何一方的失败和死亡，都是她不愿也不忍心看到的。可是除了满心的忧伤和无尽的祈祷，她也实在没有更好的办法。决战的结局，正如俄狄浦斯预见的那样，是兄弟二人两败俱伤，同归于尽。

安提戈涅飞奔到奄奄一息的波吕尼刻斯身边，聆听他弥留之际的忏悔和要求安葬在故土的强烈愿望。然而紧接着国王克瑞翁颁布的一道命令却使这一愿望立时成为一种奢望。由于厄忒俄克勒斯是为国捐躯，克瑞翁下令使之享受国葬的隆重待遇，而波吕尼刻斯则犯有叛国罪，理应暴尸城外，任由鸟兽吞食，抗命者将被立刻处死。

安提戈涅对克瑞翁的这一野蛮而残酷的命令感到无比愤慨，因为它违背了天理人情。她决定信守对兄长的承诺，和妹妹伊斯墨涅商量打算冒着生命危险去将他安葬。怯弱的伊斯墨涅不敢违抗国王的命令，也劝安提戈涅打消这样的念头。安提戈涅回到自己的住处，刹那间她已做了自己的抉择。

有人胆敢埋葬波吕尼刻斯的消息很快报告给克瑞翁，国王下令立刻追查并捉拿罪犯。波吕尼刻斯的尸体又一次暴露并被严加看管。而这一次，安提戈涅则自投罗网，因为她坚信自己这样做不仅出于兄妹私情，也是为了城邦利益（希腊人坚信死人长期不得安葬将招致天谴引起瘟疫）。于是这位弱女子被推到克瑞翁面前。

克瑞翁此时也陷入了一种两难的境地，因为安提戈涅不仅是他的外甥女，也是他唯一儿子海蒙的未婚妻。他的原意，不过是要让这个胆敢蔑视城邦法令的女子吃点苦头稍稍屈服而已。可是他的恫吓和威逼并未使安提戈涅惧怕或折服。因为她相信自己坚持的乃是高于城邦法令的永恒的天条，违犯天理的人才是对城邦最大的犯罪。她的理直气壮和义正辞严使得蛮横自大的克瑞翁恼羞成怒。

在安提戈涅勇敢精神的鼓舞下，伊斯墨涅也大胆地走上前来，宣称自己也参与了埋葬死尸之事，要求将她一道处死。甚至克瑞翁的儿子海蒙，一个一向怯懦害羞的青年，此时也鼓足勇气，来向父亲为安提戈涅求情并晓以利害，希望父亲回心转意。

将个人尊严和利益看得高于一切的克瑞翁此时丧失理智——他决定立刻将安提戈涅带到国中最偏僻遥远的地方，将她囚禁在石头坟墓中，以免杀戮的鲜血玷污忒拜城。

然而紧接着，神坛上显示的异象很快引起举国的恐慌。长老会议一致决定废除克瑞翁的不近情理的律令。克瑞翁为了避免神谕所说的全家覆亡的厄运，亲自率人来到囚禁安提戈涅的洞穴。可是悲剧已经发生：海蒙在洞穴中看到自缢而死的安提戈涅后自己也拔剑自杀而亡。而克瑞翁的妻子欧律狄刻，在闻听海蒙的死讯后，也跑进内室以短剑自刎，躺倒在血泊之中。

安提戈涅以自己的倔强勇敢、坚韧执着的精神使得国王克瑞翁认识到自己的错误并避免了由此而引发的城邦的灾难，在这一点上，她显然继承了其父俄狄浦斯勇于探究并勇于承担责任的可贵精神。同时，部分也由于她的努力，犯有弑亲重罪的俄狄浦斯最终和复仇女神达成和解（避免了如俄瑞斯特斯一般被追杀的命运），并在宁静安详之中走完自己多灾多难的人生历程。这一种忠孝仁爱、恪尽天职的行为也确实堪称女性高贵形象的光辉典范。

安提戈涅死后，伊斯墨涅仍旧居住在忒拜。她没有结婚，也没有子女，到她死的时候，俄狄浦斯家族悲惨可怖的种种不幸，也终于画上了休止的符号。

厄勒克特拉

古希腊三大悲剧家对同一个女性形象进行刻画——索福克勒斯和欧里庇得斯都有同名的悲剧，埃斯库罗斯在《俄瑞斯特斯》三部曲中也有细致的描摹——这是不太常有的事情。这位女性就是厄勒克特拉（她在早期的神话中原名拉俄狄刻，在迈锡尼受到广泛的崇拜）。在埃斯库罗斯和索福克勒斯的悲剧中，厄勒克特拉和俄瑞斯特斯一道，都是阿波罗神谕坚定不移的执行者，只是到了欧里庇得斯的作品中（可能是这位剧作家较喜欢出奇制胜，且于女性多有同情的缘故吧），厄勒克特拉才成为整个复仇行动的策划者和主导者，对兄弟俄瑞斯特斯的动摇和彷徨进行猛烈抨击，并最终促成复仇大业的顺利完成（后人效仿俄狄浦斯"恋母情结"之说，认定厄勒克特拉之所以必置其母克吕泰涅斯特拉于死地，乃是因为她对已故的父亲阿伽门农怀有深切的眷恋之情，并妄想取其母之地位而代之，由此得心理学名词——"厄勒克特拉情结"）。

迈锡尼国王阿伽门农与斯巴达公主克吕泰涅斯特拉婚后共生有一子三女：伊菲革涅亚、克律索忒弥斯、厄勒克特拉和幼子俄瑞斯特斯。当阿伽门农统率希腊联军驻扎于奥利斯港口之际，不得不屈从于神谕将长女伊菲革涅亚献祭祀以获得狩猎女神阿尔忒弥斯的护佑。然而这一举动却引起了克吕泰涅斯特拉谋杀丈夫为爱女报仇的杀机。特洛伊城陷之后，阿伽门农凯旋，结果却被王后与奸夫埃癸斯托斯合谋绞杀于宫殿之中。二人篡夺国家的最高统治权，为了巩固其政权，必须斩草除根，永绝后患。在这样的情势下，阿伽门农唯一的儿子，年仅十二岁的俄瑞斯特斯的性命便岌岌可危。至于两个女儿，王后觉得她们无能为力，也就不屑去严加防范。当然后来的结果证明在这一点上，王后犯下了一个严重的错误。

虽然力量弱小，但心智却异常聪慧且反应敏捷的少女厄勒克特拉已经洞悉姐弟三人所处的险恶环境。凭借她的机智和聪颖，在王后所派来杀害俄瑞斯特斯的杀手赶到之前，她得到父亲一位忠仆的大力协助，后者并成功地将俄瑞斯特斯秘密带出迈锡尼，送到福喀斯王国一处叫作法诺忒的地方。统治福喀王国的是阿伽门农的老友，也是他的亲戚——斯特洛菲俄斯国王。国王闻听迈锡尼王国发生的惨剧，毫不犹豫地收留年幼的俄瑞斯特斯王子，并将他同自己的儿子皮拉德斯一起抚养。两位少年王子也在成长的过程中结下兄弟般的情谊。后来皮拉德斯冒着生命危险陪同俄瑞斯特斯潜返国家替父报仇，在整个行动中起了重大的作用（至今英文中皮拉德斯一词已转义成为忠实友人的代名词）。

厄勒克特拉在王后和埃癸斯托斯统治的宫中饱受凌辱，过着凄惨不堪的生活（欧里庇得斯极言其命运悲苦，称王后害怕她与贵族青年结合生下儿子替阿伽门农报仇，便做主将她嫁给乡间鲁钝的农夫——这可能是剧作家的创作，也可能是当时流行的别一版本）。她终日以泪洗面，哀悼那不幸身亡或亡命他乡的父兄，心中唯一的希望就是俄瑞斯特斯快快长大成人，早日回国完成复仇大业。跟她刚强勇敢、坚定执着的性格恰恰相反（正如安提戈涅与妹妹伊斯墨涅性格恰成对比一样），她的妹妹克律索忒弥斯却是个逆来顺受的典型形象。克律索忒弥斯也怀念父兄，也同情姐姐的不幸遭遇，可是对于厄勒克特拉策谋的复仇计划，她却感到终究无法实现。因为她的性格过于温和和软弱，对于克吕泰涅斯特拉的命令，她从来也不敢反对，有时甚至听从她母亲的教诲，反过来责备厄勒克特拉。这让厄勒克特拉越发伤心绝望。

就这样日复一日，时光荏苒。少年的俄瑞斯特斯已长大成人，并习得一身武艺。在好友皮拉德斯的陪伴下，他信守当日立下的誓言，悄悄返回国中，准备向弑父的凶手实施报复。而与此同时，王后克吕泰涅斯特拉也得了不祥的梦兆。她乘着埃癸斯托斯外出，赶紧派人找来克律索忒弥斯，要她充当代表去阿伽门农的坟头献上祭品，安慰已故国王冤屈的阴魂。由于厄勒克拉特被限制了自由，她只好请妹妹带上她剪下的一束头发和一根腰带，代向父亲祈祷，护佑俄瑞斯特斯早日归来，将她们姊妹从苦海中解脱（一说厄勒克特拉不顾禁令，偷偷地跑到阿伽门农坟地，并在那里巧遇同样前来祭祀的俄瑞斯特斯）。

送走克律索忒弥斯后，厄勒克特拉又迎来王后——王后兴冲冲地赶来是为了向她通报一个刚从外乡人（俄瑞斯特斯的仆人所装扮）那里得到的消息：俄瑞斯特斯已客死他乡。并警告厄勒克特拉：假若她一意孤行，不肯悔改，坚持顽抗到底的话，必将受到更为严厉的惩罚。厄勒克特拉沉默不语，她只感到无尽的悲哀和前所未有的绝望。此时，生命对于她除了悲痛，已没有任何别的意义。

献祭归来的克律索忒弥斯却又给她带来一线生机：俄瑞斯特斯或许已经返回国中，因为在阿伽门农的坟头，摆放着和厄勒克特拉一样的一束头发。然而这一消息不能使她感到宽慰，因为她尚未从刚才的打击中完全清醒，她也曾设想干脆姊妹二人合力与杀父仇人埃癸斯托斯搏杀，哪怕最终同归于尽，也算是偿还夙愿。可克律索忒弥斯却不肯加盟她的计划，以为过于凶险。姊妹二人分道扬镳，厄勒克特拉独坐沉吟，越发坚定必死的信念。

接下来的一幕已成为古今戏剧中经典的亲人相认的场面：乔装打扮的俄瑞斯特斯在皮拉德斯的陪伴下手托铜瓮而来——据说其中盛放着他本人的尸骨——并向在此独坐的厄勒克特拉问道，如何才能进入埃癸斯托斯的宫殿（问道在这里似乎也有象征意义：女性虽然不具备行动的能力，却可以为行动指明方向）。姊弟相认的标记，最明显的便是俄瑞斯特斯额角的疤痕（埃斯库罗斯在《奠酒人》中坚持有头发、脚印及布片等为证，而欧里庇得斯对上述物证皆一一加以反驳，以为怪诞不足为信，也证明这位剧作家确实喜欢翻空出奇，标新立异）。于是厄勒克特拉原来悲恸欲绝的心灵中立刻又注入狂喜：在心中压抑多年的渴望终于等到实现的时刻，这位一向镇定自持的女子现在也禁不住热泪涟涟，喜极而泣。

杀死埃癸斯托斯是不成问题的。在皮拉德斯的襄助下，经厄勒克特拉的导引，俄瑞斯特斯轻易地避开国王的随从，进入曾经属于他父亲阿伽门农的宫殿，在阿伽门农惨遭谋杀的地方，他也同样将埃癸斯托斯刺死。然而紧接着的是另一个问题：如何处置他的母亲王后克吕泰涅斯特拉？一想到要由自己的双手杀害生育自己的母亲，俄瑞斯特斯感到不寒而栗。虽然这是奉命（阿波罗神谕）行事，但对由此而引发的复仇女神的追杀，他还是感到莫名的恐惧（希腊人坚信弑亲者终其一生都将不获安宁）。

是厄勒克特拉坚定了俄瑞斯特斯的信念，让他相信这是替父报仇的正义行动，也是神的旨意，必须贯彻执行。克吕泰涅斯特拉的苦苦辩白，也一一遭到厄勒克特拉的有力驳斥，使得王后不得不发出临终的哀叹："你的天性总是爱你父亲的，有些小孩却比父亲还要爱他们的母亲。"不顾王后的苦苦哀求，在厄勒克特拉的鼓励和敦促下，俄瑞斯特斯最终将克吕泰涅斯特拉刺死，成就了这一命定的"苦辣而不是甜美的"工作。

成功复仇之后，俄瑞斯特斯被推举为迈锡尼国王，可是很快便在复仇女神的迫害下发了癫狂，被迫逃亡。最后才在阿波罗和雅典娜主持下与复仇女神达成和解。而在他神态清醒的时刻（或说当他被宣判无罪，重新当上迈锡尼国王之后），他已决定让厄勒克特拉与他的好友皮拉德斯结婚。

淮德拉

同神话传说中众多人物一样，淮德拉的悲剧似乎也是命中注定——因为是爱神使她发狂似的爱上她的继子希波吕托斯，从而导致双方的毁灭。据说欧里庇得斯曾写过两部同名题材的悲剧，第一部中淮德拉被描绘成狡诈奸邪、十恶不赦的坏女人，可能这也是当时社会对于两性道德的双重标准的具体体现。到了流传至今的第二部剧作中，诗人对女性形象显然寄寓了更多的同情，将她描绘成感情炽热、饱受相思之苦而无力摆脱的不幸女人，是传统道德的牺牲品。

淮德拉是克里特岛国王弥诺斯和王后帕西淮的女儿，阿里阿德涅的妹妹。她的母亲帕西淮也很苦命，因为丈夫弥诺斯违背誓言得罪海神波塞冬，海神派出公牛使得克里特岛生灵不得安生；不仅止于此，也许是海神对宙斯之子弥诺斯心存顾忌的缘故，便将更严重的惩罚降落在王后帕西淮的身上：可怜的王后身不由己地爱上了这一头公牛，并且设法通过设计师代达罗斯的巧妙安排，与之结合并产下日后祸害克里特岛及希腊诸岛的怪物弥诺陶洛斯。王后本人则长久地成为人们耻笑和嘲讽的对象。

在淮德拉的姊妹、秀外慧中的阿里阿德涅的帮助下，雅典王子忒修斯只身进入弥诺陶洛斯所居住的迷宫并成功地将这为害一方的怪物斩杀。他的英雄气概，也激起阿里阿德涅强烈的爱情。忒修斯带着美丽的公主一道返回雅典，可是途中却遭到酒神狄奥尼索斯横刀夺爱，掠走阿里阿德涅，他只好孤身一人回到城邦。后来在对阿玛宗人的战斗中，他的风度与气质，又打动了阿玛宗人的女王希波吕忒（一说是安提俄珀）。英雄偕女王返回雅典并与之成婚，生一子希波吕托斯（出生后他便被送往特洛曾，在祖母埃特拉的兄弟们那里接受教养）。女王死后，忒修斯一度感到万念俱灰，立誓不再娶妻。他的决心保持很久，直到多年以后他又一次来到克里特王宫（此时已由弥诺斯长子丢卡利翁继位）。已过盛年的英雄与新任的国王一见如故，迅速建立了攻守同盟和亲密的友谊。同时，以年轻貌美著称的淮德拉的出现更使英雄回忆起当初第一位情人可爱的身影。他向丢卡利翁提出请求，在征得对方同意后，偕新妻淮德拉航海返回雅典。

年轻时未能实现的愿望到了晚年突然得以实现，饱经沧桑的忒修斯此时多有感慨，而他的妻子淮德拉对英雄的丈夫也是满怀崇敬。他们婚后的生活一度也很幸福美满，仅在头一年，美丽的妻子便给国王忒修斯带来了两位王子（日后在特洛伊战争中威震四方的得摩福翁和阿卡玛斯）。可是这一场美满的婚姻不久便发生危机——因为国王的儿子希波吕托斯的到来很快扰乱了王后的平静心湖。

淮德拉初见希波吕托斯，宛如重见英雄忒修斯年轻时的模样：他的举手投足那么富有青春朝气，他的谈吐言辞又那么典雅庄重令人愉悦。年轻的王后立刻对这同龄的英俊青年产生了好感。一旦对这青年的热情点燃，对于老王的感情则不免黯淡。一面是理智，一面是情感，淮德拉便在这两难的境地中动摇不定，饱受痛楚的折磨。

青年希波吕托斯对此却浑然不觉，因为他所崇拜的是贞洁女神阿尔忒弥斯。他在很早的时候便立下誓言，要保持童贞终身侍奉狩猎女神，至于男女之间的爱情，他觉得对他而言远不如在山林间驰骋狩猎那样刺激而有意义。据说他的这一种玩世不恭和冥顽不化，使得爱神阿芙洛狄特（她几乎也一直是阿尔忒弥斯的竞争对手）大为不满，于是像对待冷酷自私的美少年那喀索斯一样，她要让狂傲的青年受到严厉的惩罚——以他的生命做代价。

爱神在淮德拉的心中燃起无法遏制的爱火。这一股烈焰在她的内心深处奔涌翻腾，而她却不能向任何人（甚至包括她所恋爱的对象本人）倾吐这一秘密——因为继母和继子的乱伦，无论在哪个时代，都被视为大逆不道、伤风败俗的恶行。她作为一名弱女子，更无力与强大的社会习俗相抗衡。可同时，与外部强大的道德力量相比，内心翻涌的热情却更加令她难以抵挡，这一种单恋的热情几乎要将她整个的身体炙烤熔化。她无望地与自己的情感做最后的搏斗和挣扎，在城外的桃金娘树下，她相思的泪水简直可以将她自己埋葬。

王后的日益憔悴和痛苦哀伤自然逃不过侍奉在左右的乳母的眼睛。凭着妇人之间的直觉和同情，她不费力就猜透王后的心思。出于对女主人的热爱（或许还有女性好奇的心理），她暗自决定去向王子传达这一讯息，促成这一件美事。这个狡黠而无知的妇人就这样开始实施她那自以为是的计划，怀着美好的愿望，以为这样便可以拯救她的女主人。可是她没有料到，她的鲁莽行事只是加速了淮德拉的死亡。

希波吕托斯对于乳母传递的消息只是感到莫名的震惊，因为他对这种炽热的爱情本身毫无体验。对于经历这种情感的人所饱受的痛苦和折磨，他也无动于衷（据说信中有王后关于推翻忒修斯并与之一同分享王位的提议，则更让王子感到深恶痛绝）。在表示明确的拒绝和反感后，这位年轻王子若无其事地去野外狩猎，同时静待他父亲的归来——全然不知对王后造成的伤害。

希波吕托斯冷淡的拒绝给了王后致命的一击。她那天性高傲的心灵已不再容许她这样苟且偷生，同时这一种强烈感情的煎熬也使她下定决心迅速解脱。可是在临终前，爱神又使她心底的对于王子倨傲无礼的仇恨之火越发猛烈，并最终战胜她的理智和良知。

王后自缢在自己的房中，外出归来的忒修斯没能和妻子见上最后一面，只是读到她手中的遗书——声称由于不堪希波吕托斯的凌辱，唯有一死以报夫君云云。年迈的英雄面对娇妻的惨死，怒不可遏，立即向海神波塞冬发出吁请（当年轻的忒修斯证明他是海神之子时，海神曾允诺实现他的三个愿望）：要求海神立刻实现他的第一个愿望（他自己不肯背负杀害血亲的罪名），让希波吕托斯在当天毁灭。

希波吕托斯在吁求阿尔忒弥斯为他的纯洁无辜做证以后，满含泪水接受了流放的惩罚。可是当他的车驾经过海边时，巨大的牝牛自海中跃出，他的马受了惊吓，将他本人拖下悬崖摔死。爱神终于假他人之手，实施了对这一高傲而冷漠的青年男子的报复。噩耗传来，王后的乳母良心发现，向老王忒修斯吐露真情。忒修斯如梦初醒，然而一切都已不可挽回。他下令将希波吕托斯也安葬在桃金娘树下，也是当初淮德拉时常独自流泪的地方——这样也算是部分实现了年轻王后心中那一种隐秘的狂热的欲望。

对于希波吕托斯，崇拜理性的希腊人显然抱有非凡的好感，他们不甘心让这样纯洁无瑕的青年遭受如此悲惨的结局。因此后来的神话说神医阿斯克勒庇俄斯重新将他救活，他便以淮耳比乌斯的名字开始新生。又说由他的保护神阿尔忒弥斯出面，将他化为天上的御夫星座，等等，都体现出对其不幸遭遇的极大同情。

珀涅罗珀

如果说海伦是神话传说中最美丽的女人，她的堂姊珀涅罗珀则是最聪慧的女人。和海伦的轻浮浪荡水性杨花恰恰相反，珀涅罗珀作为品行高尚、对爱情忠贞不贰的理想女性，长久以来一直受到人们的崇敬和讴歌。

珀涅罗珀是伊卡里俄斯和神女珀里玻亚的女儿。她的父亲伊卡里俄斯是斯巴达国王廷达瑞俄斯的兄弟。当初斯巴达国王曾因海伦的美貌引发希腊诸王子的争抢而困惑不已，是伊塔刻国王奥德修斯设计平息争端，使得海伦与阿伽门农之弟墨涅拉俄斯顺利成婚。为了答谢奥德修斯，由斯巴达国王做主将自己的侄女珀涅罗珀嫁给奥德修斯（一说奥德修斯在赛跑竞赛中获胜而赢得珀涅罗珀）。婚后二人生有一子忒勒玛科斯。

当忒勒玛科斯尚在年幼之时，帕里斯诱拐海伦事件发生。根据事先的盟约，希腊诸王子都有义务出兵，对特洛伊进行讨伐。珀涅罗珀不愿丈夫抛家别子卷入到这一场难以逆料的战争中去，于是奥德修斯决定装疯卖傻以逃避参战。他在犁耕过的田地上不是播撒种粒，而是播撒盐粒。可是他的计策很快被迈锡尼国王派来的使者，同样足智多谋的涅斯托耳所识破。后者从珀涅罗珀手中夺过忒勒玛科斯，放在犁耕的必经之地。奥德修斯停止不前，于是一切真相大白。他只好跟随使者，离开伊塔刻岛，加盟到这一场他本人极不情愿的战争中去，而将家中的事务交由珀涅罗珀操持。

奥德修斯凭借他过人的智慧和武艺，在特洛伊战争中立下卓越的功勋，可同时也触动神祇的忌讳（因为天神是不希望看到凡人和他们一样聪明的）。于是当长达十年的征战结束后，他又被迫开始另外长达十年的海上漂泊的生活，然而他没有想到，就在这段时间，他的家中却发生了沧桑巨变。由于传闻他已经坠海身亡，伊塔卡周围王国的王子们便打起他妻子珀涅罗珀的主意。

珀涅罗珀在丈夫外出的日子里，除了对丈夫的满心思念，其余便是统领家中奴仆操持家务，恪尽女主人的职责。她的儿子忒勒玛科斯在奥德修斯走后，也交由奥德修斯的老友忠直睿智的门托耳抚养。等到忒勒玛科斯长大学成归来，根据当时的习俗，珀涅罗珀便将家中事务交由儿子掌管，自己则退居内室，从事织补，并悉心照料奥德修斯的老父革耳忒斯（他的妻子安提克勒亚由于思念远在异国他乡的儿子奥德修斯，过分悲戚，已不幸去世），过着平静的生活。

虽然对奥德修斯的无尽的思念在某种程度上毁损了她的容颜，可是她天生的美貌和才智还是引起了希腊半岛诸王子的觊觎——当然他们所贪求的，不仅是珀涅罗珀本人，更有奥德修斯丰厚的家产和伊塔刻的王位。根据当时的风俗，假如奥德修斯已死，作为他的孀妇，珀涅罗珀是无权拒绝其他王子求婚的。

王子们及各自携带的仆人们在奥德修斯的家中安顿下来，并且自恃人多势众反客为主，随意号令他家的仆役，宰杀牛羊，作威作福。奥德修斯一向平静的家园忽然之间变为这些厚颜无耻之徒喧哗饮酒、寻欢作乐的地方。忒勒玛科斯也曾试图劝说他们离开，可是在这些人眼里，他不过是个乳臭未开的毛头小子，说话哪有什么分量。在智慧女神雅典娜（她也一直是奥德修斯的保护神）的指引下，忒勒玛科斯决定暂时离开伊塔刻，去找寻父亲奥德修斯——因为只有他的归来，才可以彻底结束这梦魇一般的生活。

儿子的远游使得珀涅罗珀越发感到寂寞悲哀。每一位途经的客人或是行吟的歌者，只要能知晓一点奥德修斯的消息，都会受到她热情地款待，可是每一次带来的消息都只是益发加重她的疑虑，让她忧心忡忡。面对众人的无耻纠缠，她既然不能做正面抵抗，严词拒绝，于是只好采用计策与之周旋，希望长久地拖延，并期盼在这期间，会有奇迹发生，结束这一场灾难。

珀涅罗珀假意对众人允诺将会从中挑选一位未来的丈夫，但前提是首先要允许她为年迈的老英雄，奥德修斯的父亲革耳忒斯织就一件寿衣。在众人答应以后，她便开始这一项工作。清早开始，她端坐在机前，辛勤劳作，直到夜晚降临。可是到了灯烛点燃的夜晚，她又会悄悄地拆除。就这样日复一日，整整拖延了三年时间，求婚者们虽然不满于织物的进展延缓，但有言在先，竟也无可奈何。只是最终，他们通过收买珀涅罗珀身边的一个女仆才知晓这一秘密。于是珀涅罗珀的织布工作被迫停止。求婚者们以蒙受欺骗为由，叫嚣必须在限定时间内做出抉择，不然他们将采取暴力的方式，毁灭奥德修斯的家园。

而漂泊已久的奥德修斯在神祇的护佑下，乔装成流浪汉的模样，现在已悄然回到他的故园。由于他声称知晓奥德修斯的消息，自然也被珀涅罗珀延请到宫殿之中，并使他受到非凡礼遇，因为珀涅罗珀似乎从这个陌生的流浪汉身上依稀发现了当年丈夫的身影。奥德修斯模棱两可的言辞虽然不能使珀涅罗珀完全深信丈夫已脱离险境，安然返回，但却进一步激发她决不屈服，誓死与众人抗争的坚定信念。她所提出的让求婚者张弓射箭来决定胜负这一建议也受到满腔仇恨、想尽快实施报复的奥德修斯私下热烈的赞同。

到了比赛的这一天，珀涅罗珀命令手下人将十二把斧子依次排列，并宣称只有站在远处一箭可以同时洞穿这十二把斧子的人，才有资格成为她的新任丈夫（在她的心里，凭着她的聪慧和神算，她知道这世上的凡人中间，除了奥德修斯本人是谁也做不到这一点的）。踊跃的求婚者一个接一个地前去尝试，结果无一例外地都遭受到失败，甚至连忒勒玛科斯也无法拉开他父亲曾经使用过的这一张弓箭。以流浪汉（或牧猪人）身份出场的奥德修斯遭到众人的一致反对，因为他们不想在这个异乡人面前丢脸，于是一起鼓噪要剥夺他的参赛权。

珀涅罗珀严厉地指责了他们的卑劣行径，坚持让这个异乡人公平地加入竞争，同时又假意安慰他们说，异乡的流浪汉所要求的不过是一身光鲜的衣服和赏赐而已，绝不会对他们构成威胁。在忒勒玛科斯的要求下（他回到家中已和父亲相认并达成默契），珀涅罗珀回到了内室，而比赛的大厅则成为奥德修斯父子向恶贯满盈的求婚者肆意复仇的场所。

在清除了所有的恶棍之后，容光焕发的奥德修斯在宫廷上与珀涅罗珀重新相见。虽然此前老保姆已向女主人报告洗脚时所发现的惊人秘密（奥德修斯年轻时狩猎在脚上留下的疤痕），审慎的珀涅罗珀还是更愿意测试一下眼前人是否便是阔别二十年的丈夫。她假意让女仆从内室将婚床搬出来重新整理准备主人安睡——其实这里有只有他们夫妇二人才知道的秘密——他们的婚床中央原来是一株橄榄树，已被奥德修斯改造成一根支柱，因此搬动这张床根本是不可能的事情。奥德修斯几乎是带着愤怒（或许还有一丝委屈）吐露了这一秘密。于是夫妇二人历经磨难之后重新相认，抱头哭泣。这一刻双方悲喜交加的情绪显然不是言语所能表达的，史诗中的这一段场景的描绘长期以来也被公认为最富于诗意的一个章节。

后来的神话传说，称奥德修斯死后，珀涅罗珀又嫁给忒勒戈诺斯，并同他生了儿子意大罗斯（意大利因他而得名）；或说她抛弃奥德修斯，另嫁神使赫尔墨斯，并同他生育潘神（又说或为全体求婚者的儿子——"全"的意思）云云，愈发荒诞不经，不足为信——神话学家解释，或许另外有一个同名的神女有上述事迹，二者后来逐渐融合，才有出入如此之大的不同版本。又有学者考证珀涅罗珀一字，源出 penelops，意为毛色斑驳的鸭子（或鸳鸯），故以之象征忠贞不贰云云，也只是一家之言——仿佛阿喀琉斯解作"无唇"者，或阿玛宗解作"无乳"者，或许只是语源学的猜想。

阿尔刻提斯

悲剧家欧里庇得斯以善于刻画女性形象著称，在他的作品中，既有不惜杀害亲生儿女以惩罚丈夫背信弃义的巫女美狄亚，也有爱恋丈夫并忠于家庭的安德洛玛刻。而其中最感人的形象之一，便是为了保全丈夫性命，不惜牺牲自己宝贵生命的阿尔刻提斯。

阿尔刻提斯是伊俄乌科斯国王珀利阿斯的女儿，忒萨利亚英雄阿德墨托斯的妻子。珀利阿斯夺取埃宋的政权以后，又以猎取金羊毛的借口妄图将埃宋的儿子伊阿宋置于死地，永绝后患。不料在女巫师美狄亚的帮助下，伊阿宋取得金羊毛，全身而返。包括阿尔刻提斯在内的珀利阿斯的女儿们（俗称珀利阿斯姊妹）听信美狄亚的怂恿，将年老的父亲剁切成块，投入泡制了魔药的沸水之中，试图让珀利阿斯返老还童，结果却害死自己的老父亲，留下终身无法弥补的遗憾和追悔（日后阿尔刻提斯宁愿以自己性命换取阿德墨托斯的生命延长，可能正和这种负罪心理有关）。

珀利阿斯在为公主阿尔刻提斯招亲之时，提出苛刻的条件，即只有驾驭一头狮子和野猪所拉的马车前来迎亲的人，才有资格娶得阿尔刻提斯。曾参加过卡吕冬狩猎和阿尔戈斯船远航的英雄阿德墨托斯遇到这样的难题，只好向他的保护神阿波罗求助。阿波罗当日曾因爱子的惨死，愤怒击杀独目巨人，以发泄心中的不满，然而此举却招致主神的严厉惩罚：宙斯命令太阳神下到人间，通过做凡人的奴仆而赎罪。时为费赖（忒萨利亚王国一城邦）国王的阿德墨托斯好心收留落魄的阿波罗，让他做家奴，并且待他很友好，使得阿波罗非常感动，立誓要做他的保护神，报答他的这一番美意。到了迎亲的一日，阿波罗亲自帮阿德墨托斯套好马车。费赖国王将马车赶到珀利阿斯那里，成功地娶到阿尔刻提斯。可是在举行婚礼的祭祀时，粗心的阿德墨托斯（也许是兴奋过度的原因）居然忘记向阿波罗的姊妹狩猎神阿尔忒弥斯献祭。这一次狩猎女神没有像对待阿伽门农那样在延迟若干年后才施以报复，而是在阿德墨托斯与阿尔刻提斯结婚的当日，便实施了恶毒的报复：当一对新人相拥进入洞房时，却发现洞房内纠结着无数条巨蟒。阿尔刻提斯立时昏倒过去，阿德墨托斯也一筹莫展，唯有再次向太阳神祈祷，祛除这一场无妄的灾难。

结局可想而知，仍旧是由太阳神阿波罗出面调停让阿德墨托斯立刻弥补过失，向女神献祭（当然物品加倍丰厚），同时又向女神招呼，使之收回巨蟒。于是婚礼得以顺利进行，婚后二人幸福美满，生育一群儿女。阿德墨托斯行侠仗义，远近闻名，而且治国有方，深受民众爱戴。阿尔刻提斯生性恬静，孝敬公婆（其时阿德墨托斯的父母虽已年迈，却仍旧健在），尽心教养儿女，也被誉为国中的楷模。然而这样一桩美满姻缘，或许是天妒的原因罢，很快便遭遇到生死存亡的严峻考验。

作为预言家的阿波罗很早就预知阿德墨托斯将不久于人世的消息，由于太阳神对这位人间的英雄充满好感，不忍心见他很快落入死神之手，因此代他向命运女神摩伊赖求情：允许当他死期来临之际，可由别人代他去往冥府，而他本人则可以继续在人世安享长寿。到了死神塔那托斯脚步日益临近的时候，阿德墨托斯便向国中人民发出吁请，同时也向风烛残年的双亲乞求，希望能有人代替他进入那黑暗的冥府——因为他本人风华正茂，还有艰巨的国事和家事需要承担。

年老的父母以及国人无一例外地拒绝了他的请求，谁也不肯放弃在人世的光明而进入那无边的幽冥地带，忍受漫漫长夜暗无天日的煎熬和折磨。最后阿德墨托斯本人也几乎绝望，只能坐而待亡，等候死神的降临。关键时刻，国王年轻美丽的妻子阿尔刻提斯勇敢地站出来，表示愿意替代心爱的丈夫去往幽冥之地，因为她热爱丈夫远远超过热爱自己的生命。妻子的表白，让阿德墨托斯感动得泪如雨下，他虽然痛不欲生，可是想到自己肩负的责任和死神的残酷无情，也只好无奈地表示同意。

当人神共愤的死神塔那托斯无声的脚步走近费赖宫殿的时候，阿尔刻提斯已经沐浴更衣完毕静静地躺卧在床上，儿女们环绕在她身畔，阿德墨托斯则在惊惶绝望之中紧紧搂抱住自己的妻子，仿佛要和死神抢夺这高尚而美丽的生命。就连王宫里的仆人们目睹这一幕情景，也都忍不住抱头痛哭起来。这样悲惨的场面，使得一向高高在上的太阳神大动恻隐之心，破例向铁面无私的死神请求稍稍延缓一下这美丽女郎在阳世逗留的时间。

在死神挥动利剑斩断阿尔刻提斯满头乌发的一瞬间（希腊人认为人的头发与性命息息相关），泰然自若、视死如归的阿尔刻提斯也不由得发出惊恐的呼喊；死神已蒙住她的双眼，她全身也失去力气。除了再次肯定对丈夫的挚爱，她唯一感到放心不下的，便是她的孩子们。她让丈夫答应加倍疼爱他们的孩子，不要迎娶后娘，让孩子们受到虐待。阿德墨托斯饱含热泪，答应妻子临终的嘱托。对他而言，妻子被死神掳走，同时也褫夺他生命的全部乐趣，余下的岁月不过是行尸走肉一般的噩梦的延续而已。

阿德墨托斯徒然地向上苍抱怨，抱怨这残酷的命运：给了他这样一位美丽善良的妻子，却又由此迅速地夺走她宝贵的生命。在妻子死后，他下令为她准备隆重的葬礼，让全城的百姓为之哀悼。就这样，包括他本人在内，整个费赖王国都陷入沉痛的氛围之中，因为大家都热爱这位善良仁慈、品行高尚的王后。

正当费赖王国举国上下陷入悲恸之中的时候，由于误杀伊菲托斯王子而被迫离开俄卡利亚王宫四处漂泊，以求赎罪的英雄赫拉克勒斯（一说在其为欧律斯透斯获取并驯服狄奥墨得斯恶马的途中）顺道来看望他的老友阿德墨托斯。满怀沉痛的国王心不在焉地敷衍几句匆忙返回王宫，全没有往日飞扬的神采，使得赫拉克勒斯满腹疑虑。禁不住他的再三追问，仆人才向他报告王后不幸去世的消息——好客的国王不忍心拿这样悲伤的消息打扰他这位远道而来的挚友，可同时又实在无法克制自己的悲伤之情像往常一样陪同老友开怀畅饮，于是只好匆匆逃离，同时吩咐仆人尽心招待好这位举世闻名的英雄。

听到这一消息，古道热肠的英雄一方面为朋友的体贴关爱深表感激，一方面更做出决定采取行动减轻国王阿德墨托斯的悲痛之情，以报答他的礼遇。即使是面对众人避之唯恐不及的死神，他也毫无惧色，因为向极限挑战，向自我挑战，乃至于向神祇挑战，本是他生命存在的最高的目的和意义。

赫拉克勒斯主意已定，立刻离开王宫，去往阿尔刻提斯的墓地，埋伏在纪念碑的后面，静待着死神前来酌饮倾注在碑上的牺牲的鲜血。死神在英雄双手有力的钳制之下丝毫动弹不了——当宙斯的儿子生气发怒时，即便是死神也只好乖乖让步，答应他让阿尔刻提斯重返人间的要求。

正当阿德墨托斯为朋友的不告而别感到诧异的时候，赫拉克勒斯的突然返回更令他惊愕不已：因为在英雄的身后，还有一位身材酷似已故王后的蒙着面纱的女人。虽然一再声称世上所有的女人都不能让他的悲哀减缓，在朋友的敦促下，好奇的国王还是撩起了面纱，发现自己面前赫然便是端庄美丽的王后阿尔刻提斯。完成这一功绩后，赫拉克勒斯又重新上路开始他新的征程。阿德墨托斯和阿尔刻提斯则在三天的沉默之后（从冥府返还的缘故）又恢复了从前的相亲相爱的幸福生活。或说阿尔刻提斯下到冥府后，冥后珀耳塞福涅也产生恻隐之心，又将她放回人间——可见阿尔刻提斯的牺牲精神，真可谓是"惊天地泣鬼神"了。

安德洛玛刻

安德洛玛刻是荷马史诗《伊利亚特》中英雄赫克托耳的妻子。她本是特洛伊邻邦忒拜国王厄提昂的女儿，有兄弟七人。由于忒拜同特洛伊联姻，遭到希腊人的报复（一说希腊人为断绝特洛伊的外援，将周边的城邦逐一洗劫，使得特洛伊陷于孤立无援的绝望境地）。率领军队攻打基里基亚（忒拜）的首领便是残暴冷酷的杀人魔王阿喀琉斯。国王厄提昂率领众王子奋起保家卫国，与敌方展开殊死搏斗，终因实力悬殊，以失败而告终。因为久攻不下，于是在破城的一日之间，安德洛玛刻的七个兄弟尽皆遭到屠戮的厄运，甚至年迈的父亲，也未能逃脱凶残的魔掌。破国灭家的仇恨，使得安德洛玛刻成为丈夫赫克托耳勇敢杀敌的坚定不移的支持者和坚强的精神支柱。

作为特洛伊国王普里阿摩和王后赫卡柏的长子，武艺高强、果敢沉静的赫克托耳是王位的继承人，也是抵抗希腊大军入侵的最高军事统帅。他虽然极其厌恶这一场由于帕里斯的轻率贪欲而引发的战争，可是为了城邦的利益和家族的荣誉（他将这些视为高于生命的东西），他还是义无反顾地投入到惨烈的战斗中去，并且凭借智慧韬略和过人的武艺，屡屡打败希腊人的进攻。尤其当希腊方面主帅阿伽门农与将领阿喀琉斯发生争执，后者愤而退出战斗以后，特洛伊方面只要赫克托耳披挂上阵，几乎都是所向披靡，无往不胜。他成了威震敌胆的英雄，也被誉为特洛伊的脊梁。同时在家庭中，他也是孝顺的儿子，众位兄弟的楷模，深受国王的器重和王后的喜爱。对于美貌贤惠的妻子安德洛玛刻，赫克托耳充满敬重和怜爱：敬重她的为人，怜惜她不幸的身世。为妻子的家人报仇雪耻的决心，使得他即使是面对希腊人中最为凶残暴虐的头号勇将阿喀琉斯也毫无惧色，立誓与之战斗到底。

安德洛玛刻婚后与丈夫生下儿子阿斯堤阿那克斯（意为"城邦之主"）。赫克托耳整日外出征战，或忙于军国事务，儿子便成为她唯一的精神寄托。在丈夫外出征战的日子里，出于强烈的思念和担忧之情，她总会情不自禁地怀抱年幼的儿子登上巍峨的特洛伊城墙，远眺丈夫英勇杀敌的矫健的身影。在那些双方休整停战的日子里，她则会带着孩子一起来到宫中王后赫卡柏的身边，以沉稳的语调和温婉的言辞让不断遭受打击的王后（众多王子在战争进入白热化后相继阵亡）稍感欣慰。对于宫中的诸位王子和公主，和赫克托耳一样，她也加以关爱和劝勉。甚至对于这场战争的罪魁祸首海伦，虽然心里充满了怨恨，她也尽量克制不让它流露出来，为了大家庭可以团结一致，同仇敌忾，抵御强敌并最终取得战争胜利。

然而随着周围城邦的相继陷落，处于强敌重围之中的特洛伊的处境已岌岌可危。当赫克托耳杀死希腊将领帕特洛克罗斯（阿喀琉斯密友）后，更传来阿喀琉斯和阿伽门农已重归于好，即将重新披挂上阵的消息。战争的形势立即发生逆转，作为特洛伊统帅的赫克托耳为了避免更大伤亡和无谓的牺牲，做出决定：由自己出征与阿喀琉斯决一死战。阿喀琉斯声称为朋友报仇，赫克托耳则要为惨死在阿喀琉斯手下的众多兄弟部下及妻子的整个家族报仇雪恨。这一场战斗既然已不可避免，他也就毫不犹豫地接受了对方的挑战。

国王和王后虽然竭力加以劝勉，但终于无法说服赫克托耳放弃他的这一决定。在出城应敌之前，赫克托耳返回城楼，与闻讯后匆匆赶到的妻子安德洛玛刻和儿子阿斯堤阿那克斯见了最后一面。这一别离的场面堪称是史诗中，甚至是古今一切诗歌中最令人感动难忘的场景之一：安德洛玛刻首先回顾了自己的孤苦伶仃不幸身世，感慨除了丈夫以外，自己在这个世界上已无所依靠。进而又哀求丈夫为年幼的孩子着想，避免将来孤儿寡母忍受他人欺凌奴役的可悲命运。其实在她内心，对恶魔般的阿喀琉斯也是满腔愤怒，可是敌人太过强大，她还是希望丈夫能够忍辱负重，等到时机成熟再与之决斗。妻子的这一番告白，让赫克托耳感慨万千，他脱下盔甲放下兵器，抱起年幼的儿子，向众神祈祷希望儿子长大以后也能像他一样成为特洛伊的栋梁之材，同时又宽慰妻子自己一定能够战胜劲敌，安然回家与他们母子团聚。而他本人则必须立刻奔赴战场，与守候在那里的士兵会合，去承担自己肩负的那一份责任。

安德洛玛刻饱含热泪，目送丈夫走下城楼冲向战场，心里却被不祥的阴影笼罩着，对丈夫和自己及孩子的前途命运充满担心。很快地，噩耗传来，赫克托耳经过苦战，终于不敌阿喀琉斯，战败被杀。安德洛玛刻闻听以后，和赫卡柏王后以及所有的特洛伊妇女一道放声大哭，哭悼城邦失去了它的支柱，自此将不免覆亡沦陷的结局；更哭悼自己自此无依无靠，不再有丈夫的爱怜和呵护。

失去赫克托耳的特洛伊城堡在苦苦支撑一些时日后终于被狡黠而强大的希腊人攻破。阿喀琉斯的儿子涅俄普托勒摩斯打着为父报仇的旗号（前此阿喀琉斯已被赫克托耳的兄弟帕里斯王子射中脚踵而死）在特洛伊城内大肆滥杀无辜，甚至连白发苍苍的老王普里阿摩也惨遭他的毒手。在抵抗的男丁（包括国王和诸位王子）被屠戮殆尽以后，特洛伊的妇女们，包括安德洛玛刻和王后赫卡柏在内，都被迫沦为希腊将领的奴隶。通过抓阄的形式：阿伽门农获得了具有预言天赋的特洛伊公主卡桑德拉，奥德修斯分得可以充当仆妇的王后赫卡柏，安德洛玛刻则为不共戴天的仇人阿喀琉斯的儿子涅俄普托勒摩斯所掠得。不仅于此，希腊人在满载战利品扬帆归航之前，还纵火焚毁了战前以富庶繁华而著称的特洛伊城。

　　在熊熊的烈焰中，被迫背井离乡去往异乡为奴的特洛伊妇女相与话别。其中以王后和安德洛玛刻最为哀痛感伤——家邦的覆亡，亲人的惨死，再加上自己没身为奴的可悲命运，使得她们禁不住高声诅咒这生不如死的惨状。更令安德洛玛刻悲痛欲绝的是，希腊军中最为狡猾的谋士奥德修斯已传下号令——因为害怕神勇的赫克托耳的儿子长大后替父报仇，他决定斩草除根：命令士兵从安德洛玛刻怀抱中将孩子抢走，再从巍峨的特洛伊城楼上摔下。伴随着孩子的一声惨叫，安德洛玛刻连生活仅有的一线希望和生机也被剥夺殆尽。余下的岁月对她而言，只是漫漫长夜里一个接一个恐怖凄苦的梦魇而已。

　　作为深明大义、忠贞贤惠、爱恋丈夫的女性形象，安德洛玛刻不仅长久地存活在悲剧史诗里，也存活在历代具有正义感和同情心的人们心中。后来有神话说，在赫克托耳死后，根据当时的习俗，安德洛玛刻又改嫁赫克托耳的兄弟、预言家赫勒诺斯，并生子珀耳伽摩斯。在赫勒诺斯死后，安德洛玛刻又和儿子一道迁居小亚细亚，在那里建立一座城市，以珀耳伽摩斯的名字来命名，并在那里保存了特洛伊的风俗习惯，以表达对特洛伊（及赫克托耳）的怀念和哀思。

阿塔兰塔

阿塔兰塔以神话中不多见的女英雄形象出现。她的父亲亚索斯（特洛伊战争中阿开亚人首领，后为埃涅阿斯所杀）在她出生以后便下令将她扔到帕耳斐尼翁山里：因为他觉得女孩子根本不值得抚养成人。

跟其他英雄传奇一样，阿塔兰塔顽强地存活下来——这一次救助她的是一头母熊，将她和小熊一道喂养。后来又遇到好心的猎人，将她带回家抚养长大。阿塔兰塔天资聪颖，猎人所需的技艺她几乎一学便会，同时她的力气过人，骑马摔跤，角力射箭，一般人都不是她的对手。另外她最擅长的便是奔跑——连山间迅猛敏捷的野兽跑到最后，也会因为精疲力竭而乖乖地束手就擒。就这样，年轻的阿塔兰塔成了远近闻名的女猎手和女英雄。和希腊众位英雄一道，应卡吕冬王子墨勒阿革洛斯的邀请，阿塔兰塔参加了著名的"卡吕冬狩猎大会"。

卡吕冬国王俄纽斯是大洪水中幸存下来的丢卡利翁的后裔。在一次收获季节的献祭活动中，他遗漏了狩猎女神阿尔忒弥斯（像新婚的阿德勒墨托斯一样），结果引起女神的愤怒。狩猎神派出身体硕大凶残暴虐的野猪骚扰卡吕冬地面。这头怪兽不仅吞食作物，而且危害人民，使得卡吕冬国王俄纽斯忧心忡忡，惶惶不可终日。关键时刻，王子墨勒阿革洛斯（也是著名英雄）挺身而出，邀请召集全希腊境内最著名的英雄人物，会聚卡吕冬，参加这一场狩猎野猪的行动。

英雄们在野猪所在的丛林边布下天罗地网，可是每一次进攻都被凶猛而迅捷的野猪一一闪避，众人的钢刀长矛始终不能奈何它分毫。和墨勒阿革洛斯并肩作战的阿塔兰塔在怪兽又一次准备逃避时，张弓瞄准，一箭正中其耳根，将野猪射倒。墨勒阿革洛斯和其他英雄立刻跟上，将祸害国民的野猪刺死。

在分割战利品的时候，墨勒阿革洛斯将最光荣的一份理所当然地献给阿塔兰塔，可是立即遭到众位男性英雄——尤其是他的两位舅舅的强烈反对——声称这样的荣耀不应当由女人所享有。他们认为仅仅是迷恋阿塔兰塔的美貌才使得墨勒阿革洛斯丧失了判断力，并做出这一愚痴的决定。由于名声受到污辱，墨勒阿革洛斯在狂怒之中拔出宝剑将反对他的舅舅一一刺死。

卡吕冬王后阿尔泰亚沉浸在对不幸惨死的兄弟的哀痛之中，仇恨使她丧失了理性而步入疯狂。她从密室中取出当初命运女神交给她的象征墨勒阿革洛斯生命的木块——一旦这一木块燃烧化为灰烬，他的生命也就走到了尽头。当阿尔泰亚眼看着木块在炉中反转跳跃，逐渐熄灭之时，母性的良知才重新回到她的心中——儿子的死亡实际上也剥夺了她在这个世界上生活的乐趣。她步入内室，自缢身亡。

狩猎大会虽然获得成功，却不料以这样的悲剧而收场，众位英雄又黯然回到各自的家乡。阿塔兰塔自然不愿只是在山间打猎而已，身手敏捷、智勇双全、富于男子气概和冒险精神的女英雄又和伊阿宋及阿尔戈斯号其他英雄一起参加了猎取金羊毛的行动（一说在她登船以前，经过伊阿宋的劝说又悻悻返回）。

等到伊阿宋取得金羊毛顺利返回到伊俄尔科斯后，他新婚的妻子美狄亚使用巫术杀害了伊阿宋的仇人国王珀利阿斯，夫妇二人也因此遭到驱逐。当地百姓举行葬礼运动会来纪念死者珀利阿斯。在角斗项目中，阿塔兰塔出场角逐，并在那里战胜忒萨利亚英雄——曾一同参加卡吕冬狩猎的珀琉斯（特洛伊战争中希腊头号将领阿喀琉斯的父亲）。

在一系列的冒险竞技活动结束以后，阿塔兰塔作为希腊境内的著名女英雄，声名远播。她的父亲亚索斯此时似乎也回心转意，将女儿接回家中。失散多年的父女重新相见，前嫌尽弃，其乐融融。惯于漂泊历险的阿塔兰塔也开始享受到了家庭生活安宁与平静。可是不久，新的烦恼又接踵而至。

阿塔兰塔不仅以高超的技艺，而且以她酷似男子气质的英俊容貌而引发众人的追求。其实早在她还是山间女猎手的时候，就已有追求者纠缠骚扰，使她不胜厌烦。据说有一次，当两个马人（传说中好色的人面马身的怪物）试图进一步接近女英雄时，终于惹得她非常生气，张弓搭箭，将两个怪物一一射死。

现在更多的求婚者蜂拥而至，也给亚索斯父女带来无尽的烦恼，因为阿波罗神谕说阿塔兰塔不该有丈夫，不该过常人的生活。为了吓退他们，亚索斯制定出苛刻甚至残酷的比武招亲的法则：求婚者必须付出生命的代价，尽管如此，以生命做代价前来踊跃比试者还是大有人在；自然结果都无一例外地以失败而告终——谁也敌不过阿塔兰塔赛跑的速度。

在求婚者当中有一位英俊而聪慧的青年，波塞冬之子墨伽拉国王的儿子希波墨涅斯（或称弥拉尼翁）。他被阿塔兰塔的美貌所打动，决心不惜牺牲生命，也要娶她为妻。他在比赛之前虔诚的祈祷使得爱神阿芙洛狄特也深为感动。女神决定帮助年轻人实现他的梦想。她从塞浦路斯岛的大马士革圣林中摘取三颗金苹果，将它们交付给希波墨涅斯：只要他能适时地抛出诱人的金苹果，分散阿塔兰塔的注意力，最终必将赢得比赛的胜利。

阿塔兰塔既被希波墨涅斯的英俊面容所打动，对他的勇敢和决心也暗自佩服不已。所以一旦他比赛落后，抛出金苹果，她便借机偏离跑道，前去追赶。到比赛结束之前，希波墨涅斯又不失时机地将手中最后一个金苹果扔出。阿塔兰塔捡回金苹果，却如愿以偿地输掉比赛——不得不按照事先的约定，与希波墨涅斯成婚。

正如阿波罗神谕所言，在爱神阿芙洛狄特大力帮助下，娶得新娘的希波墨涅斯也许是被胜利冲昏了头脑，在新婚大喜的日子里居然违背当初誓言，忘记向爱神献祭致谢。女神的报复随即降临。就在二人经行地母神庙时（龙齿武士厄喀翁为履行诺言所建），爱神使得希波墨涅斯对于阿塔兰塔生出不洁的欲望。据奥维德说，在静洁的神庙中，他们的举动亵渎了神明，使得年迈的地母神羞愧得睁不开眼。因此神祇将二人变作面目狰狞的猛兽——一头雄狮和一头雌狮——以示惩戒。

据说，在阿塔兰塔变为母狮之前，她为希波墨涅斯生下了儿子帕耳忒诺派俄斯（或云为墨勒阿革诺斯所生）。这位系出名门的英雄在日后"七将攻忒拜"的战斗中曾大显身手并战死在疆场，也算是秉承了女英雄的遗风。

参考书目

（英文部分）

1.（英）伯恩斯：《古希腊罗马神话传说》（英文），世界图书出版公司，2014。

2. Bulfinch, Thomas. *The Age of Fable*. New York：Mentor Books. 1962.

3. Calame, Claude. *Myth and History in Ancient Greece：The Symbolic Creation of a Colony*. Translated by Daniel W. Berman. Princeton University Press, 2003.

4. Dinnerstein, Dorothy. *The Mermaid and the Minotaur*. New York：Harper & Row. 1976.

5. Ehrenberg, Victor. *Man, State, and Deity*. Methuen & CO LTD. 1974.

6. Evans, Bergen. *Dictionary of Mythology*. New York：A Laurel Book. 1970.

7. Frost, Frank J.. *Democracy and the Athenians*. John Wiley & Sons, Inc. 1969.

8. Graves, Robert. *The Greek Myths*（Vol. 1, 2）. New York：Penguin Books. 1990.

9. Harris, Stephen L.. *Classical Mythology*. Mountain View：Mayfield Publishing Company，1995.

10. Hesiod. *Works and Days*. University of California Press. 1996.

11. Larson，Jennifer. *Ancient Greek Cults*. Routledge，2007.

12. Lucian. *Satirical Sketches*. Penguin Books. 1961.

13. Maranda，Pierre. ed. *Mythology*. Penguin Books. 1972.

14. Rose，H. J.. *Handbook of Greek Mythology*. New York：E. P. Dutton. 1959.

15. Sider，David. eds. *Homer's Odyssey*. New York：Monarch Press. 1974.

16. Tatlock，Jessie M.. *Greek and Roman Mythology*. 中央编译社，2012。

17. Van Loon，H. W.. *The Story of the Bible*. 外语教学与研究出版社，1991。

（中文部分）

1. (美) 阿兰·邓迪斯编:《西方神话学论文选》，朝戈金、尹伊、金泽、蒙梓译，上海文艺出版社 1994。

2. 埃斯库罗斯:《悲剧集》，陈中梅译，辽宁教育出版社，1999。

(德) 贝克尔:《世界古代神话和传说》，张友华等译，中国青年出版社，2002。

3. (苏) M. H. 鲍特文尼克:《神话辞典》，黄洪森　温乃铮译，商务印书馆，1985。

4. 柏拉图：《文艺对话集》，朱光潜译，人民文学出版社，1997。

5. 柏拉图：《理想国》，张造勋译，北京大学出版社，2013。

6. 柏拉图：《斐多》，杨绛译，辽宁人民出版社，2000。

7. 勃兰兑斯：《尼采传》，安延明译，工人出版社，1986。

8. 陈村富：《宗教文化》，东方出版社，1997。

9. 陈村富：《希腊原创智慧》，社会科学文献出版社，2005。

10. 陈洪文　水建馥选编：《古希腊三大悲剧家研究》，中国社会科学出版社，1986。

11. （古罗马）斐洛：《论凝思的生活》，石敏敏译，中国社会科学出版社，2008。

12. 弗洛伊德：《摩西与一神教》，李展开译，生活·读书·新知三联书店，1992。

13. （德）葛斯塔·舒维普：《古希腊罗马神话与传奇》，叶青译，广西师范大学出版社，2003。

14. 高乐田：《神话之光与神话之镜》，中国社会科学出版社，2004。

15. 郭圣铭：《西方史学概要》，上海人民出版社，1983，第36页。

16. 荷马：《奥德赛》，陈中梅译，译林出版社，2003。

17. 荷马：《伊利亚特》，陈中梅译，译林出版社，2003。

18. 荷马：《荷马注疏集·英雄诗系笺释》，崔嵬译，华夏出版社，2011。

19. 赫西俄德：《工作与时日》，张竹明　蒋平译，商务印书馆，1997。

20.（法）卡特琳娜·萨雷丝：《古罗马人的阅读》，张平　韩梅译，广西师范大学出版社，2005。

21. 克莱门：《劝勉希腊人》，王来法译，生活·读书·新知三联书店，2002。

22.（德）克里斯塔·沃尔夫：《卡桑德拉》，包智星　孙坤荣译，上海译文出版社，2006。

23.（德）克里斯塔·沃尔夫：《美狄亚》，朱刘华译，上海译文出版社，2006。

24.（奥）雷立柏：《古希腊罗马与基督宗教》，社会科学文献出版社，2002。

25.（德）利奇德：《古希腊风化史》，杜之　常鸣译，辽宁教育出版社，2001。

26.（英）列昂纳德·柯特勒尔：《爱琴文明探源》，卢剑波译，四川人民出版社，1985。

27. 刘魁立、马昌仪、程蔷编：《神话新论》，上海文艺出版社，1987。

28. 刘小枫主编：《柏拉图的真伪》，华夏出版社，2007。

29.（俄）柳乌利茨卡娅：《美狄亚和她的孩子们》，李英男尹城译，昆仑出版社，1999。

30.（美）罗伯特·路威：《文明与野蛮》，吕叔湘译，生活·读书·新知三联书店，1988。

31. 罗素：《西方哲学史》（上），何兆武　李约瑟译，商务印书馆，1996。

32. 马可·奥勒留：《沉思录》，朱汝庆译，中国社会科学出版社，1998。

33. 尼采：《悲剧的诞生》，周国平译，生活·读书·新知三联书店，1987。

34.（加）诺斯罗普·弗莱：《喜剧：春天的神话》，傅正明 程朝翔译，中国戏剧出版社，2006。

35. 欧里庇得斯：《悲剧二种》，罗念生译，人民文学出版社，1979。

36.（法）裘利亚·西萨，马塞尔·德蒂安：《古希腊众神的生活》，郑元华译，上海人民出版社，2008。

37.（法）让-皮埃尔·内罗杜：《古罗马的儿童》，张鸿 向征译，广西师范大学出版社，2005。

38.（法）让-皮埃尔·韦尔南：《神话与政治之间》，余中先译，生活·读书·新知三联书店，1996。

39.（日）上山安敏：《神话与理性》，孙传钊译，上海人民出版社，1992。

40. 斯威布：《希腊的神话和传说》（上、下），楚图南译，人民文学出版社，1978。

41. 托马斯·R. 马丁：《古希腊简史》，杨敬清译，上海三联书店，2011。

42. 王力：《希腊文学 罗马文学》，中国人民大学出版社，2005。

43. 汪维藩：《中国神学及其文化渊源》，金陵神学院，1997。

44.（西）乌纳穆诺：《生命的悲剧意识》，段继成译，花城出版社，2007。

45. 悉尼·胡克：《理性、社会神话和民主》，金克 徐崇温译，上海人民出版社，2006。

46. 谢金良：《西方文学典故词典》，中国展望出版社，

1986。

47. (法) 雅克·安德烈:《古罗马的医生》, 杨洁 吴树农译, 广西师范大学出版社, 2006。

48. 亚里士多德:《诗学》, 罗念生译, 人民文学出版社, 1997。

49. 杨巨平:《古希腊罗马犬儒现象研究》, 人民出版社, 2004。

50. 伊壁鸠鲁:《自然与快乐》, 包利民译, 中国社会科学出版社, 2007。

51. 赵勇:"从《悲剧的诞生》看尼采的悲剧观" 载《文艺研究》, 1988 年第 8 期, 第 153—165 页。

52. 朱光潜:《悲剧心理学》, 张隆溪译, 人民文学出版社, 1983。

译名对照表

阿开亚人（Achaeans）

阿喀琉斯（Achilles）

阿克泰翁（Actaeon）

阿多尼斯（Adonis）

埃勾斯（Aegeus）

埃癸斯托斯（Aegisthus）

埃涅阿斯（Aeneas）

伊奥尼亚人（Aeolians）

埃俄罗斯（Aeolus）

风神（Aeolus）

埃宋（Aeson）

阿伽门农（Agamemnon）

阿高厄（Agave）

阿革诺尔（Agenor）

阿贾克斯（Ajax）

阿尔克墨涅（Alcmene）

阿玛宗（Amazon）

安菲特律翁（Amphitryon）

时代误置（anachronism）

安德洛美达（Andromeda）

反抗性角色（antagonist）

阿波罗尼奥斯（Apollonius）

阿尔戈斯（Argos）

阿里阿德涅（Ariadne）

阿尔忒弥斯（Artemis）

阿特拉斯（Atlas）

阿特兰塔（Atlanta）

阿特柔斯（Atreus）

奥吉亚斯（Augeas）

奥托吕科斯（Autolycus）

柏勒洛丰（Bellerophon）

成长之旅（bildungsroman）

布里塞伊斯（Briseis）

卡德摩斯（Cadmus）

卡利俄珀（Calliope）

卡利斯托（Callisto）

卡吕普索（Calypso）

卡桑德拉（Cassandra）

"宣泄"（catharsis）

肯陶洛斯人（Centaurs）

刻法罗斯（Cephalus）

开俄斯（Chaos）

卡律布狄斯（Charybdis）

喀戎（Chiron）

喀耳刻（Circe）

克吕墨涅（Clymene）

克吕泰涅斯特拉
（Clytemnestra）

科尔喀斯（Colchis）

克瑞翁（Creon）

克洛诺斯（Cronus）

独目巨人（Cyclopes）

戴达洛斯（Daedalus）

达娜厄（Danae）

达芙涅（Daphne）

得墨忒尔（Demeter）

德尔菲（Delphi）

龙车（Deus ex machina）

教化（didactic）

狄多（Dido）

狄奥墨得斯（Diomedes）

狄奥尼索斯（Dionysus）

多利安人（Dorians）

"祛魅"（disenchantment）

厄勒克特拉（Electra）

"附魅"（enchantment）

恩尼乌斯（Ennius）

恩底弥翁（Endymion）

厄庇墨托斯（Epimetheus）

厄洛斯（Eros）

伊特鲁里亚人（Etruscans）

欧墨洛斯（Eumelus）

欧罗巴（Europa）

欧律斯透斯（Eurystheus）

盖亚（Gaia）

伽尼墨德（Ganymede）

戈特罗（Gautherot）

高尔吉亚（Gorgias）

哈耳摩尼亚（Harmonia）

赫柏（Hebe）

赫卡柏（Hecaba）

赫卡忒（Hecate）

赫克托耳（Hector）

赫利俄斯（Helios）

赫楞（Hellen）

阐释学（hermeneutics）

赫斯提亚（Hestia）

希波吕托斯（Hippolytus）

希波墨涅斯（Hippomenes）

简慢（hubris）

许德拉（Hydra）

许门（Hymen）

许普诺斯（Hypnos）

伊阿珀托斯（Iapetus）

伊卡洛斯（Icarus）

伊得（Ide）

伊诺（Ino）

伊俄（Io）

爱奥尼亚人（Ionians）

伊菲革涅亚（Iphigenia）

伊瑞斯（Iris）

伊塔刻（Ithace）

伊克西翁 （Ixion）

伊阿宋 （Jason）

伊俄卡斯忒 （Jocasta）

客戎 （Karon）

莱斯特律戈涅斯人

　　（Laestrygones）

拉伊俄斯 （Laius）

拉奥孔 （Laocoon）

拉维尼亚 （Lavinia）

勒达 （Leda）

勒托 （Leto）

幽冥之地 （limbo）

食莲者 （lotus-eater）

美狄亚 （Medea）

门农 （Memnon）

墨涅拉俄斯 （Menelaus）

墨洛珀 （Merope）

墨提斯 （Metis）

迈亚 （Mia）

密涅瓦 （Minerva）

弥诺斯 （Minos）

米诺陶 （Minotaur）

摩涅莫绪涅 （Mnemosyne）

母题 （motif）

"高贵的静默"

　　（noble silence）

涅索斯 （Nessus）

尼俄柏 （Niobe）

俄狄浦斯 （Oedipus）

俄诺涅 （Oenone）

俄瑞斯特斯 （Orestes）

俄瑞翁 （Orion）

帕拉斯 （Pallas）

潘达洛斯 （Pandarus）

恐慌 （panic）

帕西法 （Pasiphae）

帕特洛克罗斯 （Patroclus）

珀琉斯 （Peleus）

珀罗普斯 （Pelops）

珀涅罗珀 （Penelope）

彭透斯 （Pentheus）

帕耳塞福涅 （Persephone）

珀耳塞斯 （Perses）

珀耳修斯 （Perseus）

淮德拉 （Phaedra）

法厄同 （Phaethon）

菲洛克勒斯 （Philoctetes）

菲罗墨拉 （Philomela）

福玻斯 （Phoebus）

福尼克斯 （Phoenix）

皮耶罗 （Piero）

庇里托俄斯 （Pirithous）

普鲁托 （Pluto）

波吕斐摩斯 （Polyphemus）

波吕克塞娜 （Polyxena）

普罗克鲁斯特 （Procrustes）

投射（projection）

普罗米修斯（Prometheus）

普绪克（Psych）

皮同（Python）

罗慕罗斯（Romulus）

萨提尔（Satyr）

斯卡曼达（Scamanda）

斯刻里亚（Scheria）

斯库拉（Scylla）

塞墨勒（Semele）

西比拉（Sibyllae）

西尔维娅（Silvia）

西尔维乌斯（Silvius）

西农（Sinon）

塞壬（Siren）

西绪福斯（Sisyphus）

交感（sympathetic）

撞涯（symplegades）

坦塔罗斯（Tantalus）

塔尔塔洛斯（Tartarus）

忒勒玛科斯（Telemachus）

忒柔斯（Tereus）

坦那托斯（Thanatos）

忒修斯（Theseus）

忒提斯（Thetis）

色萨利（Thessaly）

忒弥斯（Themis）

忒瑞西阿斯（Tiresias）

图尔努斯（Turnus）

庭达瑞俄斯（Tyndareus）

堤丰（Typhon）

乌拉诺斯（Uranus）

维斯塔（Vesta）

乌尔坎（Vulcan）

仄费洛斯（Zephyrus）

后　记

一本书写完，作者通常免不了赘言几句——仿佛演出完毕的谢幕如仪。对专业人士而言，这原本属于规定动作，卑之无甚高论。而我此时独坐书斋，却是欲说还休——用我祖奶奶的话说，真真是"一部二十四史，不知从何说起"。

十数年前，我在中国社会科学院外国文学研究所进修。有一门"英美小说选读"课，由黄梅老师和吕大年老师共同开设。一学期下来，别无所得，也就是"啃"下三五部名著——其中用力最深的则非《米德尔马契》莫属。于我而言，小说中最令人着迷的是反派人物卡苏朋——他以学问渊博而闻名——多萝西娅（他的粉丝太太）盛誉他是"当代的奥古斯丁"。他毕生的宏愿是编纂一部《世界神话索引大全》。

机缘巧合，结束访学回到南京不久，单位人才培养计划更新，于是欣然受命为英美文学方向研究生开设"希腊罗马神话研究"课程——本书即在该课程历年教学笔记及师生课堂讨论基础上汇编而成，如同一份中期学业检查或项目报告（而非正经八百的学术著作）——尽管作者膜拜的范本是语录体的《会饮篇》《传习录》，或札记体的《日知录》《管锥编》。昔《沧浪诗话》云："取法乎上，仅得乎中。"更何况资质鲁钝，等而下之者。徒有缚鸡之力，而无画虎之笔。作者苦衷若此，读者岂可不察。

坦白说，尽管课上了六七年——而我一开始并无著书的擘画。原因很简单，为师之道在授业解惑，其余非敢问也。又何况神话典籍从斯威布、布芬奇到周作人、陈中梅，已是琳琅满目（市面上普及类读物更如恒河沙数）——若想超乎其上，发为新声，谈何容易！至于冷饭而热炒，或拾人之余唾，则更非情之所愿也。

转折点出现在三四年前一次暑期进京开会。其间经钱满素老师引见，幸而与刘明清老师、韩慧强老师、姚恋老师等京师出版闻人相识。耳提面命，获益良多。其中最大的收获，便是确立了本书的选题和架构——而随后的任务不过是向每个章节标题之下填充素材。

"侯门一入深似海。"原以为驾轻就熟的文字整理工作居然如此煞费苦心！总之，三年时间如弹指一挥，其中密辛更羞与人言。举凡全家人外出旅游，亲友间走动回访，以及各种社交应酬——统统事不关己。间或有盛情难却登门客，只得央求太太出面截访——知我者谓某人奋笔写神话，不知者定以为是个笑话。

书斋独坐既久，无论魏晋，亦不知秦汉。仿佛卡夫卡《变形记》中人物，感觉自己离现实越来越远，且越来越像艾略特笔下的老夫子——"我过于重视精神方面，因为我终日跟精神世界打交道，生活在古人中间。我的心有点像古代的幽灵，在人间游荡……"。

如果有幸，希望读者诸君也能如我一般在书中邂逅"古代的幽灵"——可以像维吉尔"发思古之幽情"，也可以像奥维德"托古而讽今"——大千世界，众说纷纭。如人饮水，冷暖自知。《世说新语》不云乎："与我周旋久，宁做我。"

是为记。

杨　靖

于金陵依山苑

二〇一九年暮春